羅繼祖　主編
王同策　副主編

羅振玉學術論著集

羅振玉　著

圖書在版編目（CIP）數據

羅振玉學術論著集 / 羅繼祖主編 .— 上海：上海古籍出版社，2020.9

ISBN 978－7－5325－9691－1

Ⅰ.①羅… Ⅱ.①羅… Ⅲ.①社會科學—文集 Ⅳ.①C53

中國版本圖書館 CIP 數據核字（2020）第 127310 號

本書出版得到國家古籍整理出版專項經費資助

羅振玉學術論著集

（全十六册）

羅振玉 著

羅繼祖主編 王同策副主編

上海古籍出版社出版發行

（上海瑞金二路 272 號 郵政編碼 200020）

（1）網址：www.guji.com.cn

（2）E-mail：guji1@guji.com.cn

（3）易文網網址：www.ewen.co

浙江臨安曙光印務有限公司印刷

開本 890×1240 1/32 印張 280.75 插頁 58 字數 5,100,000

2020 年 9 月第 1 版 2020 年 9 月第 1 次印刷

ISBN 978－7－5325－9691－1

K·2877 定價：1600.00 元

如發生質量問題，讀者可向工廠調换

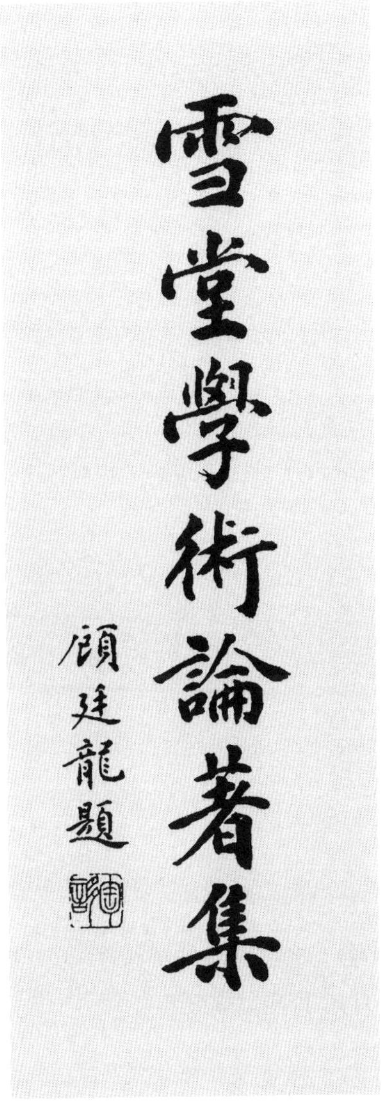

顧廷龍先生爲本書原名所寫題簽

羅振玉

（一八六六—一九四〇）

羅振玉與其冢孫、本書主編羅繼祖合影

一九一六年攝於日本京都

羅振玉一九三七年在旅順與家人合影

中坐老人爲羅振玉，左一爲其五子羅福頤，後排右二爲羅繼祖

羅振玉

羅振玉和夫人與侄女羅守巽及其夫婿丁德清合影

羅振玉與部分兒孫合攝於上世紀三十年代

羅振玉（左二）與友人王孝禹（左一）、方藥雨（右二）、劉鐵雲（右一）

一九〇六年攝於北京劉氏抱殘守缺齋

羅振玉與王國維（左）

一九一六年攝於日本京都

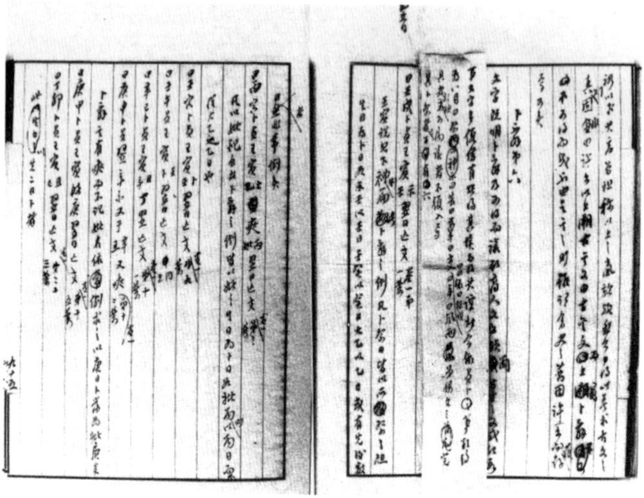

《殷墟書契考釋》手稿之一

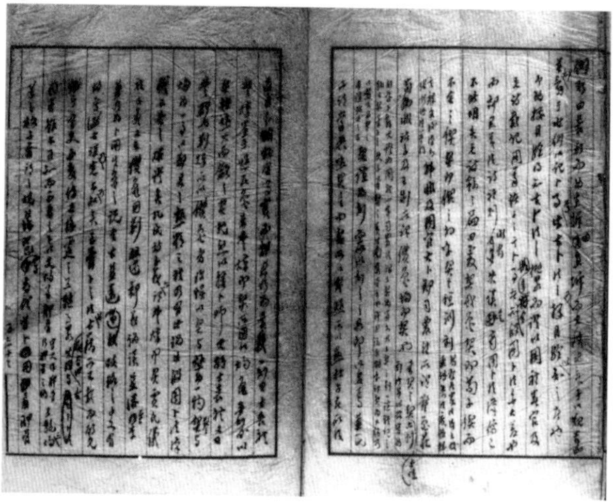

《殷墟書契考釋》手稿之二

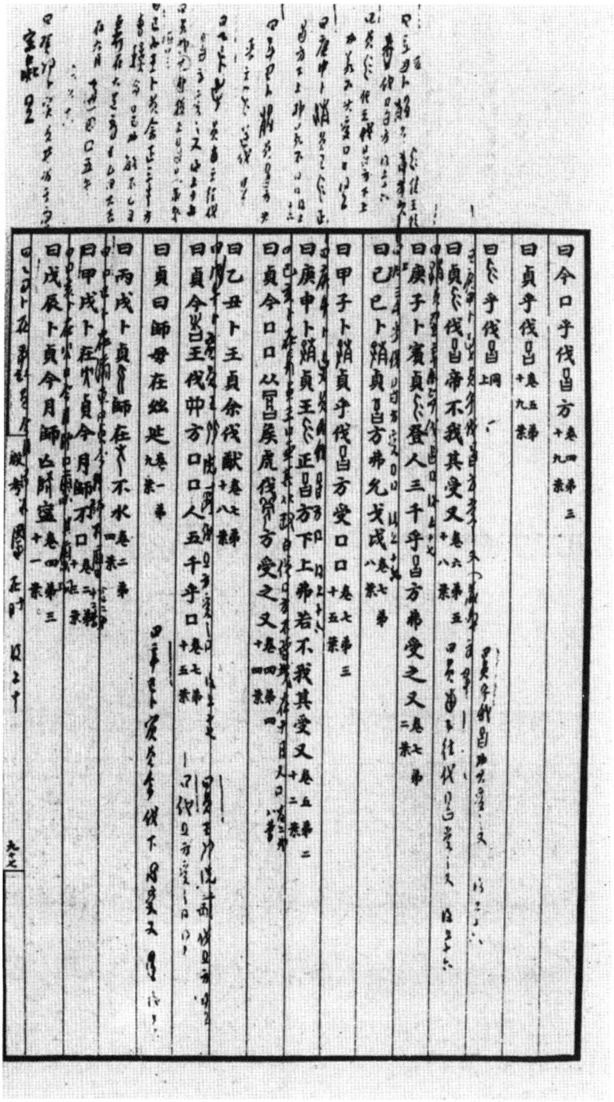

《殷墟書契考釋》修訂稿

天頭文字爲羅振玉所補

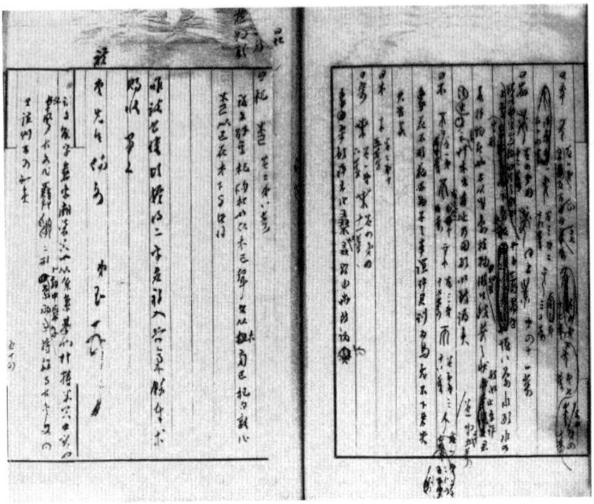

《殷墟書契考釋》手稿附箋

《殷墟書契考釋》手稿中粘貼之羅振玉致王國維便箋："昨談甚快，頃檢得二字，應補入前稿，録奉求賜收。肅上。禮堂先生侍安。弟玉頓首。"

《殷墟書契考釋》手稿底頁

《殷墟書契考釋》手稿收藏者陳夢家題記："此吾叔羅叔言先生手稿。一九五一年中秋歸余。上虞陳夢家記於北京。"

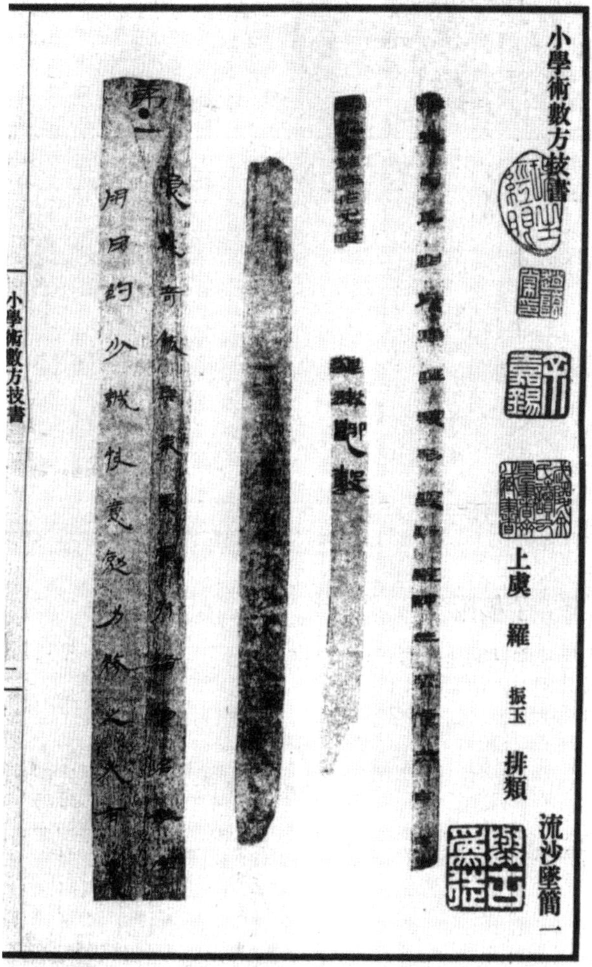
小學術數方技書

上虞羅振玉排類

流沙墜簡一

小學術數方技書 二

民國三年（一九一四）刊《流沙墜簡》書影

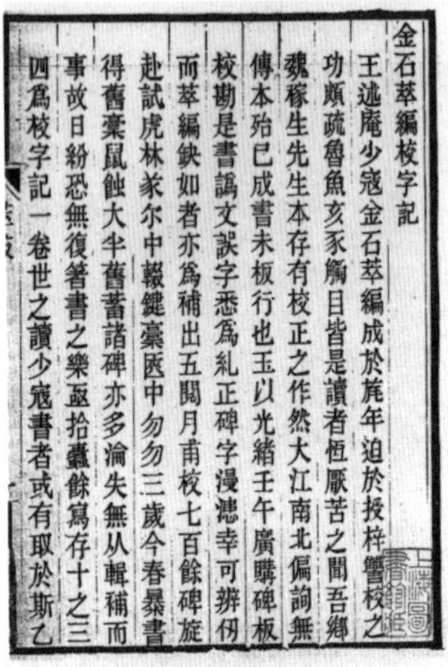

金石萃編校字記

王述庵少寇金石萃編成於耄年迫於授梓讐校之功頗疏魯魚亥豕觸目皆是讀者恒厭苦之聞吾鄉魏稼生先生本存有校正之作然大江南北偏詢無傳本殆已成書未板行也玉以光緒壬午廣購碑板校勘是書譌文誤字悉爲糺正碑字漫漶幸可辨仍而萃編鈌如者亦爲補出五閱月甫校七百餘碑旋赴試虎林家尒中輟鍵槖匧中匆匆三歲今春暴書得舊槖鼠蝕大半舊蓄諸碑亦多淪失無从輯補而事故日紛恐無復著書之樂亟拾燼餘寫存十之三四爲校字記一卷世之讀少寇書者或有取於斯乙

光緒十一年（一八八五）刊

《金石萃編校字記》書影

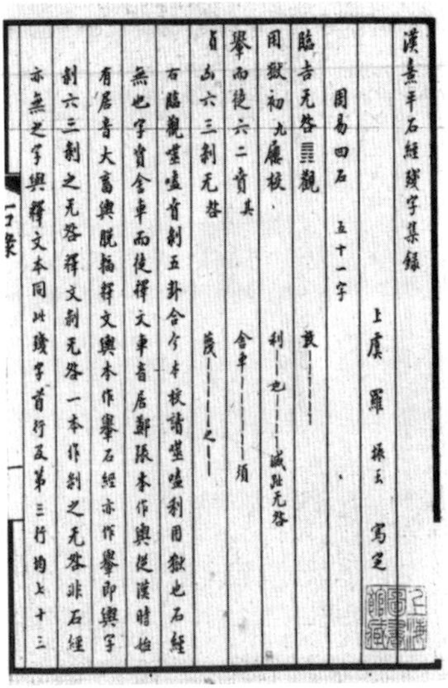

漢熹平石經殘字集録

上虞 羅 振玉 寫定

周易四石 五十一字

臨吉无咎䷓觀 設——

困𢧵初九蔭枝 利——也——臲卼无咎

擧而徒六二賁其 舍車——須

首凶六三剝无咎 蔑——之——

右臨觀噬嗑賁剝五卦合今本校諸噬嗑剝困𢧵也石經無也字賁舍車而徒釋文車音居鄭張本作輿從漢時始有居音大畜輿脫輻釋文輿本作轝石經亦作轝即輿字剝六三剝之无咎釋文剝无咎一本作剝之无咎非石經亦無之字與釋文本同此殘字首行及第三行均上十三

民國十八年（一九二九）刊

《漢熹平石經殘字集録》書影

張延綬別傳

張延綬字播紳郎河西節度金紫光

尚書左僕射河西萬戶侯

伯之第三子也博學多聞

經籍百家之書靡不精確

聊願得田墓之術身長

附錄

張義潮傳

張義潮沙州人

初唐分天下爲十道河西隴右三十三州涼州最爲大鎮開元天寶中置八監牧馬三十萬其西復置安西都護府羈縻西番三十國軍鎮監務大小三百餘戍守之兵皆取涼州節度及安祿山犯闕肅宗在靈武盡召西河戍卒收復兩京吐蕃乘虛涼隴諸州次第陷沒惟沙州至大歷中尚爲唐固守吐蕃贊普徙帳南山攻之急刺史周鼎請救於回鶻逾年兵不至議焚城郭引衆東奔衆不可知兵馬使閻朝縊鼎殺之自領州事城守八年出綾一端募麥一斗又二歲糧械皆竭始以城降自攻城至是凡十一年州人皆胡服臣虜每歲時祀父祖衣中國之服號慟而藏之

張延綬別傳附錄

民國二至六年（一九一三—一九一七）刊《鳴沙石室佚書》書影

史料叢刊初編
甲子歲朝春
東方學會印行

民國十二年（一九二三）刊
《史料叢刊初編》內封

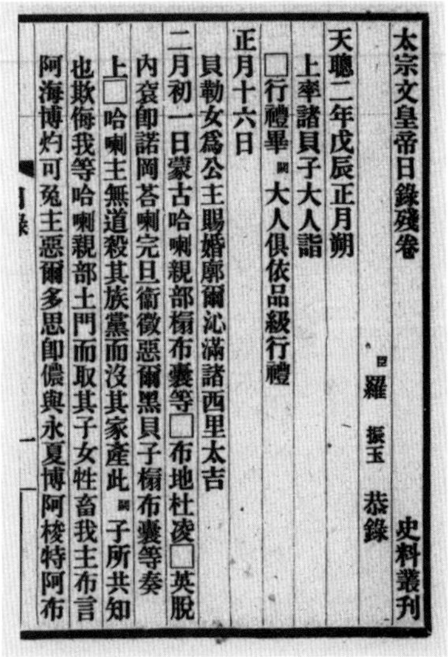

太宗文皇帝日錄殘卷　史料叢刊
羅振玉恭錄
天聰二年戊辰正月朔
上率諸貝子大人詣
□行禮畢闕大人俱依品級行禮
正月十六日
貝勒女爲公主賜婚廓爾沁滿諸西里太吉
二月初一日蒙古哈喇親部楄布囊等□布地杜凌□英脫
內袞叩諾岡苔喇完旦衛徵惡爾黑貝子楄布囊等奏
上□哈喇主無道殺其族黨而沒其家產此闕子所共知
也欺侮我等哈喇親部土門而取其子女牲畜我主布言
阿海博灼可兔主惡爾多思卯儇與永夏博阿棱特阿布

民國十二年（一九二三）刊
《史料叢刊初編》書影

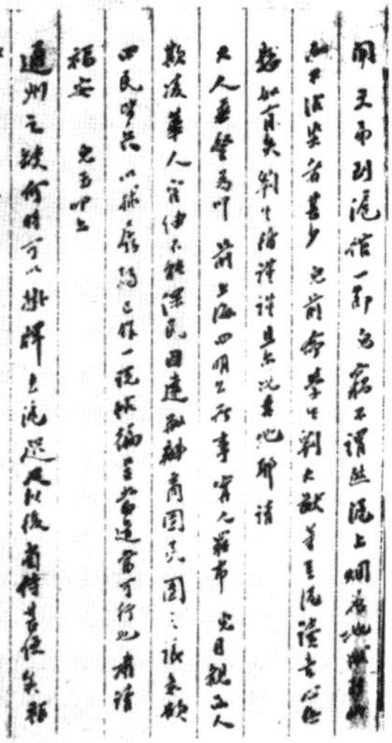

羅振玉手迹　與父書

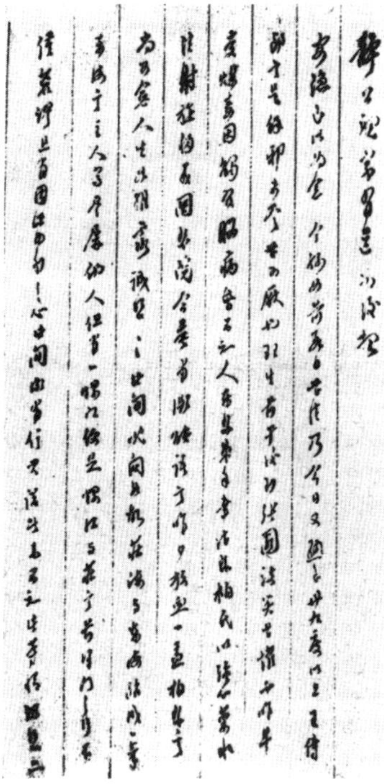

羅振玉手迹　致王國維函

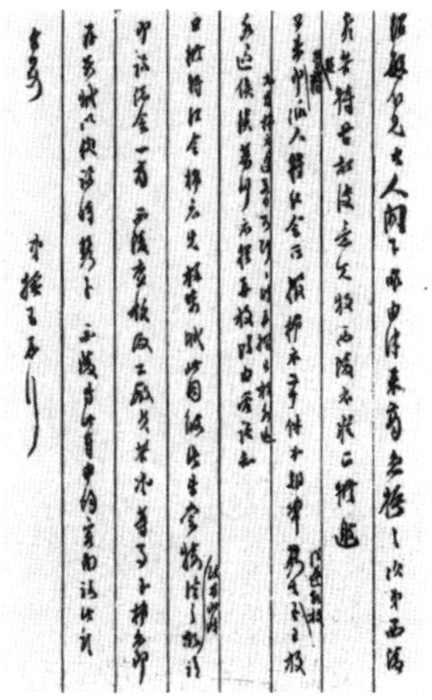

羅振玉手迹　致柯劭忞函

羅振玉手迹

羅振玉手迹

原詩載《遼海吟》

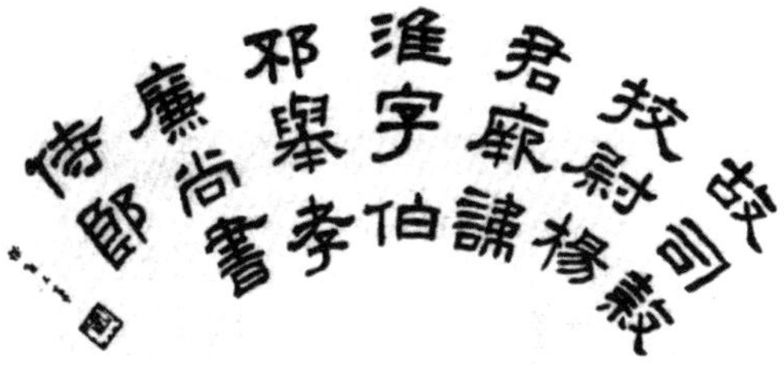

羅振玉手書扇面

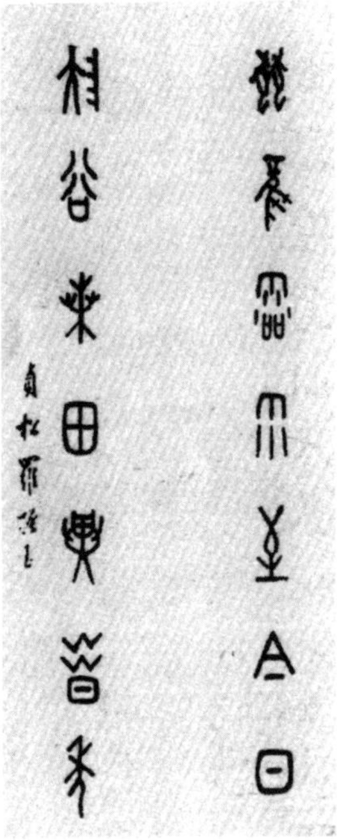

羅振玉手篆集甲文楹聯

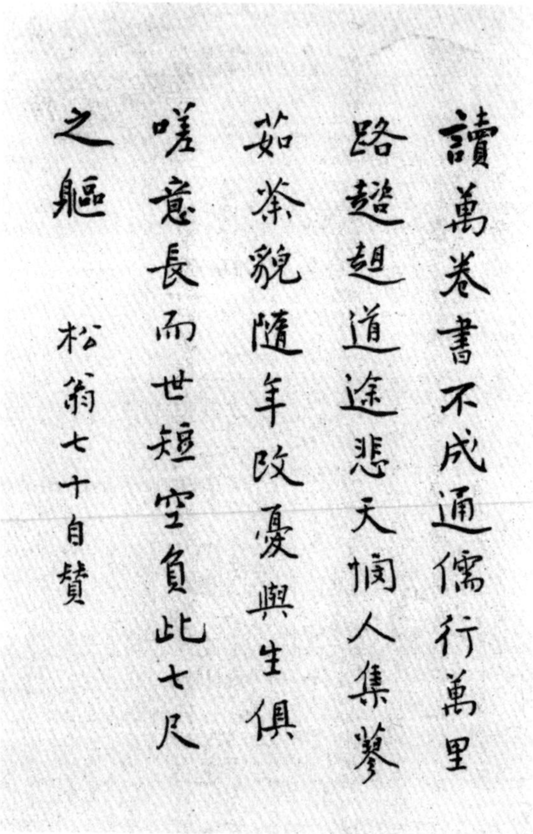

讀萬卷書不成通儒行萬里路趑趄道途悲天憫人集蓼茹荼貌隨年改憂與生俱嗟意長而世短空負此七尺之軀
松翁七十自贊

羅振玉《七十自贊》

羅繼祖手書

總序

張舜徽

並吾之世，有績學耆舊曰羅振玉先生，字叔蘊，號雪堂。藏書盈庫，著書滿家。傳印秘笈圖録以及甲骨金文，遺碑墜簡之屬，不下數十百種。嘉惠士林，沾溉無盡，馳聲遐邇，爲海内外學人所欽服，享盛名垂五十年。舜徽自少雖好讀其書，顧不獲褰裳奉手，又未嘗通一紙之問，於先生固相知而不相識也。先生之學，上紹乾嘉諸儒遺緒，以文字訓詁植其基，乃進而治經史金石碑版，有所得輒記之。年甫十九，即刊佈所著《讀碑小箋》及《存拙齋札疏》，考訂精密，驚其長老。德清俞樾、江甯汪士鐸，並當時碩學鴻儒也，欽其年少才美，交口譝譽之。汪既爲《札疏》跋以申其贊慕之意，俞復采《札疏》語入《茶香室筆記》。由是名始噪，益辛勤治學不少懈。自少至老，未嘗一日廢書，鍥而不捨，以從事於考證，發爲文章，日益弘富，近世學人述造之豐，蓋未有能過之者也。

先生自著書外，一生好輯書印書，而傳古之功，居當代第一。始在清末，龜甲出於洹上，先生既爲丹徒劉氏選印《鐵雲藏龜》，復自行搜集，所獲益多，悉影印以公諸世。後又推其法以理董金石刻辭，使三代吉金文字、歷朝各類石刻，粲然俱登於册。俾考古之士，不俟旁求，而文獻並在，學者便之。至於熹平石經、漢晉木簡、敦煌佚書、西陲石刻之整理，内閣大庫檔案之保存，以及多種叢書之輯印，至老忘疲，厥功尤偉。使無先生傳印之書，則有志考古者靡所取材，無由以啟近百年來學術研究之新風。先生竟以一人之力，導夫先路，此其所以卓也。

顧先生於古文字、古器物，不僅好之聚之、輯録之、傳印之而已。復能出其所學條理之、考證之，撰爲專著、論文、劄記、題跋之屬以自抒所得。爲文峻潔有法，無支蔓之辭，分釋名物，不病繁瑣。治甲骨金文，尤能創通大例，曉人以從入之途。好讀其書者，知其學有根柢，語無虚發，相與敬重之無異辭。嫉恨之者，則無端而攻詆之，至謂其書實出某手，非其所自著。物忌太甚，不足怪也。抑先生仕於清季，年尚少而位不顯，清社既屋，眷念故主，隨諸遺老後，謀復辟以行帝制，晚節末路，爲世所嗤。論者或謂世既薄其所爲，因以輕其述造，理或然矣。吾獨以爲士有百行，足以功過相除。附和帝制之愆，固不能掩其效力學術之功，嘗爲文以張之。世之善於知人論世者，必能分别觀之也。

舜徽年十八九，旅居京師。博訪通人，多識長者。偶游廠肆，得先生早歲著述數種讀之，輒歡喜讚歎，目爲清學後勁。時先生方居津沽，深以未及一見爲憾。近十年來，始得交其季子福頤先生及家孫繼祖教授。文質彬彬，能傳家學。每邂逅敘談，輒謀所以傳先生於不朽者，余則以爲拓印影照之籍，部帙浩繁，各有專編，無煩重布。至於文集、筆記、書劄之屬，包納甚廣。一生論學之語，考證之文，多在其中。亟宜校勘編定，彙爲一書，可名之曰《羅振玉學術論著集》。此編若成，則先生學術淵源，治學次第，與夫理董故書之偉績，籀繹舊典之灼見，悉在其中矣。兩君聞而韙之。未及始事，而福頤先生下世，繼祖教授乃起而引爲己任。搜羅已刊未刊諸稿，精心校訂。亦時與舜徽箋簡往還，商榷義例，並以序言爲請。舜徽於雪堂之學，素所欽服，因舉其犖犖大者以弁其端。其他辨證之語已數數發之於吾文者，兹皆不復及云。

一九八六年四月二十五日張舜徽書於武昌，時年七十有五。

總目

第一集

第二集

第三集

第四集

第五集

第六集

第七集

第八集

萬年少先生年譜
徐俟齋先生年譜

第九集

面城精舍雜文甲編
面城精舍雜文乙編
雲窗漫稿(永豐鄉人甲稿)
雪堂校刊羣書叙録(永豐鄉人乙稿)
雪堂金石文字跋尾(永豐鄉人丙稿)
雪堂書畫跋尾(永豐鄉人丁稿)

第十集

松翁近稿附補遺
丙寅稿
丁戊稿

第十一集

第十二集

羅振玉學術論著集

第一集

羅振玉 著

羅繼祖 主編

王同策 副主編

叢文俊 何琳儀 羅繼祖 整理

第一集目次

殷商貞卜文字考

殷商貞卜文字考

光緒己亥、予聞河南之湯陰發見古龜甲獸骨、其上皆有刻辭。爲福山王文敏公所得、恨不得遽見也。翌年、拳匪起京師、文敏殉 國難、所藏悉歸丹徒劉氏。又翌年、始傳至江南。予一見詫爲奇寶、慫恿劉君亟拓墨、爲選千紙付影印、并爲製序。顧行篋無藏書、第就周禮、史記所載、畧加考證而已。亡友孫仲容徵君詒讓亦考究其文字、以手稾見寄、惜亦未能洞析奧隱。嗣南朔奔走、五六年來、都不復寓目。去歲、東友林學士泰輔始爲詳考、揭之史學雜志、且遠道郵示。援據賅博、足補正予鄉序之疏畧、顧尚有褱疑不能決者。予乃以退食餘晷、盡發所藏拓墨、又從估人之來自中州者、博觀龜甲獸骨數千枚、選其尤殊者七百、并詢知發見之地、乃在安陽縣西五里之小屯、而非湯陰。其地爲武乙之墟。又於刻辭中得殷帝王名謚十餘。乃恍然悟此卜辭者實爲殷室王朝之遺物。其文字雖簡畧。然可正史家之違失、考小學之源流、求古代之卜法。爰本是三者、以三閱月之力、爲考一卷。凡林君之所未達、至是乃一一剖析明白。乃亟寫寄林君、且以詒當世考古之士。惜仲容墓已宿草、不及相與討論爲憾事也。宣統二年、歲在庚戌仲夏上虞羅振玉記。

考史第一

周紹殷而有天下、故殷之文獻周猶可徵。孔子曰、吾學殷禮有宋存焉。然秦燔以後、載籍放失、故太史公作殷世家第曰、自成湯以來采於詩書而已。今就刻辭所記、及發見之地、得訂證史氏之疏誤者數事、條繫如下。

一、殷之都城。 自成湯受命以降四百九十六年間、都城屢徙。班孟堅言，殷人屢遷，前八後五。史記殷世家，自契至湯八遷，所謂前八也。書盤庚序，盤庚五遷，孔氏傳自湯至盤庚凡五遷都，所謂後五也。史記殷世家張守節正義言，竹書紀年，自盤庚徙殷至紂之滅二百七十五年更不遷都。紂時稍大其邑，南距朝歌，北據邯鄲及沙邱，皆離宮別館。均謂殷之遷都至盤庚而止。然考盤庚以後尚遷都者再，史記殷世家武乙立，殷復去亳，徙河北。今本竹書紀年武乙三年，自殷遷於河北，十五年自河北遷於沬。此盤庚以後再遷之明證也。但史記及竹書均言武乙徙河北，而未明指其地。今此龜甲獸骨實出於安陽縣城西五里之小屯，當洹水（俗名安陽河）之陽。證以古籍知其地為殷墟，武乙所徙蓋在此也。考之漢書項籍傳，羽乃與章邯盟於洹水，應劭曰，洹水在湯陰界。（漢省安陽入蕩陰、師古曰、蕩音湯。湯陰即蕩陰、今安陽地。）相州圖經、（竹書統箋引。）安陽在淇洹二水之間、本殷墟也。史記殷世家正義括地志，相州安陽本盤庚所都，即北冢殷墟，南去朝歌城一百四十八里。竹書紀年云，盤庚自奄遷于北冢，曰殷墟。案，墟字衍文。南去鄴四十里，是舊都城，西南三十里有洹水，南岸三里有安陽城，西有城名殷墟，所謂北冢者也。水經注洹水篇，洹水出山東，逕殷墟北。又云，洹水自鄴東逕安陽城北。又引魏土地記，鄴城南四十里有安陽城，城北有洹水東流者也。今發見之地，其方位道里，證以諸書一一脗合。惟張氏正義以安陽為盤庚所都，謂殷墟即北冢，均誤。徐氏竹書統箋已正之。統觀諸書，均為安陽城西洹水之陽，其地實為殷墟之確證。或謂殷代諸王，武乙以前河亶甲曾都相，相即今安陽。然則安陽之墟，安知非河亶甲故都。但使此而果為河亶甲之墟者，則刻辭中帝王名謚應悉在河亶甲以前，至太戊、仲丁而止耳。今則至河亶甲以後十餘世之武乙、文丁則此爲武乙之墟而非河亶甲可知。惟竹書又言、武乙十五年、自河北遷於沬。則刻辭中帝王名謚又應在武乙以前至祖甲而止、不應有武乙、且有文丁。然帝王世紀（詩地理考引）言帝乙復濟河北、（案、帝乙自相遷沬、相本在河北、不應云復濟、殆世紀之誤）徙朝歌、其子紂仍都焉。朝歌即沬、是由河北遷沬在帝乙之世、而非武乙。竹書殆有錯簡也。安陽之墟爲武乙所都殆無疑義。此又武乙遷河北、其地實爲相之確證也。然非得此發見亦惡能定之。此有裨於史籍者一。

二、殷帝王之名謚。　殷自成湯至於帝辛凡三十世。據史記所載天乙立、是爲成湯。湯崩太丁未立、嗣湯者曰外丙、外丙以後曰仲壬、曰太甲、曰沃丁、曰太庚、（竹書作小庚）曰小甲、曰雍己、曰太戊、曰仲丁、曰外壬、曰河亶甲、曰祖乙、曰祖辛、曰沃甲、（竹書作開甲）曰祖丁、曰南庚、曰陽甲、曰盤庚、曰小辛、曰小乙、曰武丁、曰祖庚、曰祖甲、曰稾辛、竹書作馮辛。曰庚丁、曰武乙、曰太丁、竹書作文丁。曰帝乙、曰帝辛。今帝王名謚之見於卜辭者十有七、曰大乙、曰大丁、曰大甲、曰大庚、曰小甲、曰大戊、曰中丁、曰且乙、曰且辛、曰且丁、曰㕣庚、曰小辛、曰小乙、曰武丁、曰且庚、曰且甲、曰[illegible]、曰知。大乙殆即史記之天乙。以殷初諸王大丁、大甲、大庚、大戊例之、則天乙爲大乙之譌、殆無可疑。太丁雖未立、然刻辭中數見大庚、竹書作小庚。今卜辭與史記合、則竹書誤也。㕣庚刻辭中凡四五見、又作㕣庚、或作冃庚。初意㕣與南字形近、疑即史記之南庚。嗣見刻辭中所屢見之𣪘字或從㕣、㕣、作𣪘、𣪘。刻辭中文字每有省其半者、疑㕣𣪘乃一字。𣪘字形似般。今書盤庚之盤、書釋文、史記、翼奉傳、楊雄傳、後漢書文苑杜篤傳、漢石經尚書殘字、并作般。意古文尚書以今文寫定時、諸儒釋𣪘爲般。㕣庚殆即般庚。然㕣果否應釋般、則未敢確信也。太丁史記再見、一為天乙之子、一為武乙之子。子孫之名不應上同先祖。竹書作文丁、與刻辭合。知竹書是而史記誤也。

史記載湯之祖曰主壬、父曰主癸。今刻辭中有⿰示工、⿰示癸二名、為湯之祖父主壬、主癸無疑。其從示者、蓋主壬主癸在受命以前、及湯有天下、乃尊之為神廟、祀而鬼享之、不似後世受命之主輒追尊祖父以帝王之謚也。及武王受命、追王太王、王季、遂為後世典制所自昉。殷尚不爾。于此可見殷周禮制之沿革。

卜辭所載帝王名謚、除與史記合者十有五、可訂正史籍者二以外、尚有⿱山口與且士、疑亦殷帝王也。豈史記所謂仲丁以後九世之亂、書闕有閒耶。至名臣之名見於卜辭者有[illegible]、又有甘士、疑即巫咸。惜無他證也。

史記殷世家、振卒、子微立。索隱引皇甫謐曰、微字上甲、其母以甲日生故也。商家生子以日為名、蓋自微始。考殷人名字多稱甲乙、傳世禮器中多有且乙、且辛、父乙、父辛之類、不僅帝王為然。然皆用十干、無用十二支者。今刻辭中有且丑（再見）、且寅、卯申（再見）、此為載籍及古彝器所未見。因說帝王名謚而並及之、以廣異聞、以上並可補正史氏者二。

書伊訓惟元祀。音義祀年也、夏曰歲、商曰祀、周曰年、唐虞曰載。證之刻辭、書祀者二。一曰其隹今九祀、一曰隹王二祀。此證之前記而合者。爾雅釋天、薛注、祀取四時祭祀一訖也。於此可見殷人崇神尚鬼之風。

卜辭中所貞之事、祀與田獵幾居其半。一以見商人之尚鬼、一以見末季帝王之般游無度。於此可見一代之興亡得失。

商代祭祀所用牢數、殆無定制、而卜以定之。故卜辭中每載牢數有二牢、三牢、亖牢、五牢、十牢、十五牢、卅小牢、一百牢、五牛、十牛、一百牛、卅犬、卅羊、卅豚、十五犬、十五羊、十五豚之異。其稱太牢曰大牢、少牢曰小牢。此可見商代之祀典。此三則亦有裨於史事、故並識之。

正名第二

卜辭中所載文字汰其重複殆不逾千名。而就此千字中以考許書所得至巨。一知史籀大篆即古文非別有創改。二知古象形文字第肖物形、不必拘拘於筆畫繁簡異同。三可與古金文字相發明。四可糾正許書之違失。又有卜辭中習用之字不見於金文與許書者、及厥意可識而不能定為何字者、述之如下。

一、籀文即古文。　許祭酒說文解字序言、倉頡之初作書、蓋依類象形故謂之文、其後形聲相益即謂之字。及宣王大史籀著大篆十五篇，與、古文或異。至孔子書六經、左邱明述春秋傳，皆以古文。厥意可得而說。其後諸侯力政，不統於王、分為七國、田疇異畮、車涂異軌、律令異灋、衣冠異制、言語異聲、文字異形。秦始皇帝初兼天下、丞相李斯乃奏同之、罷其不與秦文合者。斯作倉頡篇、中車府令趙高作爰歷篇、大史令胡毋敬作博學篇、皆取史籀大篆、或頗省改、所謂小篆者也。段君注、古文大篆二者錯見、此云皆以古文、兼大篆言之、六經、左傳不必有古文而無籀文也。下文云、取史籀大篆或頗省改、兼古文言之、不必所省皆大篆而無古文也。序又云、今敘篆文合以古籀。段君注、許重復古而其體例不先古文籀文者、欲人由近以考古也。小篆因古籀而不變者多、故先篆文、正所以說古籀也。隸書則去古籀遠、難以推尋、故必先小篆也。其有小篆已改古籀、古籀異於小篆者、則以古籀坿小篆之後、曰古文作某、籀文作某、其全書之通例也。其變例則先古籀而後小篆、如一篇二下云、古文丄。下下云、篆文丅。先古文而後篆文者、以旁帝字從二、必立二部、使屬有所从。凡全書有先古籀而後小篆者、皆由部首之故也。案、段君言小篆因古籀而不變者多。又謂許言六經皆古文、乃兼大篆言之。其言取史籀大篆或頗省改、乃兼古文言之。其精思卓識發前人所未發。惟其引漢書藝文志孟康注、史籀所作十五篇、古文書也語而駁之曰、此古文二字當易爲大篆、大篆與倉頡古文或異、見於許書十四篇中者備矣。又於竹部篆引書也、注因李斯所作曰篆書、而謂史籀所作爲大篆。既又謂篆書曰小篆云云。尚斤斤於古與籀之分。並言史籀作大篆、而不知大篆乃述古文、非史籀所剏作。此千慮之一失也。蓋宋以來小學家皆以大篆爲史籀作、自爲一體。段氏知籀文與古文或異，而不異者多，其識卓矣。而尚未知許書所載之籀文所謂與古文或異者，乃就當世僅存之史籀九篇以校壁中古文而異耳，非古籀實有異同也。今試以許書所載之籀與古或異之字，證以刻辭文字，往往古籀本合。姑舉數字，如許書載四之古文作𠜷，籀文作亖，今卜辭中四字正作亖。許書載匚之籀文作𠥫，而卜辭中已有匚字。許書載登籀文作𤼷，今卜辭中已有𤼷字。許書載系籀文作𦃇，而卜辭中已有𢆶字。許書載妣籀文省，从匕作妣，而卜辭中書妣已省作匕。許書載子籀文作𢀈，今卜辭中子字已作𢀈，與𢀈略同。凡是之類，由於許君當小學不修之時，抱殘守闕，就其聞見所及而成書，本未可期其精博無遺憾也。予意史籀所著大篆十五篇，殆亦猶倉頡、爰歷、凡將、急就等篇，取當世用字編纂章句，以便誦習而已。故許君序中古文大篆錯舉，許君蓋知大篆即古文，而復箸其異於古文者，猶篆文之下並載或體。其曰籀文作某，猶云史篇作某，第以明其與所見壁中書不同而已。古語簡質，後人遂致誤會。孟康謂史籀所作十五篇為古文，其言至明確，不可易也。或謂洵如是，則史篇之文何以與壁中書或異？寍非古籀或有異同乎？曰此非籀與古之異，乃古文自異也。古文行用之期甚久，許君所云孳乳而寖多。又云五帝三皇之世，改易殊體，此古文不能無異同之證也。今得卜辭，乃益得證成此說，豈非當世小學家所當同聲稱快者與。

二、古象形字因形示意，不拘筆畫。　許洨長之說象形也曰，畫成其物，隨體詰詘。其說至明。蓋古象形之文，以肖物形為主，不拘字畫之繁簡、向背。徵之刻辭中所載諸文，歷歷可證。茲試舉羊、馬、鹿、豕、犬、龍六字之重文示其例。

以上諸字重文殆無一字無小異同。然羊均象其環角廣顙、馬均象其豐尾長鬣、鹿均象其歧角、豕均象其竭尾、犬均象其修體、龍均象其蜿勢、一見可別不能相混、而其疏密向背不妨增損移易。推是例以求之、凡象形會意諸字莫不皆然。如許書之圂卜辭或从一豕作圂、或从二豕作圂。然不問从一豕與二豕、皆可示圂之意。許書之羴卜辭或从三羊作羴、或从四羊作羴。然不問从三羊與四羊、皆可示羴之意。許書之牢、卜辭或从牛作牢、或从羊作宰。然不問从牛與从羊、皆可示牢之意。許書之鄉、（饗食之初字）卜辭或从豆作□、或从酉作□。然、不問从豆與从酒、皆可示鄉之意。許書之冊、（冊命卜辭字）或从口作□、或从廾作□、或兼从口从廾作□。然不問从口从廾與兼从口與廾、皆可示冊之意。許書之逐、卜辭或从豕作□、或从□（即兔字。兔善顧、象顧形、又象短尾。）作□、或从犬作□。然、不問从豕與从兔从犬、皆可示逐之意。又如逆字、或作□、或增从彳作□。畢字（網田）或作□、或增又作□。妥字□或在上作□、或在旁作□。因字或作□人左向、或作□人右向。然、不問其增減移易、向背、而其意則一、見而知其無稍差也。古人文字肖形以示意、而不拘拘於一筆一畫。逮後世拘於筆畫、形失而意反晦。於古金文字尚可窺見此情、而不如卜辭之昭然、易明。若僅觀許書、固不能知此矣。

三、與金文相發明。

許浚長言、郡國往往于山川得鼎彝、其銘即前代之古文。潘文勤公（攀古樓彝器款識序）言、許書中古文本於經文者、必言出。不引經者、皆憑古器款識。吳清卿中丞（說文古籀補序）言、許氏之書、籀書則多不如今之石鼓、古文則多不似今之古鐘鼎。亦不說某爲某鐘、某爲某鼎。字必響拓、以前古器無氈墨傳布、許氏未能足徵。兩說不同。今以許書所載古籀證以古金文字、合者殆寡、知吳說是也。而以古金文證卜辭、則合者十六七。其習見之字、如一、元、天、不、示、祀、且、三、王、若、小、牛、牢、告、隹、行、廾、卌、言、又、父、史、聿、臣、用、目、百、丝、受、𠂤、曰、于、喜、盂、令、入、疾、高、因、日、旅、月、多、衣、康、宗、宮、人、立、竝、朕、先、見、文、令、勿、大、夫、水、不、至、門、女、母、孜、弗、二、在、田、男、陟、降、三、亞、五、六、甲、乙、丙、丁、戊、己、庚、辛、壬、癸、子、丑、寅、卯、辰、午、酉、亥等字、與金文均合。其不甚習見之字、如余之作亼、亦見毛公鼎。于之作丂、亦見玏鼎。

午之作丨、亦見天君鼎。作丨、亦見效卣。盉作□、亦見盉鼎。酒作□、亦見父乙尊。諸家誤釋射、說見下。卷之作□、亦見盉鼎。每之作□、亦見䣙鼎。射之作□、亦見射爵。戉之作□、亦見立戉尊。夾之作□、亦見盉鼎。以□為歸、亦見女歸卣。廣之為□、亦見叔氏寶棽鐘。穗之為□、亦見穗敦。敦文作□、與此畧異。母之為□、亦見母□諸婦方尊。歸又作□、亦見諆田鼎。遣作□、亦見太保敦。敦文从□、即□之變。龏作□、亦見毛公鼎。鼎文作□、與此畧異。攸作□、亦見王父丁尊。改作□、亦見改簋蓋。斁作□、亦見毛公鼎。鼎文作□、與此畧異。妣作□、亦見妣辛敦。敦文作□、與此畧異。眔作□、亦見留鼎。鼎文作□、與此畧異。方作□、亦見彔伯戎敦。敦文作□、與此畧異。家作□、亦見父庚卣。卣文作□、與此畧異。封作□、亦見康侯封鼎。揚作□、亦見貉子卣。卣文作□、與此畧異。鬻作□、亦見立旂婦鬻。鬻文作□、與此畧異。郭作□、亦見白尉敦。敦文作□、與此小異。德作□、亦見曆鼎。周作□、亦見公中鼎。會作□、亦見趠亥鼎。鼎文作□、小異。魯作囧、亦見魯文旁尊。師作師、亦見師𢍉父鼎。此字从𠂤从巿、丨之畫末署肥、知巿即許書之市。兮伯盤又从巿作𢍉。卜辭中亦有从巿作師者、此殆非師字。茲姑从吳氏大澂釋吉作吉、亦見鍾幣。幣文作吉、小異。又有金文中不可識之字、如盂鼎之□、□、卜辭作□、□。子抱孫父丁敦之□、卜辭作□、□。父己卣之□、卜辭作□、□。太保敦之□、遣小子敦之□、卜辭作□。父乙角之□、父乙觚之□、卜辭作□、□。且己爵之□、卜辭作□、小異。父辛尊之□、卜辭作□、小異。亞乙爵之□、卜辭作□、小異。母辛卣之□、卜辭作□、小異。毛公鼎之□、卜辭作□、小異。田彝之品、卜辭作□、小異。毛公鼎之□、卜辭作□之類、雖亦見卜辭中、然仍不可識。其有金文習見不可識、賴卜辭知之者。若金文中所記干支有乙子、叔媜鼎丁子、史頌鼎己子、史伯郡父鼎辛子、魯公鼎癸子格白簋等、亦屢見卜辭中、從來金文家皆無確解、紛如聚訟。予近於獸骨刻辭中見有連書干支列如表式者。首行為十𢀛、乙丑、内寅、口卯、戊辰、己子、庚午、辛未、工申、癸酉。次行為十戌、乙亥、内與、口丑、戊寅、己卯、庚辰、辛子、工午、癸未。（以下類推）由是始知所謂乙子、丁子、己子、辛子、癸子者，即乙巳、丁巳、己巳、辛巳、癸巳。有宋至今數百年間懷疑不能決者，一旦渙然得確解，其愉快為何如耶。刻辭中文字之有功於考釋古金文如此。

四、糾正許書之違失。許祭酒生炎漢末季，慨小學之不修，援據壁經，遵修舊文，博訪通人，洞究微情。然或有不知蓋闕之條，亦有後世俗訂之失，又屢經傳寫譌誤不少，幸有金文得據以糾正其違失。今卜辭更古於金文，以校許書所得有出於金文外者，茲約為二端述之。一曰古籀之違失。許書之例，凡所見古文與篆書異者，則於篆文外附以古文，所見籀文與古文異者，則更附以籀文，然往往有古籀初無異，而限於見聞，誤以為不同者。前篇已畧言之，茲更就許書所載之古籀與卜辭校，如一下出古文弌，二下出古文弍，三下出古文弌。段君注言一、二、三之爲古文明矣。何以更出弌弍弎。蓋所謂即古文而異者，當謂古文奇字。今考之卜辭及古金文皆作一、二、三，從弋作弌弍弎者。帝下出古文𢂇，注、古文諸丄字皆从一，篆文皆从二。今校以卜辭帝字正作𢂇。吳氏大澂據▼己且丁父癸鼎釋▼爲帝，謂帝如花之有蔕果之所從出，其說頗精。此𢂇字上之▽殆象花蔕，與▼同，非从一。▼己且丁父癸鼎殆與卜辭同時。厥後周寏鼎作𢂇，戳狄鐘又作𢂇，與𢂇同矣。示下出古文𥘵。今卜辭示多作示，間有省作丅者，金文中從示之字亦示、𥘵互見。非古文皆从𥘵，其下三垂亦無作川者。中下出古文𠁩，段君注，此字可疑，殆淺人誤以㫃中之𠁩入此。今卜辭中仲丁之中及他中字皆作中，知篆文之中即最古之中字。金文作𠁩、𠁩、𠁩，乃後起之字，此𠁩字爲淺人竄入無疑也。唐下出古文啺。今卜辭中唐作啺，唐文且乙爵作□、無作啺者。徃下出古文□、今卜辭往來字數十見、皆作㞷、無从辵者。許書於之部別出㞷、訓爲艸木妄生、不知爲往之古文也。甾下出古文□、今卜辭中有□字、疑即甾之古文。篆文所从之□於形未肖、亦未見作□者。冊下出古文□、今卜辭冊字皆作□、古金文畧同、無从竹者。商注、從外知內也、从㕯章省聲。下出古文□、□。今卜辭商作□、□、不作□、□。農下出古文□（小徐本、大徐本作□）。今卜辭作□、則大徐从林是、小徐從艸者誤也。用下出古文□、今卜辭用作□、□、不作□。自下出古文□、今卜辭自作□、□、□、金文作□、無作□者。百下出古文□、今卜辭百作□、□、金文亦然、無作□者。雉下出古文□、今卜辭雉作□、□、無作□者。鳳下出古文□、又作□、今卜辭作□、□、□、無作□、□者。叀下出古文□、□、今卜辭有□、無□、□。卣下出古文□、今卜辭中有□字、中从□、不作□。巫下出古文𢏚、今卜辭有⿸厂巫字、从巫从在门下、為巫字無疑、不作𢏚。豆下出古文𣅊、今卜辭豆作⿱亼豆、⿱口豆、又豐从豆作豊、豐、从豆、豆、均不作𣅊。樹下出籀文尌、今卜辭樹作尌、从壴从力、石鼓作𡬩、从又。許書壴部有尌、與尌殆一字。樹之義取植立、引申之為豎立。豎物使立必用力、故从力。或从又、此从寸誤也。日下出古文㘝、今卜辭日作⊖、與篆文同、金文亦然、不作㘝。旅下出古文𣄴、今卜辭作⿸㫃从、金文亦作⿸㫃从、虢叔鐘不从止。多下出古文⿰夕夕、今卜辭作⿱口口、⿱日日、金文亦作多、均不作竝夕。家下出古文𡨦、段君注此篆蓋誤、今卜辭家作⿵宀豕、从豕。吳氏大澂言、凡祭士以羊、豕。古者庶士庶人無廟、祭於寢、陳豕於屋下而祭、是也。白下出古文𣅀、今卜辭白作⊖、金文亦然、不作𣅀。備下出古文𠈍、今卜辭有⿰用⿱用用、殆即備字、不从人。比下出古文𣬉、今卜辭比作⿰匕匕、不作𣬉。豕下出古文𧰨、今卜辭豕皆作⿱亠豕、金文作□、（父乙觶）不作□。馬下出古文□、又出籀文□、今卜辭作馬字異狀甚多、（見上）無一如此作者。赤下出古文烾、今卜辭作□下从山、即古文大字从大火與篆文正合、不作烾。淵下出古文□、今卜辭淵作□不从口水。雨下出古文□、今卜辭雨作□、□、□、□不作□。漁下出篆文漁、是謂𩺰爲古文、今卜辭漁作□、□不从𩺰。至下出古文□、今卜辭至作□、與篆文正同、不作□。奴下出古文□、今卜辭奴作□不从人。龜下出古文□、今卜辭龜作□、□、□不作□。封下出古文□、今卜辭作□、不作□。車下出籀文□、今卜辭車作□、金文作□（毛公鼎）無从戔者。五下出古文㐅、今卜辭五作□不作㐅。甲下出古文□、（舊本如此、段改篆文、注作□古文作□亦非）注始於一見於十歲成於木之象。又戎下亦云从戈甲、□古文甲字。今卜辭甲作十、金文亦然、知許書甲之古文原作十、故注有始一見十之說。戎蓋亦从十、注、甲古文甲之中、初當作十、許書原不誤、校寫之譌也。癸下出籀文𤾊、今卜辭作㐅、金文亦然、無作𤾊者。子下出古文𢀈、籀文𡿺、今卜辭干支之子或作兇或作𢀉、其常用子女字作子、無作𢀈者。𡿺殆由兇傳寫而異。又如寅下出古文𡩟、卯下出古文𨚴、辰下出古文𠨇、申下出古文𢀳、籀文𦥔、酉下出古文丣、亥下出古文𠦅。今校以卜辭、則寅作𡆤、𡆥、𡆦、𡆧、卯作𠨒、辰作𠨎、𠨍、申作𢆉、𢀳、己、酉作酉、亥作𠀅、殆無一合。凡是之類、一由許君認晚周列國時文字為古文、一由於後人妄改與傳寫之譌。又刻辭中文字同於篆文者十五六、而合於許書所載之古籀乃十無一二。蓋相斯所罷者皆列國詭更正文之文字、所存多倉史之舊文。秦之初雖僻在西戎、然密邇西周之舊都、豐岐文化流風未沫、其文字故應勝於列國也。二曰篆文之違失。許書所載小篆乃相斯述倉史之遺文、非相斯所椒作。故卜辭中文字可資考訂者不少、如許書、福注、備也、从示畐聲。今卜辭中福字作𥛖、从酉、乃象酒尊、蓋以酒祀神邀福也。福从酉、从示、乃會意、非形聲。卜辭中又有𥜇字、象人捧尊狀、亦福字。祝注、从示、从儿口。一曰、从兌省。今卜辭祝作𥘻、从𠒎。太祝禽鼎祝字作𥙩、則與篆文合矣。莫注、日且冥也。日在茻中、茻亦聲。今卜辭莫作𣌐、从日在林中。杲字从日在木上、杳字从日在木下、故莫从日在林中、字均从木。从茻者殆由林省。金文已作莫、與篆文同矣。牿注、牛馬牢也。今卜辭有𠀠字、亦作𤘽、乃易大畜童牛之告之本字。牿又告之俗作。易大畜虞注、告謂以木楅其角。𠀠字於角上施ㄩ、或作ㄐ、乃以木楅角之象。不當訓牢、疑牿字許書當在告下、為告之或作。故告注、牛觸人角箸橫木所以告人也。與卜辭合。經後人校寫、乃誤以牿入牛部耳。其訓牛為牢、殆亦出後人肊增、非許君之舊也。[illegible]

从牛冬省。今卜辭或从牛作[古文字形]、或从羊作[古文字形]、說見上。或作[古文字形][古文字形]、又作[古文字形][古文字形]。蓋象闌防之狀、非从冬省。其从[古文字形]、乃由[古文字形]而變、與今隸同。今隸有出於古文者、此其一也。謝、注、辭去也。从言射聲。段君注、曲禮大夫七十而致事、若不得謝、此謝之本義也。今卜辭有[古文字形]字、又作[古文字形]、當即謝之本字。祭義七十杖於朝君問則席。注、爲之布席堂上而與之言。正義、布席令坐也。[古文字形]从[古文字形]、象席形。知者、許書席之古文作[古文字形]、从[古文字形]與[古文字形]同。[古文字形]象兩手執持、或从[古文字形]者、乃[古文字形]之省。臣不敢當命坐之禮、故持席以謝也。篆文从䠶、殆後起之字矣。𠵂、注、語相訶歫也。从口、辛。今卜辭有[古文字形]、即許書之𠵂。足徵相斯小篆、其罷者皆列國俗書、其存者多古文、此亦其證也。止、注、下基也。象艸木出有阯、故以止爲足。段君注、此引伸、假借之法。段君之意、殆以下基爲本誼、人足爲引伸之誼。今卜辭中从止之字皆作[古文字形]、象人趾之形、金文亦然。故許書𣥠、步等部列於止部之後。人足為止之本誼、他誼乃由是引伸。許君並列諸誼、段君以止為足一誼列於下基誼後、遂以本誼為引伸之誼、誤矣。歷注過也、傳也。从止厤聲。今卜辭歷作□、从止从秝、是古文省厂也。邁注遠行也。从辵萬聲。或从蠆作邁。今卜辭作□、从蠆从行、與許書或體畧同。許書所載之或體往往有本於古文者、此其一也。逆注迎也。从辵屰聲。今卜辭逆作□、作□、并从□象人自外入、辵以迎之。逆作□、父丁尊作□、與卜辭同、而畧變、秦刻作□、屰下誤增一畫、許書又由□為□、誤益甚矣。徙注迻也。从辵止、或从彳作征。今卜辭徙作□、此亦或體之為古文者。追逐也。从辵𠂤聲。今卜辭追作□、省彳。衛注宿衛也。从韋、帀、行。行列也。段校改 今卜辭作□、从止、从方。金文作□衛父卣益□、衛公叔敦□、衛父卣□又从二止、从方。知衛為衛之初字。其从方者、周禮巾車以封四衛注、四衛、四方諸侯守衛者。此殆衛之初誼矣。卜文又有衛字、疑亦徽字而畧變也。丞注、翊也。从廾从卩、从山。山高奉承之義。今卜辭有𠂑字、从人在山中、从屮象一人在上而援山中之人。今作丞、誤人為卩、誤屮為廾、誤凵為山也。丞之本誼訓拯援、即拯之本字。文選羽獵賦注引聲類、丞亦拯字也。此字據許書所載、形誼俱失矣。鬳注、鬲屬。从鬲、虍聲。今卜辭有鬳字、上象獸首、下象款足、殆即鬳。上象形、非聲也。鬥注、兩士相對、兵杖在後、象鬥之形。段君注、此非許語。兩丮相對、象形、謂兩人手持相對也。文从兩手、非兩士。此必他家異說、淺人竄改許書、未可信也。今卜辭鬥作鬥、象兩人手搏之狀、不見兵仗。許說誤。段說从兩手、非兩士、亦誤也。𣪠注、楚人謂卜問吉凶曰𣪠。从又持祟。今卜辭作𣪠、或作𣪠、或作𣪠、象手持木於示前。木者、灼龜之荊也。示者、神也。非从手持祟。又知卜問吉凶曰𢾅、此語殷人已然、不始於楚也。啟注教也。从攴、启聲。論語、不憤不啟。案、此啟與口部之启當是一字、誤分列兩部。启注、開也。从戶、口。今卜辭有𢼄、从手開戶。又作𢼄、增从口、象有呼門者而手開戶以應之也。許書从攴、乃从又之譌。古匋器文作𢽨字、尚从又。許啟鼎作䏌、始从攴、為許書所本。至許訓啟為教、則因啟从攴與教同、而傅會之也。敎注、上所施、下所效也。从攴、孝。今卜辭敎作𢽳、从孝、即孝省。許書孝、效也。父蓋教子以孝、父所為乃教之所自昉也。卜注、灼剝龜也。象灸龜之形。一曰象龜兆之縱橫也。今卜辭中卜字或作丫、或作ㅏ、或作亻、象龜坼之狀。詳下篇。其丨旁之小畫或左、或右、或斜向上下、蓋兆無定象也。許書言象龜兆之縱橫、其說至確、而灼剝龜之說則紆矣。貞注、卜問也。从卜、貝。一曰从鼎省聲。今卜辭貞字多作𠕁、或作𡆧、似非从貝。卜辭中貝字及从貝之字皆作□、□作□者、亦非从鼎省也。糞注、棄除也。从𠬞推𠦒糞采也、官溥說。似米非米者、矢字。今卜辭糞作□、从□在□中、𠬞去之也、□象所除之穢也。糞从□、非从𠦒。𠦒乃田畢之本字、卜辭作□、象張畢之狀。十、其柄也。从田之畢乃後起之字。許以𠦒為箕屬、所以推糞之器、誤也。又棄注、捐也。从𠬞推𠦒、棄也。从𠫓、𠫓、逆子也。下又出古文弃。今卜辭棄作□、从土、凶、象丄字卽土在凶中傾出之狀。字亦从凶不从𠦒。許既誤釋田畢之□為箕屬、乃謂糞棄二字為从𠦒、不知其从凶也。至□字从丄土、包壓穢言之。埽从土帚、□从土凶、并為會意。許書於土部又出□字、注埽除也。殆棄之重文、而誤析為二、意均由□字譌變也。冓注、交積材也、象對交之形。爯注、并舉也。从爪、冓省。今卜辭冓字作□、□、□、□、爯字作□、與許說正合、而形畧異。幽注、隱也。从山、𢆶。段君注、幽从山、猶隱从𨸏、取遮蔽之意。今卜辭幽作𢆶、从𢆶、从火。（古文火字。）隱微不可見者、當从火燭之。此从火之意、非从山也。受、相付也。从𠬪舟省聲。段君注舟省聲、蓋許必有所受之。段君殆因篆从冂不得舟省之狀。今卜辭受作受、正从𠬪从舟不省。金文亦然。此許君所本也。豐、注、豆之豐滿者。从豆象形。今卜辭豐作豐、與許書同。盡、注器中空也。从皿𦘒聲。今卜辭盡作盡、象手持帚滌器、器空斯滌、故字从聿皿、非从𦘒聲。卽、注卽食也。从皀卩聲。段君注卽當作節、周易所謂節飲食。今卜辭卽作卽、从人从豆、猶鄉食之鄉。許从皀、卜辭亦从豆也。卽象人就食之狀（鄭風毛傳、卽、就也。）故許君訓爲卽食。卽象一人就食于豆、鄉象二人相向（𦥑卽向字、象二人相向、猶𠦃象二人相背。）而食。許書言从卩、其實非卩、乃人字也。段君因許君从卩之語、遂疑卽食爲節食、許君一誤、段君再誤矣。既注、小食也。从皀旡聲。今卜辭既作既、既、从豆、从旡、卽旡之古文象坐而他顧之狀。蓋即爲就食、既爲食畢。既已也。他顧者、食已畢將起也。許訓既爲小食、誤矣。今隸書既字从旡从古文而不從篆文、與㒫字同。皀注、从凵、凵器也。中象米匕所以扱之。易曰、不喪匕鬯。今卜辭鬯作□、□、□、□、不从匕、金文亦然。从匕者殆後起字也。今注、是時也。从亼乀、乀古文及。今卜辭今作A、金文作冃（召伯虎敦）A（盂鼎）、均不从乀。矢注、弓弩矢也。从入象鏑栝羽之形。今卜辭矢作↑、上∧象鏑、下∧象栝。象羽、丨則幹也。金文作↑（矢伯卣）↑（伯晨鼎）、漸變∧爲·爲一、與篆書合、形漸失矣。許言象鏑栝羽之形、而又曰从入、蓋謂象鏑之∧。其實此乃象鏑形、而非入字。如二、二兩字、一象一在一上、一象一在一下、一乃象物、非一二之一。此入字例同、疑从入二字爲淺人所增。段君之注从入、曰矢欲其中、蓋未悟∧乃象鏑形、而非字也。䠶注、从矢从身。篆文作射、从寸。今卜辭射作□、□、□，从張弓埘矢狀。金文作□、（靜敦）石鼓作□，非矢在身側。許書从身乃□之譌，而矢形又譌橫爲縱，其篆文所从之寸則又之譌也。來注：周所受瑞麥來麰也。二麥一夆，象其芒朿之形。（从段校本）今卜辭來字作□，下象葉與根，上象其莖穎。金文作□、（趠鼎）其莖穎乃變爲卓立，其象漸失，與許書同。至許君二麥一夆之說，則不能得其解也。㞢注：出也，象艸過屮，枝莖漸益大，有所之也。一者，地也。今卜辭之作㞢，从止、从一。之往也。止（即足）於所往之地，故从止、一。許說紆回不可通也。邑注：國也。从口。先王之制，尊卑有大小，从卪。今卜辭邑作□，从口、从□。□即人字，口象封域，□乃居人，非从卪。許書凡從□之字皆書㔾，釋其誼爲卪，如令字等均然，誤矣。鄉注：國離邑，从䢼，皀聲。封圻之內六鄉，六鄉治之。案古金文無鄉字，公卿之卿、饗食之饗、嚮背之嚮皆作卿。（詳見予唐風樓金石跋尾中卿彝跋）卿食之卿

既作卿，則鄉里之鄉亦作卿無疑。今卜辭鄉作□、□，从𠨍从
酉，或从𠨍从豆。其从酉（即酒）者，古者萬二千五百人為鄉，六鄉
立六卿，為鄉大夫。鄉內之民有賢行者，則行鄉飲酒之禮，賓
客之。鄉里之鄉，誼殆取於鄉飲，从𠨍者，象相向而飲也。六卿
治六鄉，故鄉里之鄉引申之則為六卿之卿。許書从卯乃後
起之字，由卯而譌者也。許君訓饗為鄉人飲酒，其誼許君蓋
知之矣，但未知其本字當作卿耳。旃注，旗曲柄也。从㫃，丹聲。
今卜辭旃作□，从人持㫃，从丹。許書从丹，殆丹之譌。游注，旌
旗之流也。古文作𨒪。今卜辭游作□、石鼓文作□，均从㫃，从
子，不从水。集均尚有斿字，不應許書轉無，非傳寫之譌，即游
上更有斿字，傳寫奪去也。禾注，嘉穀，从木，从𠂹省。𠂹（段本刪此四字，
云淺人增）象其穗。段君曰，禾，木也，故从木。今卜辭禾作□、□，與許
同。但其字上象穗，下象葉莖與根，非从木。禾乃艸類，非木也。

从木二字、殆亦淺人所增。穡注、穀可收曰穡。从禾、嗇聲。今卜辭有𤲨字、从秝、从田、象禾在田中、殆即許書之穡、不从㐭。諸經注皆謂斂之曰穡、與許言可收者不同。觀卜辭之𤲨从禾在田中、則許說自是古誼、必有所受也。穅注、穀之皮也。从禾、米、庚聲。或省作康。今卜辭穅作[古文]、[古文]、[古文]。从庚从⁞⁞、或从⁞⁞、象穀皮。穀皮固似米而非米者。金文康字亦或从⁞⁞、或从八、均不从米。今隸作康、从⁞⁞、仍从古文、尚不誤也。又康爲古文穅从禾、䋣複無謂、確爲後起之字。蓋康字後人增禾、非穅字省禾也。許君顧以穅爲本字、康爲或作、誤矣。此亦許書或體之爲古文者。臽注、小阱也。从人在臼上。段君注、掘地爲臼、故从人、臼會意、猶坑也。今卜辭臽作[古文]、从人在凵中。凵象坑形、許作臼、殆由凵而譌變也。客注、寄也。从宀、各聲。段君注、字从各。各、異詞也。苦格切。今卜辭客作[古文]、从宀、从口、从止、从人。金文作㝁、中義父鼎从宀、从人、各。各、即格至也。卜辭之从口、从止、殆與各同。但𠙵有順逆、口有上下之殊耳。人各於宀下為客、會意字也。許書从宀、从各、而省人字。金文亦有作㝁者篇鼎殆後起之字、為篆書所本。段君訓各為異辭、不知各即格字也。竄注、匿也。从鼠在穴中。今卜辭有□字、从宀象穴形、□則鼠也。乃象鼠將竄而入穴、非在穴中。□在穴中、則不見竄意矣。又許書鼠字頭作㠯、與臼同、又與兒頭相似。鼠之首實狹而銳、與臼及兒頭有別。觀卜辭从目、知㠯乃自目形而譌耳。帚注所以糞、从又持巾埽冂內也。今卜辭帚作□、□。歸字亦从帚、金文同。並从□在冂上。帚上象帚形、下象柄、冂其架也。卜辭中亦有省冂作□者。許以又為手、木為巾、冂為冂內、誤矣。冄注、毛冄也。象形。今卜辭有□、殆即冄字。彘注、豕也。从彑、从二匕、矢聲。今卜辭彘作□、□、□、象豕著矢形。許書之彘象頭足、而以天爲聲、於誼不可解。且古訓皆謂彘即豕、何以一物兩名、誼同而形迥判。茲觀卜辭豕、彘兩字、並象豕形、但有著矢不著矢之殊。意者豕爲家畜、彘爲野豕。彘必射而後可獲、故於豕復著矢以別之歟。彘注、小豕。从古文豕、从又持肉以給祠祀也。篆文作豚、从肉豕。今卜辭豚字數見、皆作☐☐、从豕肉、不从又。金文始見豚字、（庚敦）爲篆所本也。兔注、兔獸也。象兔踞後其尾形。今卜辭兔作☐、與篆文小異。獲注、獵所獲也。从犬蒦聲。今卜辭獲字皆作☐、从又持隹、獲之意已明。此从犬、从蒦、乃後起之字。獲行而隻乃用爲訓鳥一枚之隻、幾不復知其本誼矣。☐注、火氣上行也。从火𠚤聲。段注、此烝之本義。今卜辭作☐、从米在豆中、手奉以祭。其从禾者、春秋繁露、四祭冬曰烝。烝者以十月進初稻是也。冬祭爲烝之本義、段君誤也。夷注、東方之人也。从大从弓。（从段本）今卜辭夷作☐、象人持弓。

金文作□師寰敦、□兮田盤、殆□之省、蓋存弓而省大矣。淵注、回水也。从水、象形、左右岸也、中象水皃。或省水作𣶒。今卜辭作□、蓋象衆水匯而成𣶒之形。許書之𣶒即□之畧變。石鼓作□、爲从水之淵所自昉。𣶒爲本字、淵則後起之字也。𣲡注、沒也。从水、从人。今卜辭作□、象人沒于流水中、遇坎而止也。故从𡿨、从凵。□者、𣶒之省也。从人、从水、而沒之意不完。濩注、雨流霤下皃。从水、蒦聲。今卜辭作□、从水、从隻、即獲、不从蒦。霝注、雨零也。今卜辭作□、不从㗊。魚注、水蟲也。象形。魚尾與燕尾相似。今卜辭魚作□、象頭尾鱗鰭之形。金文畧同。許書作□、而曰象形、形已失矣。乙注、燕燕乙鳥也。齊魯謂之乙、取其鳥自謼。象形也。依段本或从鳥作鳦。段君注乙象翅開首竦、横看之乃得。本與甲乙字異、俗人恐與甲乙亂、加鳥旁爲鳦、則贅矣。今卜辭乙正作□、从甲乙之乙、从鳥。許書之或作乃古文本字、从鳥乙聲。去鳥作乙、以別於甲乙字者、乃後來之譌。許以鳦為或體、段謂俗人加鳥、均誤之甚也。門注、从二户、象形。今卜辭門作𨳇、上又有楣。金文已作門、與許同矣。婦注、服也。从女持帚灑掃。今卜辭婦作𡠥、从女、又帚。許書言女持帚、而字从女帚、不見持字之意。今从又象手持、正與許合。卜辭又有㛿字、殆即許書之埽。許言持帚灑埽是也。意从土之埽為後起之字、㛿為埽之本字也。許君於婦之解釋甚當、而字形與説未盡孚然。金文作𡚸晉公盦、𡚸婦𩰫、已省又、知篆文蓋用後起之字也。妟注、安也。从女、从日。今卜辭作𡚼、與許書同。吳氏大澂謂宴妟匽三字當从𢀖、象燕處巢見其首。小篆从日、从女、而古義亡矣。其説穿鑿殊甚。今卜辭已作妟、石鼓內鰋字亦从妟、安得謂為小篆之失乎。甗注、甑也、一穿。从瓦鬳聲。今卜辭作𩰫、象甗形、而省瓦。傳世之甗、大率銅為之、不皆瓦也。□注、毒蟲也。象形。今卜辭萬作□、上象首、中象腹、下象鉤尾。今篆作□、从宀、於尾形未肖也。陟注、登也。从𨸏、步。降注、下也。从𨸏、夅聲。今卜辭陟作□、从𨸏、从歨。歨象兩足上升。降作□、□、□、从𨸏、从□、象兩足下降。金文亦然。許書陟从步、形誼甚明。而降所从之夅、則篆作□、兩足下降之形晦矣。丑注、紐也。象手之形。日加丑、亦舉手時也。今卜辭丑作□、□、殆象冬月草木甲拳結未伸之狀、非象人手。而日加丑亦舉手時、語尤紆回也。羞注、進獻也。从羊、丑。羊所進也、丑亦聲。今卜辭羞作□、从又持羊。古金文同。許云从丑、丑亦聲者、誤也。許書養之古文作𢼄、从攴。攴不得養誼、攴殆又之譌。養下之𢼄即羞字。羞養誼相近、故許君誤列羞於養下、而列羞於丑部、誤之甚矣。未注、五行木老於未、象木重枝葉也。今卜辭未字作□、與許書正合。又省作□、與木同。殆許君所謂木老於未、故逞省為木與酉。注就也。八月黍成，可為酎酒。象古文酉之形。今卜辭酉作□、□、□、□、□、□，皆象酒尊形。許注象古文酉之形，酉字或尊之譌。篆文作酉，形雖漸失誼，尚未誤也。酒注就也，所以就人性之善惡。从水酉。今卜辭酒作□、□、□，从□，从□，蓋象酒自尊中傾出點滴之狀。許云從水，誤矣。戌注威也，九月陽氣微，萬物畢成，昜下入地也。五行土生於戊，盛於戌。从戊一，一亦聲。今卜辭戌作□、□，象戉形，亦作□。許書从戊一，殆未然矣。凡此違失，或由相斯奏同文字時，兼取晚周文字；或因許君博取當時之說，未能裁正；或為後世竄改傳寫之失。今一一是正。至段君注，精深博大，為許沒長後一人，不僅超軼李徐，實為斯學絕詣。間有疏失，隨文舉正，非欲索瘢指瑕，如鈕王輩也。

卜辭有□字，許書在口部。卜辭中又有□、□、□等字，雖不能雀知為何字，然均从𢆉，則無疑也。意當時从𢆉之字殆不止此，則辛部之後當立𢆉部。此許書分部之失也。又許書角部有觲字，注从羊、牛、角。土部有墠字，注从觲省聲。今卜辭有⿱羊牛字，雖不可識，然實合羊牛二文為一字。觲、墠兩字从之。許解觲為从羊、牛、角，不知⿱羊牛自為字也。⿱羊牛疑即⿱羊⿰牛牛字此亦許書之違失當據卜辭正之者。

至卜辭中文字之不見於古金文與許書者至夥，其習用之字如[illegible]、[illegible]、[illegible]、[illegible]、[illegible]、米、[illegible]、[illegible]、[illegible]、[illegible]、[illegible]、文、[illegible]、[illegible]、由、米、[illegible]、[illegible]、[illegible]、東、[illegible]、[illegible]、[illegible]、[illegible]、[illegible]、[illegible]、[illegible]、[illegible]、[illegible]、[illegible]、[illegible]、米、[illegible]、[illegible]、[illegible]、[illegible]、[illegible]、[illegible]、[illegible]、[illegible]、[illegible]、[illegible]、[illegible]、[illegible]、[illegible]、[illegible]、[illegible]、[illegible]、文、[illegible]、[illegible]、[illegible]、[illegible]、[illegible]、[illegible]、[illegible]、[illegible]、[illegible]等，多至百數十見，少亦十數見，均不能知為何字。其疑似而未敢遽定者，如[illegible]疑絲。象絲在機上。石鼓濕作[illegible]，史懋壺作[illegible]。从[illegible]、[illegible]與此畧似。[illegible]、[illegible]、[illegible]疑箙。盛矢器也。象矢在器中，或一矢或二矢者，如圂或从一豕與二豕也。毛公鼎作[illegible]，丙申角作[illegible]，即[illegible]之變。父癸觶之[illegible]，子父已爵之

𠧪與𠧪同，作䉛者、殆後起之字。𣏟疑栱、象兩手圍木。𣐩、𣐩、𣐩疑矢、由矢而變。宂、宊、宐、𡧊、𡧊疑賓、賓作宊、見盧鐘。或增止、或增人、又由宊而變。𡧊、𡨥、𡩋疑嬪、从宀、从女、或增止、或易卜為出、又由宊而變。𠧪、𠧪疑召。盂鼎䰍諸家釋紹、亦釋召。此省刀及酉。卜辭中𠧪、𠧪字皆係地名。故疑召非紹。䰍疑咎、㫺疑㫺、咎作𠂤、父癸卣有㸚、諸家釋咎。殆是㫺字、非咎也。𣏟、𣏟、𣏟疑𣄻、象禾之𥝢穎。𠀠疑組、象仌在且內。𠇍、𠂤疑牽、象又牽牛。疑牽為後起之字、此為初字。𩾁、𩾁疑鶴、一象縮項、一象伸足、明白如畫。𢦏、𢦏疑戣、三鋒矛。𣪊疑得、又持貝。曶鼎得作㝵、此省彳。囼疑匧、不从久。𡿧疑巛、从川、从一、象川壅為澤。又有形誼昭然、視而可識、然卒不能定其名者。如𢍰象牛從側視形、𢍰象牛伏從後視形、𢍰似鹿而無角、𢍰象羊在籩中、𠓸象獸在冈下、𠓸象捕鳥入𦉪、𠫦象人坐於席、𣗥象木中有木、𡖒象腋下有人、𣃔象刀在豕側、𡗜為乚著矢旁。乚或是弓形、非甲乙之乙、則此字是弦也。凡是之類、均不敢肊斷、願與當世方聞之士共討索之。

卜法第三

龜卜之書、漢志箸錄者五家、至隋唐兩志則漢志所箸錄者皆不復存。故古龜卜之法、除周官、士禮、毛詩、戴記、莊、荀、韓非諸子、及史記龜策傳所述以外、他無可徵。今傳世龜經刻於說郛中者、殆非完書。且當是隋唐以後人所撰、不可考見古法。元陸森玉靈聚義五卷、予未見其書。然觀明楊時喬龜卜辨引唐李華說、謂古人卜用生龜、是龜卜古法唐代知者已少。陸氏生於有元、其不能知古代卜法、可以推知、固不必見其書也。康熙間光山胡氏煦撰卜法詳考四卷、援據周官及史記之說、並參以理想。其所考證、徵以予所目驗、蓋十得六七。且附載全賜三圖、吳中卜法、於古今龜卜源流具備。其駁李華、季本、楊時喬卜用生龜之說、尤為精確。今就予所見、以正經注之譌、並補胡氏之闕、於古卜法殆十可得八九矣。條述如下一曰貞。周禮春官大卜、凡國大貞卜立君。卜大封、則眡高作龜。鄭司農曰、貞問也。國有大疑問於蓍龜。此詁至確。鄭康成曰、貞之為問、問於正者、必先正之、乃從問焉。訓貞為正、後世經生多從其說、不如先鄭之確也。說文解字貞卜問也說與先鄭同。今徵之卜辭、凡云大貞者數見、而言貞者、則多不可計、相其文指、殆皆訓問。此可為先鄭之證、而正後鄭者也。

二曰契。華氏掌共燋契、以待卜事。杜子春曰、契謂契龜之鑿也。此詁最確。康成始為異說、曰、士喪禮楚焞置於燋、在龜東。楚焞即契、所用灼龜也。又於遂歛其燋契注、契既然、以授卜師。又箋大雅綿之篇爰契我龜、曰、契灼其龜而卜之。又解士喪禮曰、楚荊也。荊焞所以鑽龜者。均誤以鑿與灼為一事。孔氏毛詩正義云、楚焞即契、賈氏儀禮正義云、鑽龜用荊、均沿後鄭之誤。胡氏煦曰、契者刻劃之稱、謂刻劃其龜版。周禮所謂開龜是也。此猶在未灼時、契而後燋、必於所契之地。故曰焌契。火非吹不燃、故曰吹其焌契。予案胡說本杜駁鄭、其說至精。證以實物、益知其確。毛傳訓契爲開、爲胡說所本。開者、先契所欲灼之處。而契又有鑽（鑽龜見荀子、韓非子、王制、及史記龜策傳。）與鑿（鑿龜見韓非子、及大卜作龜鄭司農注。）之別、乃予據目驗而得之者。予所藏龜甲獸骨、有鑽有鑿、鑽形圓、鑿形則橢圓。（胡氏煦曰、卜先用契刀開龜爲方形、今契形或圓或橢圓。胡說誤也。）又有鑽而後鑿者、蓋灼處欲其薄、乃易坼也。大率龜甲皆鑿、未見鑽者。骨則鑽者十一、鑿者十九。此鑽與鑿之別、前賢所未及知者也。

三曰灼。　華氏掌共燋契。杜子春曰、燋、謂所爇灼龜之木也。此詁未確。士喪禮言楚焞置於燋、鄭注、楚、荊也。燋、炬也。所以然火者也。其說甚當。詩緜正義、燋謂炬、以楚焞之木燒之於燋炬之火。既然、執之以灼龜。仲述鄭義、尤爲明了。惟鄭注謂荆焞所以鑽龜，則誤甚耳。灼龜用荆，亦見龜策傳，即所謂楚焞也。至所灼之處，經注未明言，龜策傳有灼所鑽中語。胡氏煦曰，其灼處必在契刻之上。今驗之甲與骨，則灼處正當契處。褚先生與胡氏之說是也。此可據以補禮注之缺。

四曰致墨。　卜師，揚火以作龜，致其墨。鄭注，致其墨者，孰灼之明其兆。玉藻，史定墨。注，視兆坼也。二注甚明。而孔氏正義言史定墨者，凡卜必以墨畫龜，求其吉兆。別出異義，與鄭不合。胡氏煦曰，周禮明曰致其墨矣，有因而致之者，其非畫也可知。蓋火之所灼，必將有黑色形焉，故曰致其墨。黑色既形，其析必著。申鄭駁孔，其說至當。今徵諸目驗，則灼痕以外更不見墨迹。知唐之初葉，古代卜法失傳已久，致沖遠有此違失。與李華卜用生龜之說，固同為傅會也。

五曰兆坼。　占人，凡卜簭，君占體。注，體，兆象也。正義，體，兆象也者、謂金木水火土、五種之兆。言體言象者、謂兆之墨縱横、其形體似金木水火土也。又曰其兆直上向背者爲木兆、直下向足者爲水兆、邪向背者爲火兆、邪向下者爲金兆、横者爲土兆、是兆象也。案五行分配兆象、賈氏之説當有所受、惟言兆之墨縱横則誤。今據周官經注並證以實物、知龜卜之事蓋先取龜之下甲、（予所藏之龜從未見上甲）於其腹之裏面先鑿爲穴而不令穿、此之謂契。灼火於穴中、色乃焦黑、此之謂灼與致墨。灼於裏、則縱横之坼自現於表、此之謂兆。兆之與墨表裏異地、而云兆之墨縱横、此又唐代古龜卜法久失、經生憑肊揣測之明徵也。今狀予所藏之兆象不同者於左方、以備參考。

凡此諸兆、皆於表面得見之、於受灼之裏面不得見也。其灼

而得兆之故、蓋由於鑿甲令薄、鑿處多爲橢圓形狀如、契之刃斜入、故外博而內狹、其狹處骨尤薄、故由此而得縱圻、又由縱圻而旁出橫圻也。

六曰卜辭。占人、凡卜簭既事則繫幣以比其命。注、杜子春云、繫幣者、以帛書其占、繫之於龜也。玄謂既卜筮史必書其命龜之事及兆於策、繫其禮神之幣而合藏焉。鄭與杜異義。杜謂書占於帛、鄭謂書事於策、均不言刻辭於龜。今甲與骨之刻辭、即在兆側、此先儒所未知者。卜辭至簡、字多不可識、茲釋其可讀者、其不能確定之字、則依原形寫之。

貞之于大甲。

貞之于祖乙。左讀

貞𢆶于祖乙。

貞之于祖乙十白豕。左讀

戊寅卜、賓貞。祖乙三牢。

貞[illegible]卷于祖乙。

㠯祖乙日用。二月。左讀

口。之于祖辛。

貞于祖辛。

貞。祖辛不我[illegible]。左讀

貞。彡之于祖辛。左讀

貞。[illegible]于祖辛。

貞。之于祖丁。

貞。漁之于祖丁。

戊寅、㱿貞。于祖丁。左讀

貞。[illegible]丁巳、之于祖丁。

祖丁三牢。

貞。之于卤庚。

貞。卤庚不𢀛。

辛亥、貞。之于祖庚。

貞。于祖丑、不口日。左讀

貞。于祖亥。

貞。彡之于父甲。

口寅、貞。之于父甲。

貞。之于父乙。左讀

丙寅卜、貞。其月于父丁。

貞。父庚弗𢀛。

貞。之犬于三父、卯羊。其文當是貞之于父、卯犬、羊三。參錯書之

貞。之于高妣己。

貞。之妣癸。左讀

貞。于母己[illegible]。其文當是貞[illegible]于母己。參錯書之。

辛丑卜。[illegible]貞。兄于母庚。左讀

貞。[illegible]口于母庚。

丁丑。口。之兄甲。

貞。之于兄丁。

貞。于兄丁小牢。

貞。之于咸戊。

貞。之于多介。左讀

貞。于東。

貞。之于[illegible]。

貞。之于[illegible]。左讀

丁巳卜。賓貞。[illegible]于[illegible]。

甲寅卜。㱿貞。于唐一牛。其之口。左讀

癸酉卜、貞。尞于岳三小牢、卯三牢。

丙寅卜、貞。酒岳三小牢、卯三牢。

貞。尞五牛。

貞。尞九牛。

貞。尞十牛。

貞。立往相牛。左讀

貞。立出。

貞。立往出。

乙酉卜、[illegible]貞。立于八月入。

丙戌卜、[illegible]貞。立于八月入。左讀

貞。乙子之至。

己巳卜、貞。若。左讀

□申卜、貞。亞月不若。十二月 左讀

辛未卜、𠂤貞。若。左讀

貞。我受年。左讀

貞。我不其受年。

其遘大鳳。左讀

口口卜、賓貞。卓其往邁。

癸未卜、賓貞。立往于乙。

癸亥卜、賓貞。令日夕羊、令叀。

丙辰卜、賓貞。于生八月酒。

庚辰卜、令尹于咸。

戊子卜、賓貞。令卜。

辛酉卜、貞。王賓𢍰亡尤。

丙子卜、其用龜。左讀

庚寅卜、㱿貞。帚好之子。

貞。帚[illegible]之子。

甲戌卜、貞其之[illegible]旡茲家。左讀

戊申貞[illegible]有友。

帚[illegible]茲邑。

貞弗受之又。左讀

乙亥、𣪘貞豖既[illegible]。左讀

[illegible]鳳叀豚、有大雨。

日丁卯、口車馬。

丁巳卜、貞雨。左讀

貞田庚辰、不雨。

貞田庚辰、其雨。左讀

不雨。貞田。左讀

乙未卜、[illegible]口。田丙申、不雨。左讀

貞。翌辛亥、不雨。

今月不雨。左讀

茲月不雨。

貞。今日不雨。左讀

今巳巳、月不雨。

丁卯、其雨。左讀

己亥、其雨。

九月、其雨。左讀

甲寅、己亥、雨。左讀

貞。翌乙酉不雨。

貞。翌癸未不雨。

貞。翌壬子不雨。

庚戌㞢、貞。雨。帝不我□。

丁卯卜、㱿貞。翌戊辰其雨。

戊辰卜、㱿貞。翌己巳其雨。

己丑卜、韋貞。今日其雨。

戊申卜、𡆥貞。今日其雨。左讀

癸未卜、賓貞。今日其雨。左讀

戊口卜、貞。帝令雨。

貞。帝不其令雨。左讀

帝令雨足年。

貞。帝令雨弗其足年。

口卯卜、出貞。今日不雨。左讀

戊申卜、貞。今日王田宋。不遘雨。左讀

其遘雨。

辛亥卜、貞。今日王田叀。湄不遘雨。

癸未卜、王曰貞。有馬在行、其左射獲。左讀

乙未卜、以貞。逐豕獲。

逐鹿獲、左讀

貞。其射鹿獲。

乙酉貞。王今月亡。

戊申卜。王往田𢦏。

戊午王卜、貞。田盂、往來亡𡿧。

戊戌王卜、貞。田䈵、往來亡𡿧。王占曰、吉。茲御、獲鹿三。

戊子卜、貞。王田𦵹、往來亡𡿧。

戊子王卜、貞。田𦼝、往來亡𡿧。王占曰、吉。茲御。獲。

壬申卜貞。王田奚、往來亡𡿧。王占曰、吉獲。

戊申王卜、貞。田𦎫、往來亡𡿧。王占曰、吉。

乙未王卜、貞。田書、往來亡𡿧。王占曰、吉。茲御。獲。三[illegible]、一鹿。

壬辰王卜、貞。田𢦏、往來亡巛。王𡆥曰、吉。在十月。茲御。獲鹿六。

壬申卜、貞。王田書、往來亡巛。獲白鹿一、𠂤二。左讀

戊辰卜、貞。王田于𣲙、往來亡巛。獲由十。左讀

壬子王卜、貞。田燮、往來亡巛。王𡆥曰、吉。獲鹿十。

丁卯卜、貞。王田大、往來亡巛。

壬子卜、貞。王田㽙、往來亡巛。

丁亥卜、貞。王田㽙、往來亡巛。

戊戌卜、貞。王徙于𡇂、往來亡巛。左讀

壬寅卜、貞。王徙于𡇂、往來亡巛。

辛丑卜、貞。王徙于𣎵、往來亡巛。

己亥卜、貞。王徙于唯、往來亡巛。

己未王卜、在𡀚貞。今日步于𡇂、亡巛。

戊寅卜、貞。立其往來亡巛。左讀

七曰瘞藏。戴記曲禮、龜筴敝則埋之。注不欲人褻之也。史記龜策傳夏殷欲卜者乃取蓍龜，已則棄去之。今此骨與甲出於洹水之陽，當爲殷世卜史所瘞藏，與曲禮及龜策傳正合。惟龜策傳言已則棄去。今考之出土之骨與甲，則不僅一用再用。予所藏一骨，其裏面鑽迹縱橫排列，凡三十有七，畧無隙處，殆如莊周氏所謂七十二鑽者。然則所謂已則棄去者，非一用不更用，蓋必待無容契灼之處，而後棄去之耳。

八曰骨卜。古之卜筮用龜與蓍，從無知古代用獸骨卜者。今發見之卜辭，刻於龜與骨者殆相半。古者先筮後卜，蓋小事用筮、大事用卜。今殷之卜，有骨與龜之異。予所藏卜辭中有丙子卜、其用龜語。用龜而特著之於卜辭，意者非重要之事不用龜卜與。惜書缺有間，吾不能徵之矣。

以上八端，並足補正經史，稗益至巨。蓋三代卜龜之法至漢寖失其傳、雖去周尚近、而東漢經生已多茫昧。至唐人作正義、則去古益遠、違失益甚。何幸此遺寶者、一旦出於三千餘載之後、得以考正前後鄭之缺失、孔賈之譌誤。其於學術豈曰小補之哉。

餘說第四

卜辭文字於考證經史小學及古卜法外、尚有數事足資博聞。一於此知古書契之形狀。倉頡之初作書、蓋因鳥獸蹏迒之迹。知最初書契必凹而下陷。契者、刻也。荀子之鍥、即契之後起字。小而簡冊、大而鐘鼎、莫不皆然。故龜卜文字爲古人書契之至今存者、其可珍貴、殆逾於漢唐人墨迹。其文字之小者、不及黍米、而古雅寬博。於此見古人技術之工眇、更逾於楮墨。抑三代之時尚爲銅器時代、甲骨至堅、作書之契非極鋒利不可。知古人練金之法實已極精也。二、於此可知古人文字之行款讀法。卜辭文字或右讀、或左讀、更有顛到參錯讀之者。予所藏龜甲有文曰、癸子卜、貞王。五字分二行、左讀。其左又有癸巳二字、則倒書之。又有辛卯、貞旬。四字爲二行。辛卯二字順書。貞旬二字逆書。又書十一月作丨川、十二月作川丨、十三月作三川。又貞之于父卯、犬羊三。其行次作貞之犬、首行于三父次行卯羊。原文三行、行三字、左讀。如此者甚多、姑舉一二以示其例。曩見吳縣潘氏藏一鼎、其文每行順逆相間、頗以爲異。以此況之、殆古人所習見矣。三、於此知古器多塗朱墨。予所藏龜與骨文上塗朱者甚多、但亦有文字數段、獨朱塗其一二段者。此殊不可解。其塗墨者至罕。予所藏一二枚而已。朱色至今明豔。墨則如煙煤、深入字中、滌之不去。予所藏古陶尊、亦洹水之陽出土、殆亦殷器。塗朱亦未滅。又見端午橋尚書方所藏古玉刀亦然。至漢之瓦當、亦有塗朱者。其意雖不可曉、然知此風自殷周已然矣。以上數事、並資多聞故坿著之。

予之考證貞卜文字、蓋始於今年二月、牽於人事、或作或輟。已自念言、古物之出、不先不後、而適當我之生。且沈薶三千年、鍵予之巾笥者、亦且十年。每一展觀、輒有損斁。儻再數十百年、恐千百不復存一。用是惕然自勵、乃以長夏屏絕人事、閉戶兼旬、草稿甫就、不及審定、亟付寫官、蓋其中有將恐將懼者存焉。噫天下之事應恐懼急圖、蓋有千百倍於此者、而予力之所隶則僅此而已。當世之君子、儻有以我為今之楊子雲者、書此謝之。六月二十四日、振玉又識。

〔校記〕

殷世家四頁第十行
應作殷本紀。

同右五頁第一行
同右。

同右五頁第三行
同右。

同右五頁第六行
同右。

史記八頁第十一行
應作漢書。

殷世家一〇頁第一行
應作殷本紀。

必言出。一八頁十二行
應作必言所出。

羞一八頁十二行

應作寅。

始于一、見於十。二五頁十一行

應作始一、見於十。此據小徐本。大徐本作始於十、見於千。

从収推苹糞采也。第三二頁一行

應作从収推苹棄采也。

天四一頁一行

應作夨。

□四二頁六行

應作□。

詩緜正義、燋謂炬、以楚焞之木燒之於燋炬之火四八頁十二行

應作詩緜正義、燋謂炬其存火也。士喪禮注云、楚、荊也。然則卜用龜者以楚焞之木燒之於燋炬也。

析四九頁十行

應作坼。

殷商貞卜文字考補正

序

此卜辭者，實爲殷室王朝之遺物。一頁第十五行

乙室字。遺物下，補「大卜之所掌」五字。

考史第一

武乙三年，自殷遷于河北。二頁八行

河北下，補注「《三代世表》作庚丁，徙河北」。

當洹水之陽，二頁十行

陽下補「水曲之處」四字。

考之《漢書·項籍傳》，羽乃與章邯盟于洹水。二頁十一行

乙《漢書》下十四字，改「《史記·項羽本紀》『項羽乃與章邯期洹水南殷虛上』」。

湯陰，即蕩陰。二頁十三行注

下補「漢之蕩陰」。

城北有洹水東流者也。二頁廿行

下補「《史記·項羽本紀》《集解》『瓚曰，洹水在今安陽縣北去朝謌殷虚一百五十里，然則此殷虚非朝歌也』」。

今則至河亶甲以後，十餘世之武乙文丁。三頁一行

乙「文丁」二字。

不應有武乙且有文丁。三頁三行

乙「且有文丁」四字。

曰大戊，曰仲丁。三頁十二行

下補注「《三代世表》作中丁」。

曰祖甲。三頁十四行

下補注「《世表》作帝甲」。

今帝王名謚之見於卜辭者十有七。三頁十四行

「十有七」，改「凡二十」。

曰大乙，曰大丁。三頁十五行

下補「曰卜丙」。

曰大戊，曰中丁。三頁十六行

下補「曰卜壬」。

曰且丁，曰南庚。三頁十七行

下補「曰般庚」。

曰且庚，曰且甲。三頁十七行

下補注「《世表》作帝甲，卜文亦有帝甲」。

曰文丁。三頁十七行

此三字全乙。

大丁雖未立，然刻辭中數見。三頁廿行

下補「外丙，卜辭作卜丙，與《孟子》及《史記》等書均不合。殷王之名，稱外者凡二世，曰外丙，外壬，而稱丙者，僅外丙一人，卜丙殆即外丙，或後人傳寫增卜爲外與。又卜辭又有卜壬，殆即外壬，然則《孟子》及《史記》，譌卜爲外，其信然矣」。

又作南庚，或作般庚，初意[glyph]與南字形近疑。三頁廿一行

乙或字下十三字。

嗣見刻辭中所屢見之[glyph]字，……疑[glyph][glyph]乃一字，[glyph]字形似。三頁廿二行

此段全乙，改「般庚之」三字。

《史記·翼奉·傳》《揚雄傳》，《後漢書·文苑傳·杜篤傳》。三頁廿四行

此段全乙。

意古文《尚書》，……知《竹書》是，而《史記》誤也。三頁廿五行

此段全乙，改「與卜文正同」。

于此可見殷周禮制之沿革。四頁九行

沿革下，補「矣」字。

與《史記》合者十有五，可訂正史籍者二。四頁十行

「十有五」，改「十有六」。「二」改「三」。

又有咸戊，疑即巫咸。四頁十三行

乙「疑」字。

惜無他證也。

此五字乙，下補「《白虎通·姓名篇》『言于臣民亦得以甲乙生日名子。殷臣有巫咸，有祖已也』。王氏引之《經義述聞》云『巫咸，今文並作巫戊。《白虎通》用今文《尚書》，故與古文不同。後人但知古文之作咸，而不知今文之作戊，故改戊爲咸耳』。今以卜辭證之，乃是咸戊，此可證《尚書》與《白虎通》者也。咸戊，卜辭中亦稱咸」。

《史記・殷世家》振卒，子微立。……無用十二支者。四頁十四行

此段全乙，改「《白虎通》『殷以生日名子，不以子丑爲名？ 何曰甲乙幹也，子丑枝也，幹者木之質，故以甲乙爲名也』」。

今刻辭中，有且丑……以廣異聞。四頁十七行

此段全乙，改「今案刻辭中，明有且丑，再見且亥，父卯，再見此可證《白虎通》之誤。然古彝器亦罕見以十二支爲名者，故漢代經生已無知之者矣」。

《書伊訓》「惟元祀」，《音義》「祀年也」。四頁廿行

此十一字乙，改「《爾雅・釋天》」。

書祀者二，一曰「其隹今九祀」，一曰「隹王二祀」。四頁廿一行

此段改「書祀者三，曰『隹王二祀六祀』，曰『其隹今九祀』，曰『隹十祀』」。

《爾雅釋天・薛注》。四頁廿二行

此六字乙，改「《書疏》引孫炎注」。

商代祭祀所用牢數，殆無定制，而卜以定之，故卜辭中。四頁廿六行

此廿一字乙，改「《周禮・龜人》，上春釁龜，祭祀先卜。鄭司農注曰，『祭祀先卜者，卜其日與其牲』。玄謂『先卜，殆用卜筮者』。先後鄭異義。案商命龜祭祀，下文明言若有祭事，則奉龜以

往，又大卜大祭祀則眂高命龜，則祭祀先卜，爲因祭祀而卜，非祭先用卜筮者。證之卜辭有云『𠥓且乙日用二月，』又云『□寅貞其月于父丁，』又卜辭中」。

其稱大牢，曰大牢，曰少牢，曰小牢，此可見商代之祀典，此三則。五頁三行

　此廿四字乙，改「此先鄭所謂卜日與牲之確證，足證後鄭之失者也，此五者」。

亦有禘於史事。五頁四行

　改「亦有禘于經史」。

正名第二

許書之牢，卜辭或從牛作牢，或從羊作宰。八頁一行

　下補注「禮于牛稱大牢，羊豕稱少牢，卜辭作大牢小牢，故牢字或从牛，或从羊」。

許書之鄉。饗食之初字八頁二行

　注文五字乙。

然不問从豆與从酒，皆可示鄉之意。八頁三行

　改「然不問从皀與从酉皆可示鄉食之意」。

許書之晉……皆可示晉之意。八頁三行

此段全乙。

妾字□或在上作□，或在旁作□，因字或作□，人左向，或作□，人右向。八頁八行

此段全乙，改「豕字或作□，或作□，或順或逆」。

移易向背。八頁十行

下補「順逆」二字。

其習見之字，如一元天不示，……雖亦見卜辭中，然仍不可識，其八頁廿一行

自其習起，訖不可識其止，凡廿八行全乙。

有金文習見不可識，賴卜辭知之者。九頁廿二行

有上補「蓋」字。

齒下出古文□……小徐從艸者誤也。十一頁三行

此五行全乙。

今卜辭中有□字，中从□。十一頁十三行

□改□，乙「中从□」三字。

備下出古文□，今卜辭有□，殆即備字不从人。十一頁廿五行

此十八字乙。

淵下出古文，今卜辭淵作不从口水。十二頁三行

此十六字乙。

注始於一，見於十，歲成有木之象。十二頁十一行

此十三字乙。

故注有始一見十之説。十二頁十三行

此九字乙。

今卜辭干支之子，或作或作。十二頁十六行

乙上「或」字，改「」作「」。

祝注从示从儿口，……則與篆文合矣。十三頁四行

此三十四字乙。

其訓牛爲牢。十三頁十三行

「爲」改「馬」字。

段君以止爲足。十四頁二行

君下補「因」字。

邁注遠行也，从辵萬聲，……許書所載之或體，往往有本于古文者，此其一也。十四頁四行

此段全乙。

徙注迻也，从辵止，……疑亦衙字，而略變也。十四頁九行

此七行全乙。

鬳注，融屬从鬲虍聲，……象形非聲也。十四頁十九行

此段全乙。

許書从攴，乃从又之譌。十五頁四行

「譌」改「變」。

《訴敢鼎》作[illegible]。十五頁五行

改「《遂敢諆鼎》作[illegible]」。

教注，上所施下所效也，……乃教之所自昉也。十五頁六行

此段全乙。

亦非从鼎省也。十五頁十四行

此六字乙。

或从[illegible]从豆，其从酉即酒者。十七頁十五行

乙「即酒」二字，補字「象尊形，《曲禮》『酒進則起，拜受于尊所，』鄭注『燕飲之禮，鄉尊。』《正

義》『鄉飲酒，及卿大夫燕，賓主得夾尊。』又曰『若鄉飲酒，皆主人與賓夾尊也。』」

者象相向而飲也。十七頁十七行

　此七字乙，改「从酉，象賓主相間夾尊也」。

各異詞也，苦格切。十八頁十三行

　乙「苦格切」三字。

殆後起之字爲篆書所本。十八頁十七行

　「篆書」二字，改「許君」。

竄注匿也，从鼠在穴中，……乃自□形而譌耳十八頁十七行

　此四行全乙。

□注，毛冄冄也，象形，今卜辭有□，殆即冄字。十八頁廿四行

　此十七字全乙。

故於豕復著矢以别之。頁十九頁四行

　「豕復」改「豕旁」。

金文始見□字，《庚敦》爲篆所本也。十九頁六行

　「爲篆」改「爲許」。

淵注廻水也，……而没之義不完。十九頁十四行

此六行全乙。

从水从隻。即獲，十九頁廿行

下補「又作[glyph]」。

不从蒦。十九頁廿行

下補「溢注器滿也，从水益聲。今卜辭溢作[glyph]，象皿中之水上溢，[glyph]則自皿中溢出者。又作[glyph]，金文益作[glyph]《益公鐘》[glyph]《畢鮮敦蓋》[glyph]，均象水溢狀。今篆从[glyph]，象吹漣漪之狀，皿中之水，固不能有此狀也」。

从甲乙之乙，从鳥，許書之或作，乃古文。十九頁廿六行

乙「鳥」字改「隹此亦」三字。「乃古文」改爲「古文者。」

本字从鳥乙聲，……段謂俗人加鳥，均誤之甚也。廿頁一行

此段全乙。

今卜辭門作[glyph]，上又有楣。廿頁三行

「楣」改「楣」。

妟注安也，从女从曰，……安得謂爲小篆之失乎。廿頁九行

此四行全乙。

□注毒蟲也，象形，……今篆□从□於尾形未肖也。廿頁十四行

此段全乙。

日加丑，亦舉手時也。廿頁十九行

此八字乙。

而曰加丑，亦舉手時，語尤紆固。廿頁廿行

此十二字全乙。

未注五行木老于未，……故逕省爲木與。廿頁廿五行

上二行全乙。

五行土生於戊，盛于戌。廿一頁六行

此九字乙。

如鈕王輩也。廿一頁十二行

改「如鈕樹玉王紹蘭輩也」。

卜辭有□字，許書在口部。……此許書分部之失也。又廿一頁十三行

此三行全乙。

至卜辭中文字之不見于古金文，……願與當世方聞之士，共討索之。廿一頁廿行
此十九行全乙。

卜法第三

即所謂楚焞也。廿四頁二行
下補「《白虎通》亦云，以荆火灼之。又引《禮三正記》，灼龜以荆」。
蓋先取龜之下甲。廿四頁十九行
下補「《周禮》大卜『則眡高作龜』，鄭注『所謂卜因龜之腹骨』是也」。
均不言刻辭于龜。廿五頁七行
「刻辭」改「遻記」。
此先儒所未知者。廿五頁八行
者下補「也」字。
卜辭至簡，字多不可識，……戊寅卜貞立其往來亾巛。左讀廿五頁八行
此段百又十行全乙。

殆古人所習見矣。卅一頁廿一行

下補「三知古代之書體，卜文大率方折，蓋刀筆宜于徑直，不宜于曲折，然偶有圓折，精細筆如游絲，仿佛古印章之繆篆者。于此知殷時書法，已有方圓兩體矣」。

三，于此知古器之塗朱墨。卅一頁廿一行

「三」改「四」。

餘説第四

《殷商貞卜文字考》，家大人寓海東時，曾手自删訂，往歲海上書肆覆印此書時，曾乞改訂本，乃覔稾不得。頃頤于舊笥中偶獲之，謹讀所改訂，删節處甚多，可窺是學遞進之迹。則所補正，亦不可或廢。爰盡二日力，録成一卷。舉以示今日治卜文史學者。丙子秋男福頤謹記。

原載《考古社刊》第五期

增訂殷虛書契考釋

商遺先生殷虛書契考釋成。余讀而歎曰、自三代以後言古文字者、未嘗有是書也。炎漢以來古文間出、孔壁汲冢與今之殷虛而三。壁中所得簡策殊多、尚書、禮經頗增篇數、而淹中五十六卷同於后氏者十七、孔氏四十五篇見於今文者廿九。因所已知、通彼未見、事有可藉、功非至難。而太常所肄、不出曲臺之書。臨淮所傳、亦同濟南之數。雖師說之重、在漢殊然、將通讀之方、自古不易。至於誤廁作序、以移為祊、文人之作、寧人、大邑之書天邑、古今異文而同繆、伏孔殊師而沿譌。言乎釋文、蓋未盡善。晉世中經定於荀束、今之存者穆傳而已。讀其寫定之書、間存隸古之字。偏旁締構、頗異古文。隨疑分釋、徒存虛語。校之漢人、又其次矣。其餘郡國山川頗出彝器、始自天水、訖於本朝。呂薛編集於前、阮吳考釋於後。恆軒晚出、尤稱絕倫。顧於創通條例、開拓閫奧、概乎其未有聞也。夫以壁經冢史皆先秦之文、姬嬴漢晉、非絕遠之世。彝器多出兩周、考釋已更數代、而校其所得不過如此。況乎宣聖之所無徵、史佚之所未見、去古滋遠、為助滋寡者哉。殷虛書契者、殷王室命龜之辭、而太卜之所典守也。其辭或契於龜、或刻諸骨、大自祭祀征伐、次則行幸畋漁、下至牢鬯之數、風雨之占、莫不畛於鬼神、比其書命。爰自光緒之季、出於洹水之虛。先生既網羅以歸、秘藏、摹印以公天下、復於暇日撰為斯編。余受而讀之、觀其學足以指實、識足以洞微。發軫南閣之書、假途蒼姬之器、會合偏旁之文、剖析孳乳之字、參伍以窮其變、比校以發其凡、悟一形繁簡之殊、起兩字竝書之例。上池既飲、遂洞垣之一方。高矩攸陳、斯舉隅而三反。顏黃門所謂隱括有條例、剖析窮根源者、斯書之謂矣。由是太乙卜丙、正傳寫之譌文。入商宅殷、辨國邑之殊號。至於諏日卜牲之典、王賓有奭之名、槱燎薶沈之用、牛羊犬豕之數、損益之事、羌難問於周京。文獻之傳、夙無徵於商邑。凡諸放逸、盡在敷陳。馭燭龍而照幽都、捬彗星而掃荒翳。以視安國之所隸定、廣微之所撰次者、事之難易、功之多寡、區以別矣。是知致靈者地、復閒究委之藏、弘道惟人、終佗召陵之説。後有作者、視此知津。甲寅冬十有二月海甯王國維。

宣統壬子冬、予既編印殷虛書契、欲繼是而為考釋。人事乖午、因循不克就者、歲將再周。感莊生吾生有涯之言、乃發憤鍵户者四十餘日、遂成考釋六萬餘言。既竟、爰書其端曰、予讀詩書及周秦之間諸子太史公書、其記述殷事者蓋寥寥焉。孔子學二代之禮、而曰杞宋不足徵。殷商文獻之無徵、二千餘年前則已然矣。吾儕生三千年後、乃欲根據遺文補苴往籍、譬若觀海、茫無津涯。予從事稍久、乃知茲事實有三難。史公最録商事本諸詩書、旁攬系本。顧考父所校、僅存五篇、書序所録、亾者逾半。系本一書、今又久佚、欲稽前古、津逮莫由。其難一也。卜辭文至簡質、篇恒十餘言、短者半之。又字多假借、誼益難知。其難二也。古文因物賦形、繁簡任意。一字異文、每至數十。書寫之法、時有淩獵。或數語之中、倒寫者一二。兩字之名、合書者七八。體例未明、易生炫惑。其難三也。今欲祛此三難、勉希一得、乃先考索文字以為之階。由許書以溯金文、由金文以窺書契。窮其蕃變、漸得指歸。可識之文、遂幾五百。循是考求典制、稽證舊聞、途逕漸啟、扃鐍為開。稽其所得、則有六端。一曰帝系。商自武湯逮于受辛、史公所錄、為世三十、見于卜辭者二十有三。史稱大丁未立、而卜辭所載祀禮、儼同于帝王。又大乙、羊甲、卜丙、卜壬、校以前史、並與此異。而庚丁之作康祖丁、武乙之稱武祖乙、文丁之稱文武丁、則言商系者之所未知、此足資考訂者一也。二曰京邑。商之遷都、前八後五。盤庚以前、具見書序、而小辛以降、衆說多違。洹水故墟、舊稱亶甲、今證之卜辭、則是徙于武乙、去于帝乙。又史稱盤庚以後、商改稱殷、而徧搜卜辭、既不見殷字、又屢言入商。田游所至、曰往、曰出、商獨言入。可知文丁、帝乙之世、國尚號商。書曰戎殷、乃稱邑而非稱國。此可資考訂者二也。三曰祀禮。商之祀禮、夐異周京。名稱實繁、義多難曉。人鬼之祭、亦用祡賁。牢鬯之數、一依卜定。王賓之語、爲洛誥所基。騂牡之薦、非鎬京始𣪠。此可資考訂者三也。四曰卜法。商人卜祀、十干之日、各依祖名。其有奭者、則依奭名。又大事貞龜、餘事骨卜、凡斯異例、先儒未聞。此可資考訂者四也。五曰官制。卿事之名、同于雅頌。大史之職、亦載春官。爰及近臣、並符周制。乃知姬旦六典、多本殷商。此可資考訂者五也。六曰文字。召公之名、是奭非奭。鳥鳴之字、从雞非鳥。隹鳥不分。子巽殊用。牝牡等字、牛羊任安。牢牧諸文、亦同斯例。又藉知大小二篆、同乎古文。古文之真、間存今隸。如此之類、未遑僂數。此可資考訂者六也。予爰始操翰、訖于觀成。或一日而辨數文、或數夕而通半義。譬如冥行長夜、乍覩晨曦。既得微行、又蹈荆棘。積思若痗、雷霆不聞。操觚在手、寢饋或廢。以茲下學之資、勉幾上達之業。而既竭吾才、時亦弋獲。意或天啓其衷、初非吾力能至。但探賾索隱、疑蘊尚多。覆簣爲山、前脩莫竟。繼是有作、不敢告勞。有生之年、期畢此志。訂譌補闕、俟諸後賢。宅山攻錯、跂予望之。宣統甲寅十二月十八日、上虞羅振玉書于日本京都東山僑舍。

殷虛書契考釋卷上

上虞　羅　振玉

都邑第一

商自成湯至於般庚、凡五遷都。武乙立、復去亳徙河北、其地當洹水之陰、今安陽縣西五里之小屯、即其虛矣。方志以為河亶甲城者是也。

史記殷本紀正義引竹書紀年、謂自般庚徙殷至紂之滅、二百七十五年更不遷都。然考之史記殷本紀、武乙立、殷復去亳徙河北。（三代世表作庚丁徙河北）今本竹書紀年、武乙三年自殷遷於河北、十五年自河北遷於沬。王氏詩地理考引帝王世紀、帝乙復濟河北徙朝歌。（案、帝乙自洹陽徙沬、本在河北、不得言復濟、殆有譌字。）是般庚以後至於末季、凡再遷也。惟諸書均言徙河北、不言何地。考史記項羽本紀、項羽乃與章邯期於洹水南殷虛上。集解引應劭曰、洹水在湯陰界、（今安陽漢蕩陰縣兼有今安陽地）殷虛故殷都也。瓚曰、洹水在今安陽縣北、去朝歌殷都一百五十里。然則此殷虛非朝歌也。史記殷本紀正義引括地志、相州安陽本盤庚所都、即北冢殷虛、南去朝歌城一百四十八里。竹書紀年云、盤庚自奄遷于北冢、曰殷墟。（墟字衍）南去鄴四十里、是舊都城。西南三十里有洹水、南岸三里有安陽城、西有城名殷虛、所謂北冢者也。水經注洹水篇、洹水出山東、逕殷墟北。又云、洹水自鄴東逕安陽城北。又引魏土地記、鄴城南四十里有安陽城、城北有洹水東流者也。均謂洹水之南有殷虛、武乙所徙蓋在此也。雖正義誤以安陽為般庚所都、又誤以安陽殷虛為北冢、（徐氏竹書紀年統箋乙正之）而洹陰之有殷虛則諸說咸同。彰德府志載安陽縣西南有河亶甲城、以此殷虛屬河亶甲。然河亶甲居相、其地蓋在今內黃縣東南、非今安陽。而今龜甲獸骨出土之處正在今安陽縣西五里之小屯、確當洹水之南、土人謂之安陽河與前記悉合。故知武乙所徙實在此處。方志以為河亶甲城者、誤也。至紀年謂武乙十五年徙沬、帝王世紀謂帝乙徙沬、二說不合。今以卜辭中所見帝王之名考之、直至武乙而止。據此可知遷沬必在帝乙之世、竹書誤而世紀所記為得實也。

帝王第二

史記殷本紀載成湯以來至於帝辛凡三十傳、今見於卜辭者二十有三。

曰大乙 

史記作天乙、書釋文同索隱引譙周說、天亦帝也、殷人尊湯故曰天乙。案天與大形近易譌、故大戊卜辭中亦作天戊。以大丁大甲諸名例之、知作大者是譙周為曲說矣。

又案、卜辭中書人名或直行書之、或旁行書之、或合二字爲一字書之、又或正書、或反書。其旁行書者、又或左讀、或右讀、書法至不一。故一人之名必舉其書法變異者照原式寫於釋文之下、其小異同者不復備舉。

亦曰唐 

王氏國維曰、卜辭屢見唐字、其一條有唐太丁太甲三人相連而下文不具、唐與太甲太丁連文而又居其首、疑即湯也。說文口部、啺古文唐、从口易、與湯字形相近。博古圖載齊侯鎛鐘銘曰、虩虩成唐、有嚴在帝所、尃受天命。又曰、奄有九州、處禹之都。夫受天命有九州、非成湯其孰能當之。太平御覽八十二及九百一十二引歸藏曰、昔者桀筮伐唐、而枚占熒惑不吉。博物志六亦曰、案唐亦即湯也。卜辭之唐必湯之本字、後轉作啺、遂通作湯。然卜辭於湯之專祭必曰王賓太乙、惟祭告等、乃稱唐。未知其故。棠王説是也。唐殆太乙之謚。史記商本紀集解引謚法曰、除暴去殘曰湯。風俗通王霸篇、湯者、攘也、昌也。言其攘除不軌。蓋讀湯如蕩。王棠、唐訓大。説文、唐、大言也。以其字從口、故曰大言。玉篇堯稱唐者、蕩蕩道德至大之貌。論語、蕩蕩乎民無能名焉。注、蕩大也。古唐湯蕩相通、義皆訓大。攘除之訓、殆不然也。

曰大丁 

孟子及史記皆言、大丁未立、而卜辭中屢見之。豈未立而仍祀以帝禮與、抑前記有誤與。不可考矣。

曰卜丙 

孟子及史記均作外丙。尚書序云、成湯既没大甲元年、不言有外丙仲壬。太史公采世本有之。今卜丙之名、屢見於卜辭。則孟子與史公爲得實矣。

曰大甲

曰大庚

史記作大庚，與卜辭同。竹書作小庚，誤。

曰小甲

曰大戊

曰中丁

曰卜壬

史記作外壬，與卜丙作外丙同。

曰且乙

又有高且乙。且乙上加高字，不知與且乙為一人否。

曰且辛

曰且丁

曰南庚

曰羊甲

即羊字。說見文字篇羊甲即史記之陽甲。羊陽古通。漢書古今人表有樂陽。師古注、即樂羊。漢綏民校尉碑、治歐羊尚書。歐羊即歐陽。皆其例矣。

曰般庚

曰小辛

曰小乙

曰武丁

曰且庚

曰且甲

曰康且丁 

史記作庚丁為康丁之譌。商人以日為名、無一人兼用兩日者。又卜辭曰、甲辰卜、貞、王賓米且乙且丁且甲康且丁武乙衣、亾尤。其文中前已有且丁、後又有康且丁。以商之世次推之、且甲之後武乙之前為庚丁、則康且丁者非且丁乃康丁矣。

曰武乙 

亦曰武且乙 

卜辭中有武乙、有武且乙。以康丁之亦作康且丁例之、知武且乙即武乙矣。

曰文武丁 

以康且丁武且乙例之、知文武丁即文丁。考史記武乙之次為太丁、竹書作文丁、以卜辭證之、竹書是而史記非矣。

又有帝甲 

不知稱何帝名甲者。史記殷本紀之祖甲、三代世表作帝甲、然卜辭中已有且甲、且卜辭於帝甲文後有其眔即逮字且丁語、則帝甲在且丁之前、前乎且丁者有河亶甲、有沃甲、皆卜辭所無、或即二者之一矣。

又有曰土　Ω

王氏國維曰、卜辭有Ω字。其文曰、貞尞于Ω三小宰、卯一牛。又曰、貞求年于Ω九牛。又曰、貞彡尞于Ω。又曰、貞于Ω求。Ω即土字。盂鼎受民受疆土之土作⊥。卜辭用刀鍥不能作肥筆、故空其中作Ω。土疑即相土。史記殷本紀、契卒子昭明立。昭明卒、子相土立。相土之字詩商頌春秋左氏傳、世本帝繫篇皆作土、而周禮校人注引世本作篇相士作乘馬作士、楊倞荀子注引世本此條作土而荀子解蔽篇曰、乘杜作乘馬。呂覽勿躬篇曰乘雅作駕、注、雅一作持。持、杜聲相近。則土是士非。楊倞注荀子曰、以其作乘馬、故謂之乘杜。是乘本非名相土、或單名土、又假用杜也。然則卜辭之土當即相土矣。

曰季 

王氏國維曰、卜辭人名中又有季。其文曰、辛亥卜、□貞、季□求王。又曰、癸巳卜、之于季。又曰、貞、之于季。季亦殷之先公、即冥是也。楚辭天問曰、該秉季德、厥父是藏。又曰、恒秉季德。則該與恒皆季之子。該即王亥、恒即王恒、皆見于卜辭。則卜辭之季亦當是王亥之父冥矣。

曰王亥 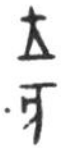  

王氏國維謂卜辭之王亥即殷本紀冥之子振。其言曰、史記殷本紀、冥卒、子振立。索隱、振系本作核、漢書古今人表中上垓冥子微垓子、是冥之子微之父名核、一作垓。史記作振、字之誤也。山海經大荒東經有困民國句姓而食、有人曰王亥、兩手操鳥、方食其頭。王亥託於有易、河伯僕牛。有易殺王亥、取僕牛。郭注引竹書曰、殷王子亥賓於有易而淫焉、有易之君綿臣殺而放之。是故殷主甲微假師於河伯以伐有易克之、遂殺其君綿臣也。是山海經之王亥即竹書之殷王子亥、亦即世本漢表之核與垓、卜辭王亥正其人也。呂氏春秋審分覽、王氷作服牛。氷乃亥之譌。初學記三十九引世本胲作服牛、太平御覽八百九十九引世本鮌作服牛。鮌亦胲之譌、胲又亥之譌也。山海經之僕牛亦即呂覽之服牛。古僕服同音。蓋王亥始作服牛、有易之君殺而取其牛。山海經所記與竹書傳聞異辭。楚辭天問、該秉季德、厥父是臧。胡終弊夫有扈、牧夫牛羊。該亦即王亥、有扈與有易則又傳聞異辭。又云恒秉季德、焉得夫朴牛。朴牛亦即服牛矣。由此觀之、則戰國時傳說均謂服牛之事始於王亥。相土作乘馬、王亥作服牛、均商之先有大功德於民者矣。

曰王恆 □ □ □ □

王氏國維曰、□即恆字。說文二部、古文恆从月、而今本作□、从外殆轉寫之誤、疑初亦作□。詩小雅、如月之恆。傳、恆弦也。□字从弓、疑□、□即恆弦之本字也。此王恆與王亥並稱、疑是父子或兄弟。楚辭天問既云、該秉季德、厥父是臧。又云、恆秉季德。王亥即該、則恆必為王恆矣。

曰上甲 □ □

王氏國維曰、魯語、上甲微能帥契者也、商人報焉。是商人祭上甲微、而卜辭不見上甲。郭璞大荒東經注引竹書作主甲微、而卜辭亦不見主甲。余由卜辭有□、□、□三人名、其乙丙、丁三字皆在匚或□中、而悟卜辭中凡數十見之□或作□即上甲也。卜辭中凡田狩之田字、其口中橫直二筆皆與其四旁相接、而人名之囲、則其中横直二筆或其直筆必與四旁不接、與田字區别較然。囲中十字即古甲字、甲在囗中、與冈、回之乙、丙、丁三字在匚或コ中同意。上或加一作亩、此加一者、古六書中指事之法。一在田上、與二字（古文上字）之一在一上同意、去上甲之意尤近。細觀卜辭中記囲或亩者數十條、亦惟上甲微始足當之。玉案、王説是也。亩即上、甲二字合文。許書帝古文作𢂀、注、古文諸上字皆从一、篆文皆从二、二古文上字。考之卜辭及古金文帝、示諸文或从一、或从二、知古文二亦作一。卜辭中亦有作亩者、尤上甲合文之明證矣。

曰匚　可　可　冋

亦曰示丁　和　𠊎

亦曰示羊丁　協

亦曰丁　□

曰⿷匚乙 [glyph] [glyph] ⿷匚乙

亦曰乙 [glyph]

曰⿷匚丙 [glyph]

商代帝王之名、日名之上皆冠以他字、如大乙、大甲之類。玆三名不冠字而加匚以識別之、初不能定為何人。考殷本紀載微子、報丁、報丁子報乙、報乙子報丙。意此⿷匚乙、⿷匚丁、⿷匚丙三人者必報丁、報乙、報丙矣。

曰示壬 [glyph] [glyph] [glyph] [glyph] [glyph] [glyph] [glyph] [glyph] [glyph]

[glyph] [glyph]

曰示癸 [glyph] [glyph] [glyph] [glyph] [glyph] [glyph] [glyph]

則湯之先世及其祖若考矣

殷本紀、報丙子主壬、主壬子主癸、主癸子天乙。此示壬、示癸當即主壬、主癸、與報丁之稱示丁正同。殆湯有天下後以神之禮祀之、其猶周之追王矣。

又卜辭中所祀之祖或以妣配食、其可徵者十有六。

示壬之配曰妣庚 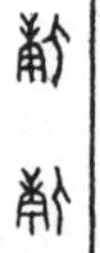

凡殷人所祀之祖稱之曰王賓、說見禮制篇所配食之妣稱之曰奭。即赫字、說見文字篇。亦有祀祖不配以妣者、亦有祀妣不及祖者。

示癸之配曰妣甲 

大乙之配曰妣丙 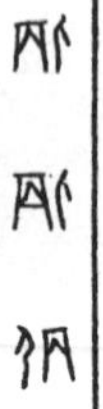

大丁之配曰妣戊 

大甲之配曰妣辛 

大庚之配曰妣壬 

大戊之配曰妣壬 

中丁之配曰妣癸 

且乙之配曰妣己 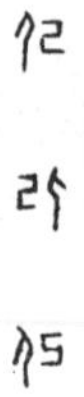

又曰妣庚

且辛之配曰妣庚

且丁之配曰妣己

又曰妣癸

羊甲之配曰妣甲

小乙之配曰妣庚

武丁之配曰妣辛

又曰妣癸

又曰妣戊

且甲之配曰妣戊

康丁之配曰妣辛

諸帝皆一配、且乙、且丁、二配、武丁、三配者、猶少康之有二姚與、抑先殂而後繼與、不可知矣。

人名第三

卜辭中人名於前篇所列帝王之名前籍可徵者外，更得九十。

曰且丙

曰且戊

曰且卯

曰父甲

曰父乙

曰父丁

曰父戊

曰父己

曰父庚

曰父辛

曰父寅

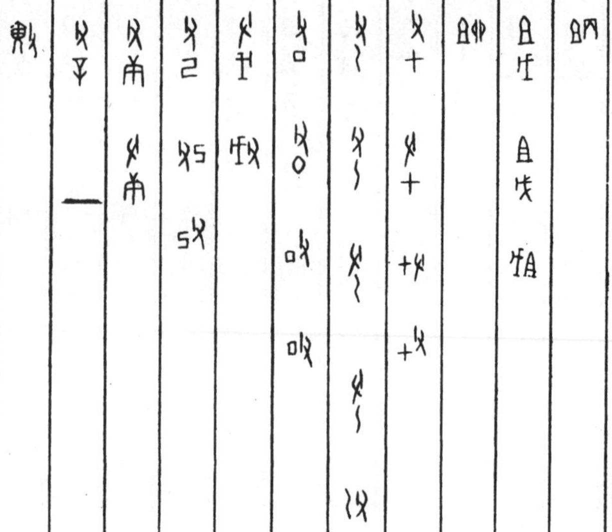

曰父卯 

曰妣乙 

卜辭中字或倒書之、前之般庚般字倒書、此則匕乙二字皆倒書。

曰高妣丙 

曰妣丁 

曰高妣己 

曰高妣庚 

曰妣壬 

曰妣己 

曰妣戊 

凡稱妣某、殆皆帝王之妃匹、其配食者得知為何帝之妃列之前篇、其不知為何帝之妃者、則列之此篇。

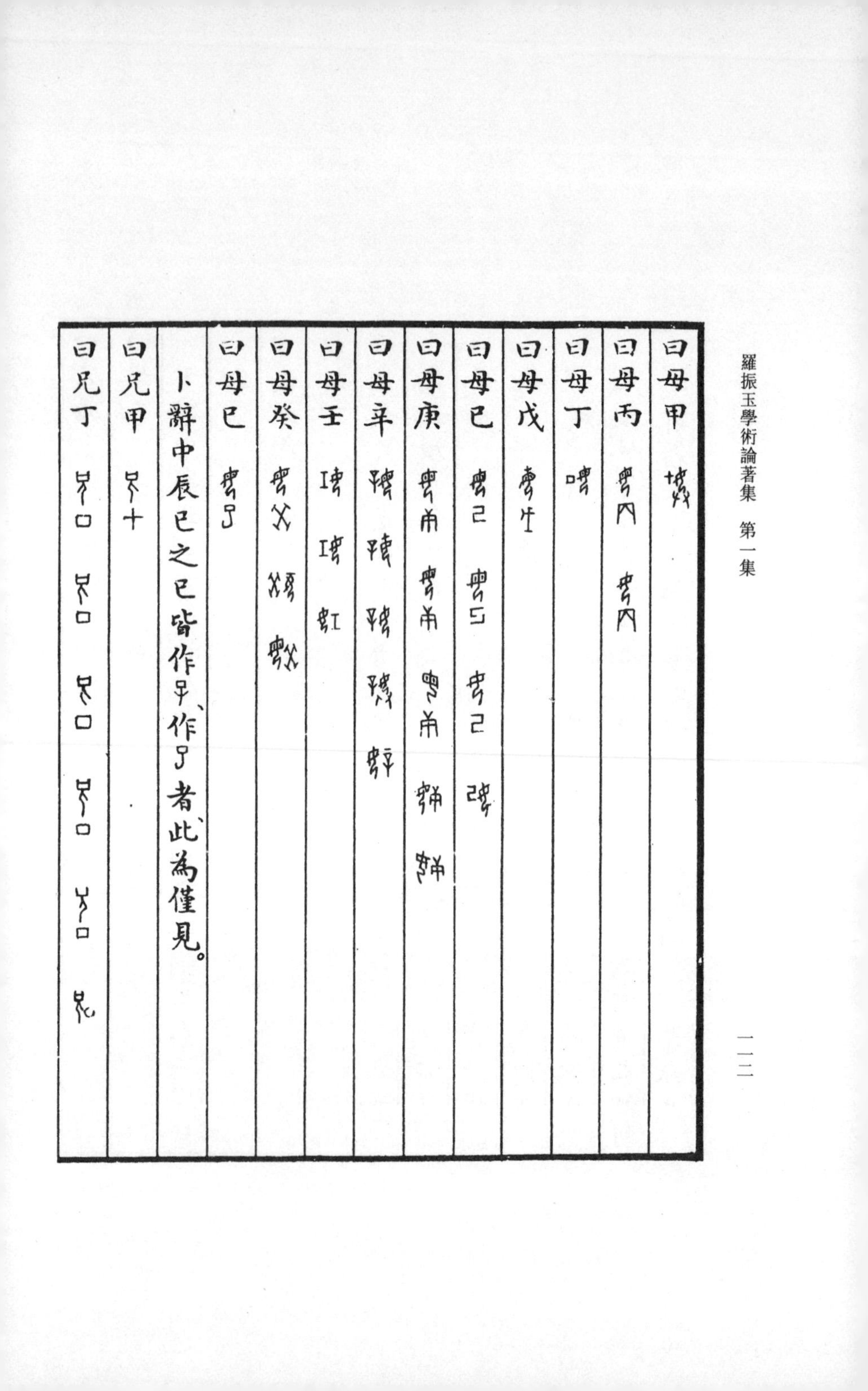

曰母甲

曰母丙

曰母丁

曰母戊

曰母己

曰母庚

曰母辛

曰母壬

曰母癸

曰母巳

卜辭中辰巳之巳皆作子、作了者、此為僅見。

曰兄甲

曰兄丁

曰兄戊 

曰兄己 

曰兄庚 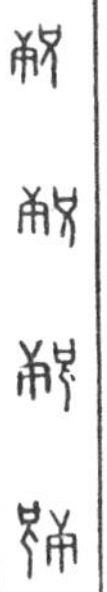

曰兄辛 

曰兄壬 

曰兄癸 

商家以日為名、殆即取十幹或十二枝一字為之、不復加他字。金文中每有日甲、日乙等是也。而帝王之名稱大甲、小甲、大乙、小乙、大丁、中丁者殆後來加之、以示別。蓋有商一代帝王就史記所載三十人中以甲名者六、以乙名者五、以丁名者六、以庚名者四、以辛名者四、以壬名者二、惟以丙與戊己名者僅一帝耳。使不加字、後來史家記事無以別為何代何帝矣。然在嗣位之君則承父者逕稱其所生為父某、承兄者逕稱其所先者為凡某、則當時已自了然。故疑上所列曰父某、凡某者、即前篇所載諸帝矣。後編上有曰、父甲一牡、父庚一牡、父辛一牡。三人在一段中。初疑一人何得承三父、則予前承父者稱父厶之說似頗不合、嗣考史記殷本紀、湯甲卒、弟盤庚立。盤庚卒、弟小辛立。小辛卒、弟小乙立。小乙卒、子武丁立。知此父甲、父庚、父辛者即陽甲、盤庚、小辛、皆武丁諸父、故均稱父厶。此不但與予說不相戾、且為確證矣。

曰己　巳

曰庚　甬　甬

曰戊　[illegible]

曰羌甲　羌十　羌　[illegible]

或省甲字、羌或增口、殆是一人。

曰甲介　十[illegible]　十[illegible]

曰狀甲　狀十

曰下乙　[illegible]

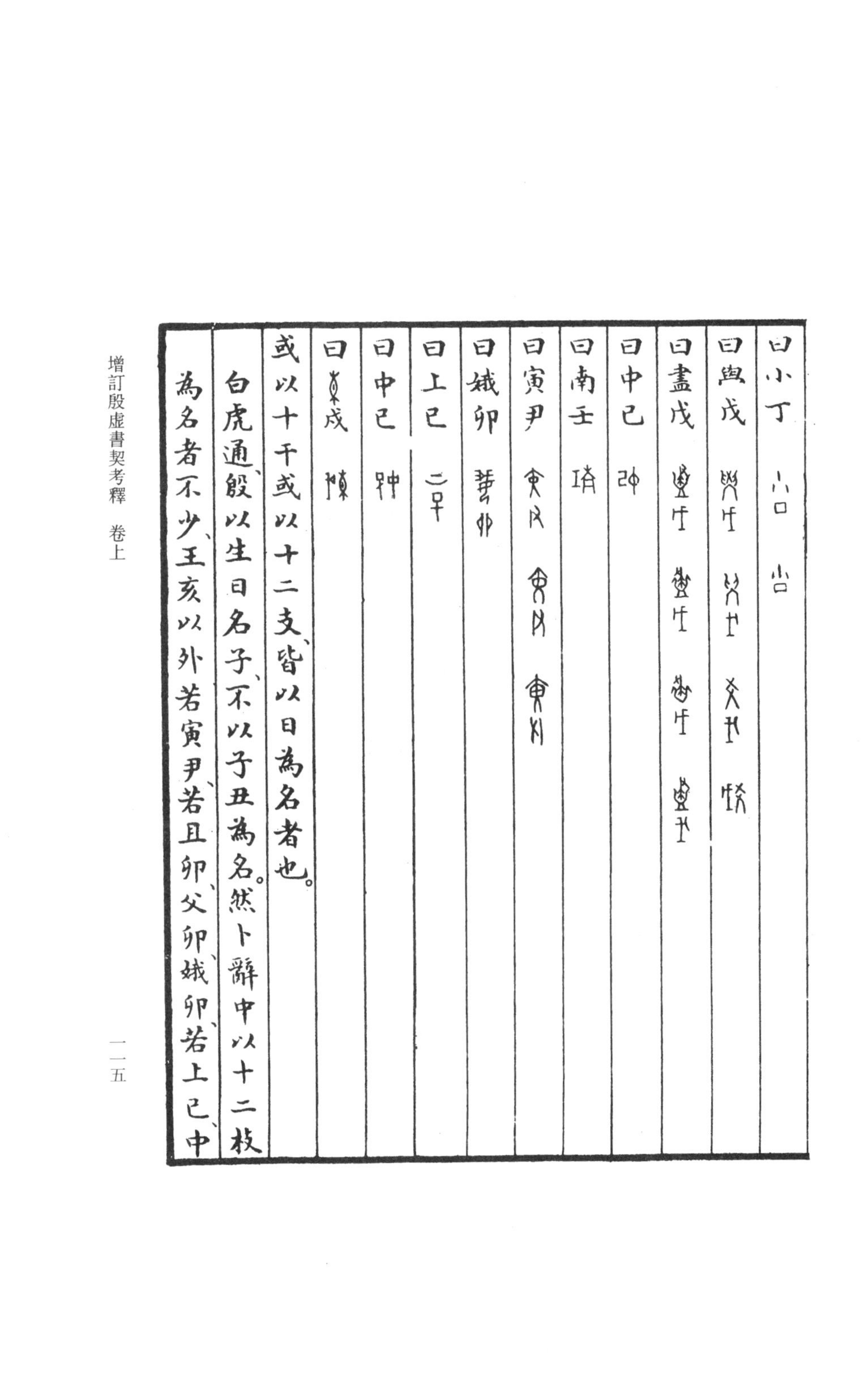

曰小丁

曰幽戊

曰畫戊

曰中己

曰南壬

曰寅尹

曰娥卯

曰上巳

曰中巳

曰東戊

或以十干或以十二支、皆以日為名者也。

白虎通、殷以生日名子、不以子丑為名。然卜辭中以十二枝

為名者不少、王亥以外若寅尹、若且卯、父卯、娥卯、若上巳、中

巳、妣己、母己、若戌與戌、皆以十二支名者也。

亦有不以日名者

曰彈 

亦曰示彈 

曰杏 

曰蔑 

曰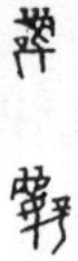

此與前書法頗異、姑析為二、或係一人。

曰浴 

曰之 

曰賁 

曰徫 

曰昌 

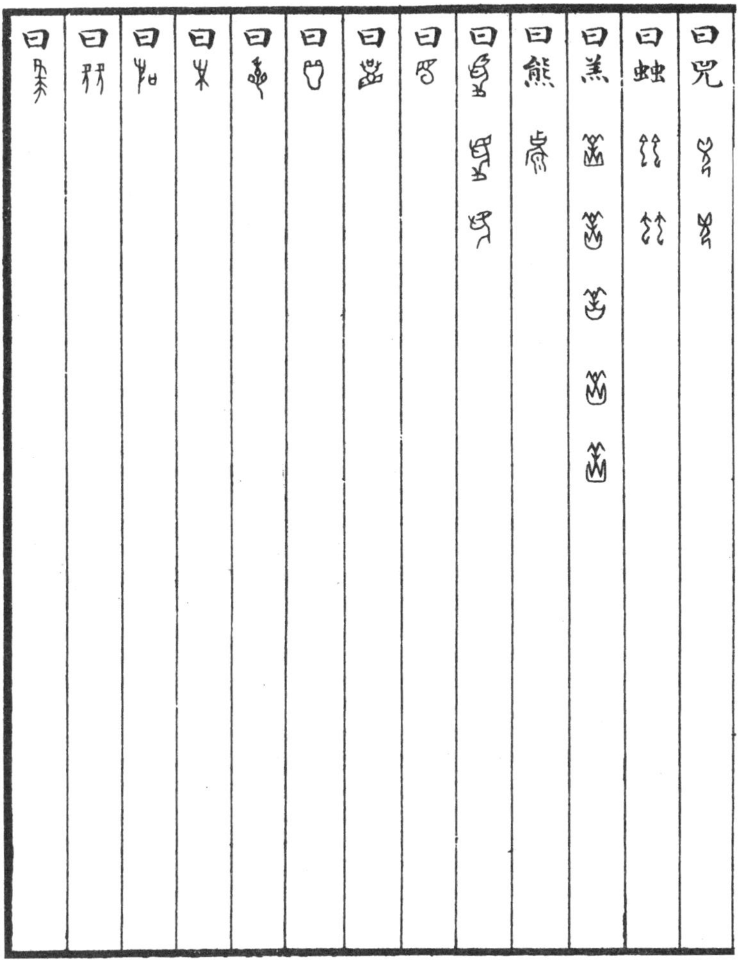
曰兕
曰蚰
曰羔
曰熊

曰

曰

曰

曰

曰

曰多介 

曰多介父 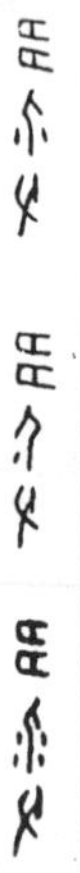

曰多父 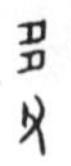

以上三名似為一人、姑析書之。

曰王矢 

亦曰矢 

曰三 

皆於前籍靡有徵矣。其名臣之名見於卜辭者三。

曰伊尹 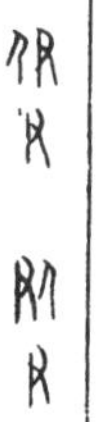

亦曰伊 

曰咸戊 

亦曰咸 

伊尹、咸戊之名、或但舉一字曰伊、曰咸。又白虎通姓名篇臣名亦得甲乙生日名子。殷有巫咸、有祖已也。王氏經義述聞云、巫咸今文作巫戊。白虎通用今文尚書、故與古文不同。後人但知古文之作咸、而不知今文之作戊、故戊為咸耳。今卜辭有咸戊、殆即巫咸矣。

曰且己 

其於且己也尊之曰王賓、與帝王同書。般庚云、茲予大享于先王、爾祖其從與享之。證之卜辭益徵信矣。

地名第四

地名之見於卜辭者凡二百三十。綜其類十有七。曰、王在某、曰彶于某、曰至于某、曰往于某、曰出于某、曰步于某、曰入于某、曰田于某、曰狩于某、曰敺于某、曰舟于某、曰在某次、曰于某、曰從某、曰伐某、曰征某、曰某方。其字或可識、或不可識、然以其文例考之確知其為地名矣。其稱王在某者九十有五。

曰亳 

曰旁 

曰安 

曰樂 

曰反 

曰帛 

曰白 

曰余 

曰雇

曰木

曰林

曰谷

曰轡

曰卯

曰鬥

曰潎

曰逢

曰[走亘]

曰叉

曰膏

曰[臣土]

曰奠

曰鳳

曰鳿

曰冀

曰澫

曰潢

曰甾

曰㔹

曰冣

曰孚

曰徐

曰澧

曰濕

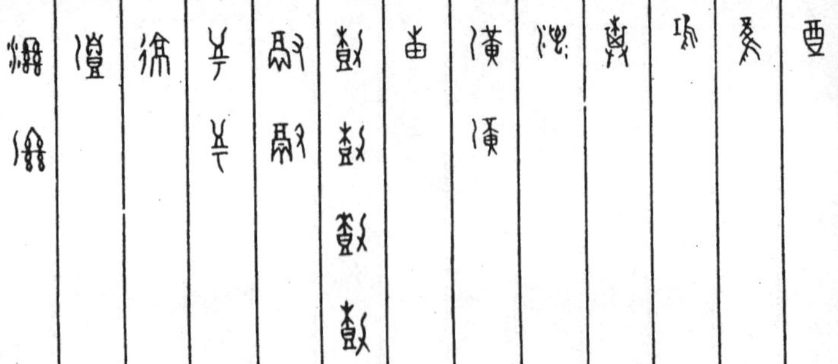

曰孑

曰杏

曰臭

曰⿰氵臬

曰⿰氵犬

曰麦

曰攸

曰⿱彔酉

曰上⿱彔酉

曰⿸广⿱朿林

曰⿰食朱

曰⿹𢦏食

曰洒

曰交	曰爵	曰桒	曰八桒	曰沚	曰義	曰滰	曰	曰	曰	曰	曰	曰

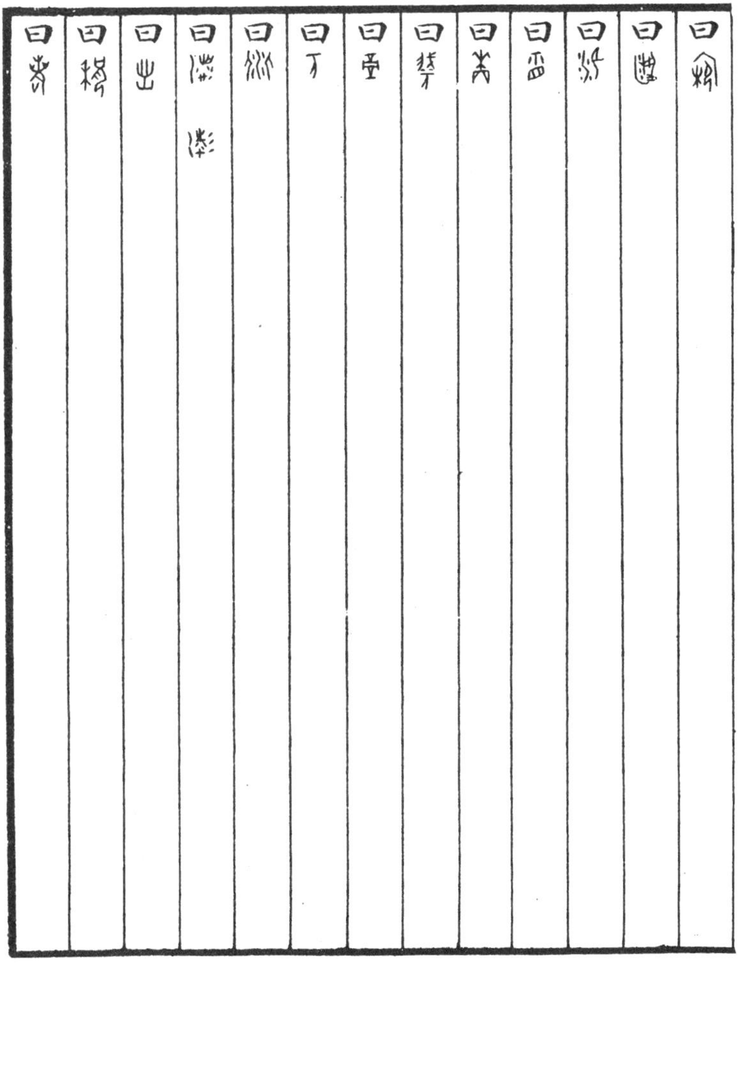

曰[illegible] [illegible]

曰[illegible] [illegible] [illegible] [illegible]

曰[illegible]

曰[illegible]

曰[illegible]

曰[illegible] [illegible]

曰[illegible]

曰[illegible] [illegible] [illegible]

曰[illegible] [illegible] [illegible] [illegible]

小子射鼎、在[illegible]餗。即此地也。卜辭中地名見金文者僅此與下召字耳。

曰[illegible]

曰[illegible]

曰㫚

曰荳

曰玟

曰宊

曰紷　紷

曰踐

曰徹

曰网

曰𣡕

曰𡵰

曰𥞄　𥞄　𥞄　𥞄　𥞄　𥞄

其稱戔于某者十。

曰夫　夫

曰射 

曰向 

曰宫 

曰雝 

曰淮 

此疑與雝為一字，省口耳。

曰召 

此地名，亦見己酉方彝、博古圖卷十字作。

曰陎 

曰[illegible]

曰出 

其稱至于者四。

曰盂 

曰龏

曰[illegible]

曰龠

其稱往于者五。

曰甘

曰休

曰幺

曰乚

曰[illegible]

其稱出于者二。

曰盡

曰朿

此字亦見古金文。吴中丞大澂以為穗敦、穗尊者、其文作[illegible]、敦文尊文與此殆一字。吳釋穗未安。

其稱步于者二十有一。

曰章

曰陣

曰杞

曰康

曰竅

曰謝

曰良

曰鳥

曰宰

曰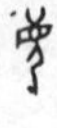

曰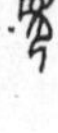

此與𢦏疑一字。

曰彭　彭

此字亦見乙爵。

曰𠬝　𠬝

曰㞢

曰陟

曰朼

曰胥

曰吉

曰僖

曰[illegible]

曰[illegible]

其稱入于者二。

曰商 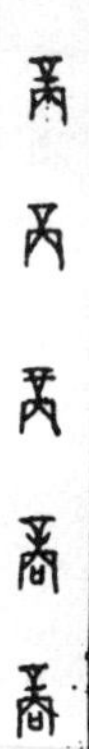

曰筧 

其稱田于者四十有八。

曰高 

曰斿 

曰衣 

曰麥 

曰大 

曰天 

曰羊 

曰羔 

曰雞 

曰噩 

曰奚

曰殸

曰[illegible]

曰[illegible]

曰[illegible]

曰妻

曰書

曰浂

曰[illegible]

曰穴

曰盖

曰疐

曰[illegible]

曰⿰王壺 

曰率 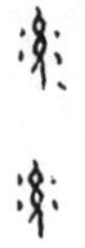

曰卣 

曰雈 

即雈字。

曰虔 

曰益 

曰鬲 

曰家 

疑即浴字、去皿加宀。

曰先矦 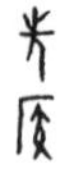

曰勺麓 

曰十

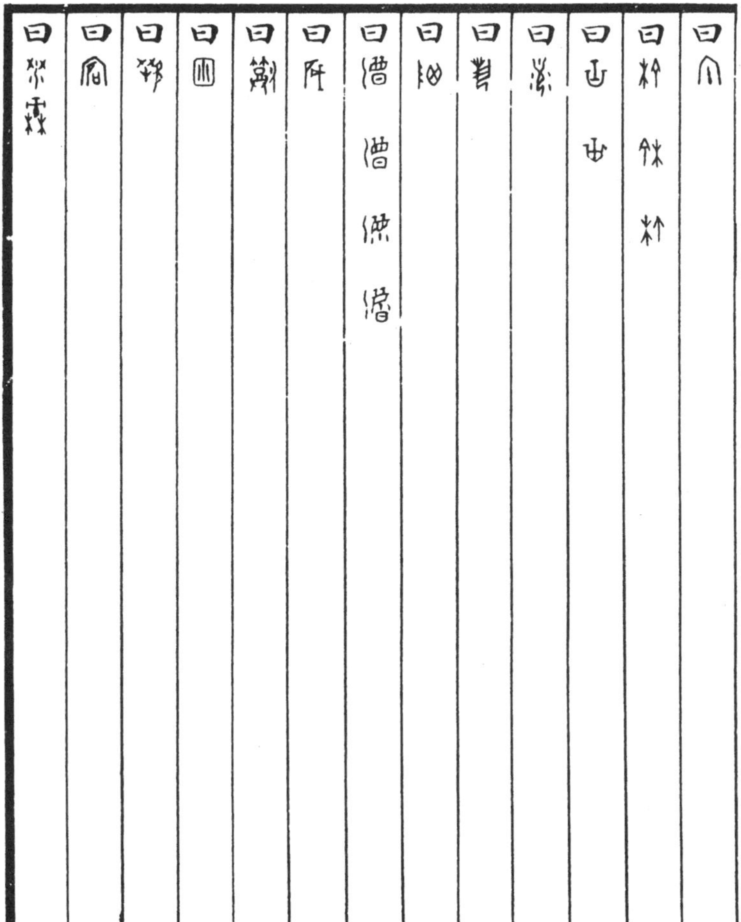

曰 

其稱狩于者一。

曰 

其稱毆于者一。

曰亯 

其稱舟于者二。

曰滴 

曰 

其稱在某次者十有六。

曰齊  

曰霍  

曰受 

曰虎 

曰夔 

曰 

曰 

曰 

曰 

曰 

曰 

曰 

曰八

曰 

曰 

曰 

其稱于某者　凡稱于某者、皆于上有缺字、不能知其為伐于、往于等也。其地名上有缺字者、亦附此後。六。

曰栗 

曰溴 

曰 

曰 

曰 

曰 

其稱從某者一。

曰戴 

其稱伐者八

曰龔 

曰棘 

曰 

曰 

曰[illegible]　[illegible]

曰[illegible]　[illegible]

曰央

曰下[illegible]　[illegible]

其稱征者三。

曰[illegible]

曰[illegible]

曰三丰　[illegible]

其稱某方者五。

曰土　[illegible]

曰苴　[illegible]

曰井　[illegible]

井殆即刑也。

曰洗 

曰二丰 二

凡是者多不能定爲後世何地、雖周季列國地名亦頗有與上諸地同者。然文不足徵、未敢臆斷矣。

殷虛書契考釋卷上

男福頤恭校

殷虛書契考釋卷中

上虞　羅　振玉

文字弟五

卜辭中文字有形聲義胥可知者、有僅得知其形與義者、有形聲義胥不可知而與古彝器款識同者。今述其形聲義胥可知者爲文五百六十。

曰一　一

曰二　二

曰三　三

古金文一、二、三字均與此同。說文解字一、二、三之古文作弌、弍、弎乃晚周文字。錢先生大昕汗簡跋云、作字必先簡而後繁。有一、二、三然後有从弋之弌、弍、弎。而叔重注古文於弌、弍、弎之下。以是知許所言古文者古文之別字、非弋古於一也。

曰三　三

說文解字、四之古文作𦉭籀文作亖。金文中四字皆作亖、無作𦉭者、𦉭亦晚周文字。錢先生所謂古文之別字矣。凡許書所載古文與卜辭及古金文不合者、皆晚周別字也。

曰五　𠄡

說文解字、五古文作㐅。

曰六　介　介　∧　宀　∩

六字作∧、傳世尖足小布幕後紀數有之。前人不能定其為六、為八。今卜辭有自一至八順列諸數者、得確定為六字。

曰七　十

古文七字皆作十、無同篆文作七者。古金文中七字至罕見、惟尖足小布幕紀數字七皆作十、與卜辭正合。直至漢器銘識尚爾。汾陰鼎有十十枚之文、宋人誤釋為二十。阮相國元釋大官銅壺銘亦同此誤。卜辭中凡十字皆作丨、（尖足小布亦然）七字皆作十、判然明白。漢人十字作十、（古金文多作丨）七字作十、以橫畫之長短別之。吳中丞大澂說文古籀補載古刀幣中𠂆、𠂆、个、𠂉等字謂是七字、則又誤以九為七矣。

曰八　)(　)(

曰九　九　九　九　[illegible]　[illegible]　[illegible]

曰十　丨

卜辭中十字至多、不遑備舉。其紀月者、則十月作丨𠀀、又作[illegible]。十一月作[illegible]、又作[illegible]。十二月作[illegible]、又作[illegible]。十三月（有閏之年則卜辭有十三月）作[illegible]、又作[illegible]。其紀物數者則十一作丨一、十五作[illegible]、又作[illegible]、十六作丨八。

曰廿　U　U

曰卅　Ш

曰卌　□　□

說文解字有廿、卅、而無卌。博古圖卷十七載敔敦有□□之文、□□即訊卌矣。宋人誤釋作僕白留鼎卌秭之卌亦作□、與卜辭同。

凡數在二十、三十、四十以上者、卜辭皆用廿、卅、卌字。如二十人作□、二十五作□、四十一作□一、四十八作□八。

曰百　□　□

卜辭中記數一百作百、其二百以上則加畫於百上。而合書之二百作□、三百作□、五百作□、六百作□、與古金文同。

曰千　□　□　□

卜辭中凡數在千以上者、則加數於千字之中間。二千作□、三千作□、又作□、五千作□。博古圖卷二十二載齊侯鎛戜從四千、作□。原釋三千、余意是四千也。盂鼎宣城李氏藏者萬三千八十一人。三千亦作□、與卜辭同。

曰萬 

說文解字、萬蟲也。从厹、象形。不言何蟲。而卜辭及古金文中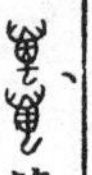等形均象蝎、不从厹。金文中或作、石鼓文始作、失初狀矣。段先生（玉裁）云、从厹、蓋其蟲四足、像獸。依後來字形為說、失之彌遠。

曰甲 十

古金文均作十。說文解字、甲古文作。

曰乙 

曰丙 

曰丁 口 ○

曰戊 

曰己 

曰庚 

曰辛 

曰壬 

曰癸 

曰子 

說文解字、子古文作𢀇、籀文作𢀈。卜辭中子丑之子皆作𢀈、或變作𢀈。以下諸形從無作子者。𢀈與許書所載籀文𢀈字頗近、但無兩臂及几耳。召伯虎敦作有臂而無几、與卜辭亦略同。惟𢀈、𢀈等形則亦不見於古金文。蓋字之省略急就者、秦省篆書繁縟而為隸書。予謂古人書體已有繁簡二者。試觀書契卷三弟四五諸葉可知其概矣。

曰丑 

曰寅 

說文、寅古文作𨑀。卜辭中寅字屢變、與古金文亦全異、去許書所謂古文者逾遠矣。

曰卯 

曰辰 

說文解字、辰古文作𠨑。

曰巳 

卜辭中凡十二枝之巳皆作子、與古金文同。宋以來說古器中乙子、癸子諸文者異說甚多、殆無一當。今得干支諸表、乃決是疑。然觀卜辭中非無巳字、又汜、妃、祀、改諸字並從巳、而所書甲子則皆作子、惟母巳作巳僅一見、此疑終不能明也。

曰午 

曰未 

曰申 

說文申古文作𢆯、籀文作𤰈。吳中丞大澂因篆文作申、遂謂子𦥑且乙角之𦥑、孟𦥑鼎之𦥑、均即申字。今案、𦥑象兩手持杵形。雖不能知其為何字、其義與舂字所从之𦥑同。𦥑字亦然、均非申字也。附正之於此。

曰酉　酉 酉 酉 酉 酉 酉 酉

說文解字、酉古文作丣。

曰戌　戌 戌 戌 戌 戌

卜辭中戌字象戉形、與戉殆是一字。古金文戌字亦多作戌、仍未失戉形。說文解字作戌、云从戊含一。於是與戉乃離為二矣。

曰亥　亥 亥 亥 亥 亥 亥 亥

說文解字、亥古文作𠀅、與晚周古金文略同。

曰天　天 天

說文解字、天从一大。卜辭中有从二者、二即上字。大象人形、人所戴為天，天在人上也。許書从一，猶帝、示諸字从二，亦从一矣。

曰日 

說文，日古文作。案，日體正圓，卜辭中諸形或為多角形，或正方者，非日象如此，由刀筆能為方不能為圓故也。

曰月 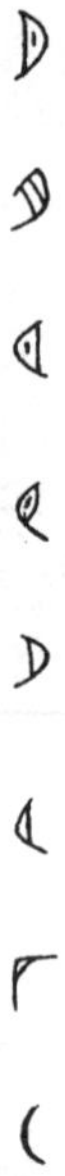

作者亦見子璋鐘。

曰望 

說文解字，望，月滿與日相望以朝君也。从月，从臣，从𡈼。古文望省作。此與許書合。

曰雨 

說文解字，雨古文作。

曰霖 

曰霝

曰雪

說文解字、雪从雨彗聲。卜辭从二又。雪為凝雨、得以手取之。

曰電

說文解字、電古文作。此从、象電形。象雨點。雨與電相將也。卜辭中又有作者、疑亦電字。

曰晨

曰夙

說文解字、夙古文作㐨、𠈖二形。卜辭从夕、丮與許書之夙正同。篆文之丮、卜辭及古金文皆作、象執事形。

曰晝

象日光輝四射之狀。後世篆文將此字所从之引長之而作上、又增聿形、義全晦。於是許君遂以隸畫部、而為與夜

為界之說矣。

曰昃 

从日在人側、象日厢之形、即說文解字之厢。徐鉉云、今俗別作昃、非是。今以卜辭證之作昃者、正是厢之古文矣。

曰朝 

此朝暮之朝字。日已出茻中、而月猶未沒是朝也。古金文娋从𠦝、後世篆文从倝舟聲。形失而義晦矣。古金文作、从娋从象百川之接於海。乃潮汐之專字、引申為朝廟字。

曰莫 

从日在茻中、从茻與許書从茻同。卜辭从茻从林多不別、如囿字作圃、亦作圝矣。

曰明 

說文解字、㫗古文作𠣬。證以卜辭則㫗、明皆古文。

曰旬 

王氏國維曰、使夷敦云金十匀。屖敖敦蓋云金十匀。說文解字、鈞之古文作鋆。是匀、匀即鋆字、𠣬即旬矣。卜辭又有𠣬之二日語、亦可證。予編搜卜辭凡云貞旬亡𡆥者皆以癸日卜。殷人蓋以自甲至癸為一旬、而於上旬之末卜下旬之吉凶。云亡𡆥者、猶易言旬無咎矣。日自甲自癸而一徧、故旬之誼引申為徧。爾雅釋詁、宣旬徧也。說文訓裹之勹實即此字、後世不識乃讀包、殊不知勹乃旬之初字。𠣬字从車从勹、亦會意兼形聲也。博古圖聘鐘鈞作𨥧、即說文匀字。

曰歲 

从步、戌聲。說文解字作𢧢聲。卜辭中又有戊字、亦作戉。以歲字例之、當為歲月之月本字、作月者日月之本字。然卜辭中凡某月已借用日月之月、而罕用本字之肯矣。

曰京 

曰邑 

説文解字邑、从囗、从卪。案、凡許書所謂卪字、考之卜辭及古金文皆作𠂆、象人跽形。邑為人所居、故从囗、从人。猶啚為倉廩所在、故从囗、从㐭。

曰邦 

王氏國維曰、説文解字邦古文作𡈼、乃𡵂之譌。𡵂从田丰聲、與邦之从邑丰聲、籀文封之从土丰聲同。

曰啚 

此即都鄙之本字。説文解字以為啚嗇字、而以鄙為都鄙字。考古金文都鄙字亦不从邑、从邑者後來所增也。雖白彝圖字作畐、與此同。卜辭畐字或省口、觀倉廩所在亦可知為畐矣。

曰行　卄　𧗠　𢓊　𧗠　𢓊

卄象四達之衢、人所行也。石鼓文或增人作𧗠、其義甚明。由卄而變為𢓊、形已稍失。許書作𢓊則形義全不可見。於是許君乃釋行為人之步趨、謂其字从彳从亍、失彌甚矣。古从行之字或省其右作彳、或省其左作亍。許君誤認為二字者、蓋由字形傳寫失其初狀使然矣。父辛觶亦作卄、與卜辭合。訓宮中道之𡨲字正从此。許君謂从囗、象宮垣道上之形、不知口但象宮垣而象道路者乃在口內之卄字也。作𧗠與石鼓文同、作𢓊則媘行之半、義已明矣。

曰田　田

曰圃　[illegible]　[illegible]

說文解字囿、籒文作圞。石鼓文囿字亦作圞、與卜辭同。或从𣏟、與林同意。

曰圃  

御尊蓋有圃字、吳中丞釋圃。此作、象田中有蔬、乃圃之最初字、後又加囗形、已複矣。

曰𠷎 

說文解字𤰝、从田、象耕屈之形。或省作𠷎。此與許書或體同、知許書之或體中每有古文矣。

曰彊 

說文解字畕、比田也。畺、界也。从畕、三其界畫也。或从彊土作疆。案此从弓、从畕。吳中丞曰、儀禮鄉射禮、侯道五十弓。疏云、六尺為步、弓之古制、六尺與步相應、此古者以弓紀步之證。古金文亦均从弓、知許書从彊土之或作非也。又此从畕象二田相比界畫之義已明，知畕與畺為一字矣。

曰土 

古金文土作，此作者，契刻不能作粗筆，故為匡廓也。

曰埜 

說文解字，野，从里，予聲。古文作壄，从里省，从林。則許書之古文亦當作埜，不从予聲。許於古文下並不言予聲也，今增予者，殆後人傳寫之失。許書字本不誤，而為後人寫失者多矣。玉篇，埜，林部 壄，土部 並注古文野。殆埜為顧氏原文，所見許書尚不誤，壄則宋重脩時所增也。

曰蔖 

从茻，叡聲。叡即且，殆即孟子驅蛇龍而放之菹之菹。

曰林 

曰森 

曰麓　□　□　□　□

說文解字、麓古文从彔作𣘶。此从□、乃古文彔字。古金文皆如此、卜辭𣘶字又或从二林。

曰𠂤　□

說文解字、𠂤古文作𨸏。

曰谷　谷　谷　□

曰水　□　□　□　□

曰川　□　□　□

象有畔岸而水在中、疑是川字。

曰衍　□　□　□　□

說文、衍、水朝宗于海也。从行、从水。此从川、示百川之歸海、義彌顯矣。或省行作彳、或又省巛作巜、或變巛作□。古金文朝字从此、□衍敢盖有□字、與卜辭略同。

曰派 

此當是水之流別之𠂢字。从彳象川之中流有旁歧、丨象幹流出旁枝、⺀則水之象也。或省⺀、知𠂢、派本一字。許君分為二、非也。又此字之形狀為𠂢字、殆無可疑、而文頗難解、疑假用為他字矣。𠂢字亦見大保敦。

曰益 

象皿水益出之狀、⺀、⺀象水形或从𠙴者、所謂盂圓則水圓、⺁則象涌益者也。又卜辭中有𣶒字、象注水皿中之狀、疑是注字。未敢確定、附記於此。

曰泉 

說文、泉、水原也。象水流出成川形。此从⺀象、从石𨯓涓涓流出之狀。古金字原字从泉(散盤)、與此略同。新莽錢文曰、大泉五十。泉字作泉、尚略存古文遺意。

曰巛 

象水壅之形，川壅則為巛也。其作≋、巛等狀者，象橫流氾濫也。

曰州 

說文解字，州古文作𡿧，與此同。散氏盤亦作𡿧，今許書作𡿧者，傳寫譌也。州為水中可居者，故此字旁象川流，中央象土地。

曰氾 

曰澫 

从水，从萬。石鼓文澫有小魚。殆即許書之砅字。砅或作濿，考勉勵之勵，粗糲之糲，蚌蠣之蠣，許書皆从萬作勱、糲、蠇。以此例之，知澫即濿矣。（說文勱注，讀與厲同。段先生曰、厲亦萬聲，漢時如此讀，亦其證也。）澫為淺水、故有小魚。許訓履石渡水、亦謂淺水矣。

曰潢  

从𠄌、即水省。卜辭从水之字多省作𠄌。說文解字攸、行也。从亻、从水省、从攴。是許君時𠄌為水省之義、尚未失矣。

曰濼 

此即許書从水樂聲之濼。虘鐘作、與此畧同、而借用為喜樂字。

曰[氵𠃬] 

許書無濤字、新坿有之。此从水、𠃬聲。今字从壽者、猶𠃬今字作疇也。

曰汭  

从水、北、北亦聲。其从𠄌者、水省也。此當是水北曰汭之汭、今从内聲者、殆後起字也。

曰洹 

齊侯壺洹字作。此从與許書同、但省下一耳。殷代水名存於卜辭中今可確知其地者、僅此而已。

曰滴 

許書無滴字、集韻有之。云、音商、水名。此云、王其□舟于滴。則滴之為水名信矣、但不知為今何水耳。列子力命篇亦有滴字。今人於文字不見許書者、概斥為俗作、徵之古文、豈其然乎。

曰商 

說文解字、商、从㕯章省聲。古文作、亦作。籀文作。卜辭與篆文同、惟篆文上从辛、此从耳。乙亥鼎作、丁未角作、均與此同。卜辭或又省口。

曰亳 

說文解字、亳从高省、乇聲。乙亳鼎作亳、父乙方鼎作亳、吴中丞謂是从止。案、宅字卜辭亦作宅、晉邦盦作宅、仍从乇、乇聲、殆不誤、非从止也。从屮者、殆亳之異體。

曰雝

从巛、即水字从口、从隹。古辟雝字如此。辟雍有環流、故从巛。或从巜、乃巛省也。口象圜土形、外為環流、中斯為圜土矣。或从口、與口誼同。鹽卣敃尊亦均从口古辟雍有囿、鳥之所止、故从隹。說文訓為雍渠、非初誼矣。伯雝父鼎作雝、與此同。他金文或增口作呂、後又譌呂為邑、初形益不復可見矣。

曰陴

說文、陴、籀文作䗑、與此同。史頌敦作䗑、借為俾。其所从之卑亦卑字、乃从甲即甲从ナ即ナ。吴中丞以為變从畀、非也。

曰宮

从吕、从吕象有數室之狀。从、象此室達於彼室之狀。皆象形也。說文解字謂从躳省聲、誤以象形爲形聲矣。謂躳从宫省則可耳。

曰室 

曰宅  

晉邦盦作、與此略同。說文解字宅古文作、二形。

曰家  

或从豕、或从亥、亥亦豕也。古金文亦多作宀下豕形。父庚卣及家爵

說文解字、家古文作。

曰寢  

說文解字、寢籀文作、於帚下增又。師遽方尊、商方卣均作、與卜辭同。

曰冓   

卜辭借為遘遇字。

曰門 

象兩扉形、次象加鍵、三則上有楣也。

曰向 

口象北出牖。或从𠙵、乃由口而譌。口、𠙵形近、古文往往不別。古人作書不如後世之嚴矣。

曰宁 

象形。上下及兩旁有搘柱、中空可貯物。

曰貯 

象內貝於宁中形、或貝在宁下、與許書作貯貝在宁旁意同。又宁、貯古為一字。說文于宁訓辨積物、貯訓積、初亦非有二誼矣。

曰牢 

□

牢為獸闌、不限牛、故其字或从羊。□或變作□、或變作□、遂與今隸同矣。其从□者、亦見禡子卣。

曰圂　□　□

从豕在囗中、乃豕笠也。或一豕、或二豕者、笠中固不限豕數也。其从□者、上有庇覆。今人養豕或僅圍以短垣、口象之。或有庇覆、□象之。一其闌所以防豕逸出者。

曰餗　□　□　□　□　□　□

从𠂤、朿聲、師所止也。後世假次字為之、此其初字矣。兮田盤毋敢不即餗、謂不敢不至師次。其字正與此同。亦見魯文旁尊及師䢅父鼎、前人釋師、非也。博古圖南宮仲鼎王在寒餗、又誤釋師。

曰方　□　□　□

作□者與彔伯戎敦同。

曰上 

卜辭中上字下橫畫上仰者、以示別於一二之二也。

曰下 

段先生注說文解字改正古文之丄丅二字為二𠄟。段君未嘗肆力於古金文、而冥與古合、其精思至可驚矣。又卜辭中上下及下上二字連文者、皆合書之。古金文亦然。

曰東 

知東即東者、其文曰、其自東來雨、又有曰、其自南來雨、以是知之矣。

曰西 

說文解字、西古文作卤、籀文作卤。且子鼎亦作⊗、卜辭中有⊗、⊗與許書籀文及古金文同。而卜辭上下斷缺不能知果為西否。其作由、由等形、王國維謂即西字。驗之諸文其說甚確。

許君謂、日在西方而鳥棲、象鳥在巢上形。今諸文正象鳥巢狀。巢字篆文作□、从臼乃甶傳寫之譌、亦正是巢形也。日既西落、鳥已入巢、故不復如篆文於巢上更作鳥形矣。

曰南　□□□□□□□□□□□□□□□□

說文解字、南古文作□、與此不合。古金文中有作□（求古精舍金石圖父戊爵）□（西清續鑑卷二周南姬青鼎、原誤釋青。）□（南鬲）諸形、與此畧同。

曰北　□□□

曰中　□□□□□□

說文解字中古文作□、籀文作□。古金文及卜辭皆作□、或作□、斿或在左、或在右、斿蓋因風而左右偃也。無作□者、斿不能同時既偃於左、又偃於右矣。又卜辭凡中正字皆作□、从口、从□。伯仲字作□、無斿形。史字所从之中作□。三形判然不淆混，惟中丁之中曾見作者，乃偶用假字也。

曰左 

曰右 

曰帝 

說文解字：帝古文作。注：古文諸丄字皆从一，篆文皆从二。二古文上字，辛、示、辰、龍、童、音、章皆从古文上。今觀卜辭或从一，或从二，殆無定形。古金文亦多从二，不如許說也。又卜辭中帝字亦用爲禘祭之禘。說詳禮制篇

曰祖 

說文解字：祖从示且聲。此與古金文均不從示，惟齊子仲姜鎛始作祖。

曰宗 

曰示 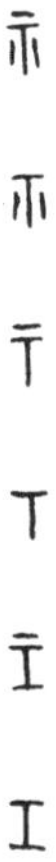

說文解字、示古文作𠕁。卜辭諸示字亦或从一、或从二。宗字所从之示亦然。其省小作丨、或丨下增一、則古金文亦未之見矣。

曰鬼　□　□　□

說文解字、鬼古文从示作䰟、與此合。惟許書謂鬼字从厶、卜辭及古金文皆無之。

曰巫　□　□

說文解字、巫古文作𢒉。此从冂象巫在神幄中、而兩手奉玉以事神。許君謂从□象兩褎舞形、□與舞形初不類矣。

曰祝　□　□　□

第一字與大祝禽鼎同、第二字从丅者殆从⁞⁞。从⁞⁞、⁞⁞象灌酒於神前、非示有亓形也。第三字从□、象手下拜形。

曰祭　□　□　□　□　□　□　□　□　□　□　□

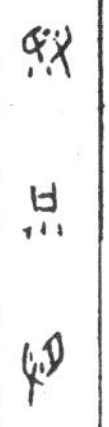

此字變形至夥、然皆象持酒肉於示前之形、𠃑象肉、又持之、點形不一、皆象酒也。或省示、或並省又。篆文从手持肉而無酒、古金文亦然。

曰祀 

曰烝 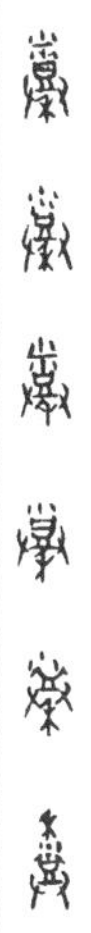

説文解字、烝、火氣上行也。段先生曰、此烝之本誼。今卜辭从禾从米在豆中、廾以進之。盂鼎與此同、而省禾。春秋繁露四祭、冬曰烝、烝者以十月進初稻也。與卜辭从禾之旨正符。此為烝之初誼、引申之而為進。許君訓火氣上行、亦引伸之誼。段君以為本誼、殆失之矣。

曰尞 

説文解字、尞、柴祭天也。从昚、昚古文慎字、祭天所以慎也。今此字實從木在火上、木旁諸點象火燄上騰之狀。卜辭又有大史寮、卿事寮、寮字一作一作。毛公鼎大史寮、卿事寮、寮字作。均从米从火。許君云从昚者非也。漢韓勑碑陰遼作遼、史晨後碑作遼、並从木。衡方、魯峻兩碑寮字亦然。是隸書尚存古文遺意矣。卜辭或又省火作、作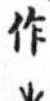者多不勝舉、姑舉其一。凡字數見或數十見者亦但舉其一、不悉注。或更省作。古金文中䵼伯㽙敦有字與卜辭同。

曰貍 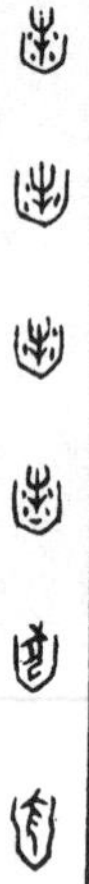

周禮大宗伯、以貍沈祭山林川澤。此字象掘地及泉、實牛於中、當為貍之本字。貍為借字。或又从犬、卜辭云貞三犬尞五犬、五豕、卯四牛。貍牛曰、貍犬曰、實一字也。

曰沈 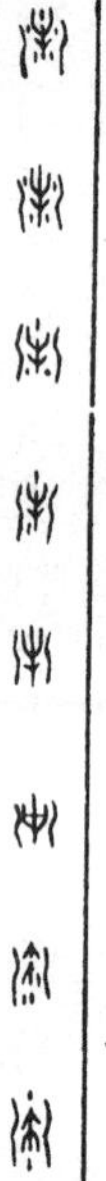

此象沈牛於水中、殆即貍沈之沈字、此為本字。周禮作沈、乃借字也。又據禮經、柴燎所以事天、貍沈以禮山川。而徵之卜辭一則曰、賁于妣乙一牢、貍二牢。二則曰、貞、賁于土三小牢、卯二牛、沈十牛。三則曰、乙巳卜、[illegible]貞、賁于妣乙五牛、沈十牛、十月。是賁與貍沈在商代通用於人鬼、既有宗廟之事、又索之于陰陽、商之祀禮可謂繁重矣。

曰肜 彡 彡 彡 彡 彡

書肜日之肜不見許書、段先生謂即彤字。公羊宣八年傳注、肜者、肜肜不絕。是肜之義為不絕。卜辭有彡日、或作彡、彡諸形、正象相續不絕、殆為肜日之本字。彭字蓋从此得聲、故卜辭中彭字或从彡、其明證也。卜辭中又有彡月、其誼則今不可知矣。觚尊亦有彡日、博古圖卷六載父丁彝亦有彡日隹王六祀語。

曰鄉

此字从𠨍、即人相嚮之嚮、詳唐風樓金石跋尾。从𣅀、或从𥃭、从皀、皆象饗食時賓主相嚮之狀、即饗字也。古公卿之卿、鄉黨之鄉、饗食之饗、皆為一字。後世析而為三、許君遂以鄉入㲽部、卿入𠨍部、許君訓𠨍為事之制亦誤、未知其為向背字也。饗入食部、而初形初誼不可見矣。

曰亯　亯

說文解字、亯獻也。从高省、曰象進孰物形。篆文作亯、古金文作亯亯敢、亯豐兮敢、亯周窓鼎、亯師寰敢、亯曆鼎諸形、與此同。吳中丞云象宗廟之形、是也。

曰福　福　福　福　福　福　福

从兩手奉尊於示前、或省廾、或並省示、即後世之福字、在商則為祭名。祭象持肉、福象奉尊。周禮膳夫、凡祭祀之致福者、注、福謂諸臣祭祀進其餘肉、歸胙於王。晉語、必速祠而歸福。注、福、胙肉也。今以字形觀之、福為奉尊之祭。致福乃致福酒、歸胙則致祭肉、故福字从酉、胙字从肉矣。胙亦作祚。詩既醉釋文、胙本一作祚。

許君謂福畐聲非也。古金文中父辛爵福作畐、弭仲簠福字亦从畐、均象尊形。

曰禄 

說文解字、禄从示、彔聲。古文皆不从示。彔敦作彔、頌敦作彔。

卜辭中禁字从彔、彔、彔。此又變作彔、與古金文略同。

曰卜 

象卜之兆。卜兆皆先有直坼、而後出歧理。歧理多斜出、或向上、或向下、故其文或作卜、或作𠂉。智鼎卜作卜、說文卜古文作卜、並與此不異也。

曰貞 

說文、貞、卜問也。从卜貝、以為贄、一曰鼎省聲。京房所說。又鼎注、古文以貞為鼎、籀文以鼎為貞。今卜辭中凡某日卜某事皆曰貞、其字多作冎、與𠕀字相似而不同。或作鼎、則正與許君以鼎為貞之說合、知確為貞字矣。古經注貞皆訓正、惟許書有卜問之訓。古誼古說賴許書而僅存者、此其一也。又古金文中貞鼎二字多不別、無鼎鼎字作貞、舊輔甗貞字作鼑、合卜辭觀之、並可為許書之證。段先生改小徐本古文以貞為鼎、籒文以鼎為貞、兩貞字作貝、是為千慮之一失矣。

曰占　占

說文解字占、視兆問也。从卜、从口。又卟卜以問疑也、从口卜。二者疑一字。卜辭中又屢見固字、於占外加口、不知與占為一字否。

曰爻　爻

卜辭中學戊亦作爻戊、殆古音同相假借。

曰教　𢼂　𢼂　𡥈　𡥈

从手持木於示前。古者卜用蕉火、其木以荆。此字似有卜問之誼。許書有𣪊字注、楚人謂卜問吉凶曰𣪊。从又持祟。祟非可持之物、出殆木之譌、𣪊即許書之𣪊。然此字卜辭中皆為祭名、豈卜祭謂之𣪊與。

曰朕 

說文解字、朕、我也。闕。予意朕當以訓兆為初誼、故象兩手奉火形、而从舟。火所以作龜致兆、舟所以承龜。訓我者殆後起之誼矣。

曰吉 

說文解字、吉从士口。卜辭中吉字異狀最多、惟第一字與許書合、作者與空首幣文合。又卜辭多以大吉、弘吉二字合為一字書之。大吉二字合書者作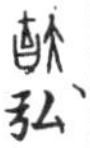、弘吉二字合書者作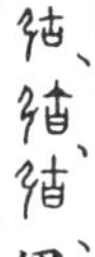、偶有分二字書之作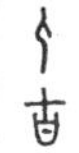者、編中僅一見耳。

曰祐　𠂇　𠬛

王氏國維曰、説文解字差籀文从二作𢀩、此作𠬛、以差例之、乃左右之右字。其説甚確。文曰王受又。即許書之祐、彼爲後起字矣。卜辭中左右之右、福祐之祐、有亾之有、皆同字。𠬛又爲又之異體也。

曰人　𠃌　𠂉　𠃋

𠃋亦人字、象跽形、命令等字从之。許書之㔾令隸作卩、乃由𠃋而譌。

曰王　王　王　𠙻　𤣩　𡈼　𡈼　太　丄　△

説文解字、王古文作𤣩。金文作王、盂鼎𤣩、格仲尊𤣩、者沔鐘與説文所載古文同。卜辭从▲、从△、△即▲刀筆僅能成其匡郭耳並與山同。吳中丞釋爲古火字、是也。卜辭或徑作太、王氏國維謂亦王字、其説甚確。蓋王字本象地中有火、故省其上畫義已明白。且據編中所載諸文觀之、無不諧也。又皇字从王、古金文或从王、或从土。土非土地字、即王也。

又卜辭中或作△作⊥、則亦但存火、亦得示盛大之義矣。

曰公 

說文解字、公从八厶、八猶背也。此與古金文均从八、从口。

曰尹  

說文解字、尹从又、丿握事者也。古文作。今卜辭與許書之篆文同。古金文亦作、从又、从丨。許書云从丿、殆傳寫譌矣。

曰鄉  

卜辭及古金文公鄉字與鄉食字同、說見前鄉字注。

曰史 

說文解字、史記事者也。从又持中。中、正也。吳中丞曰、象手執簡形。古文中作、無作中者。案吳說是也。江先生永周禮疑義舉要曰、凡官府簿書謂之中、故諸官言治中、受中。小司寇

斷庶民獄訟之中、皆謂簿書、猶今之案卷也。此中之本、故掌文書者謂之史。其字从又、从中。其言視吳尤詳審、可正許君中正之說之失。

曰官 

說文解字、官从宀、从𠂤。𠂤猶衆也。此與師同、其言至明晳。古師字作𠂤、而許君於部首之𠂤乃云小𠂤。得之於此、而失之於彼、何也。

曰司 

說文、司、臣司事於外者。从反后。其文與此正同。然古金文司字皆作𤔲、疑此乃祠祀之祠字。

曰寮 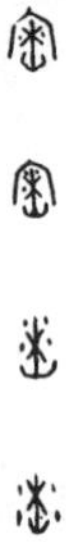

爾雅釋詁、寮、官也。釋文、字又作僚。左氏傳、（文七年）穀梁傳、（莊十六年）國語魯語注、並云、同官曰寮。儀禮士冠禮注、同官為僚。是寮古通僚。說文有僚無寮、於僚訓好貌。而卜辭及毛公鼎、番生敦皆有寮字。今人每以文字不見許書者為俗書、是不然矣。卜辭又省宀作尞。漢祝睦碑尞屬欽熙。魏元丕碑、酬咨羣尞。是漢魏間尚假尞為寮也。

曰臣 

卜辭中小臣二字多合為一字、書之作、與古金文同。

曰畯 

說文解字、畯、田官也。从田夋聲。古金文皆从允、盂鼎、頌敦及追敦並同。與卜辭合。

曰𠂤 

即古文師字、金文與此同。許君訓小𠂤、非、詳前官字注。

曰旅 

說文解字、旅古文作㫢、从止。古、金文皆从㫃、从从、亦有从止者曾伯霧簠旅字作𣃘與許書畧近。其卜辭从𠂆、从𠆢。許書从止者皆㫃之變形。卜辭又作𣃘、象人執㫃。古者有事以㫃致民、故作執㫃形、亦得知旅誼矣。伯晨鼎旅作𣃘、亦从㫃、从一人、而借用為盧字。許書从从即𠂇之譌。

曰賓

說文解字、賓古文作𡦁。古金文皆从宀、从貝。盧鐘作𡧊、省貝、與卜辭同。惟古金文中未見从止作者。卜辭中賓字變形至多、或省止、或省丂。

曰嬪

說文解字、嬪、服也。从女、賓聲。卜辭云、貞嬪歸好、與堯典嬪于虞、大雅曰嬪于京誼同。又云、王嬪𡆥、則又借嬪為賓矣。

曰客

說文解字客从各、各即格之古文古金文多與許書同。此从、即各旁增人者、象客至而有迓之者。客自外來、故各从、象足跡由外而內。从口者、自名也。或省口。

曰㛐 

㛐从女客、猶嬪从女賓。此字不見於許書、蓋古有專字、而今無矣。或省宀、或省口。

曰倗 

貝五為朋、故友倗字从之。後世友朋字皆假朋貝字為之、廢專字而不用。幸許君尚存之於說文解字中、存古之功可謂偉矣。古金文中友倗字多與卜辭合、望敦作、㺸鼎作。

曰友 

說文解字、友古文作。从羽乃从傳寫之譌、从又為之譌也。師遽方尊友作、卜辭有作者、亦友字。卜辭中

亦作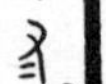、斯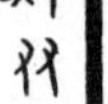亦作矣。其从二與同意。

曰父 

說文解字、父、矩也。从又舉杖。許釋丨為杖、然古金文皆从丨、疑象持炬形。

曰叜 

說文解字、叜从又从灾。闕。籒文作、从。或作、从人。此从又持炬火在宀下。父與叜何以皆从又持炬、古誼今不可知矣。

曰母 

卜辭中母字亦通作女、諸婦方尊作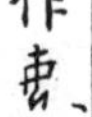、與此同。

曰妣 

說文解字、妣籒文作。卜辭多作、與古金文同、多不从女。惟義妣鬲召中鬲从女作妣、與許書籒文合。吳中丞說古妣字與父相比、右為、

左為𠤎。予案考妣之匕引申而為匕箸字、匕必有偶、猶父之與母相匕矣。

曰夫  

曰妻  

說文解字、妻古文作。

曰妃  

說文解字妃从戊己之己、又有改字、注女字也。古金文中作妃作改者均从己皆為女姓。即己姓許君以為女字固非、金文家或釋作妃匹之妃則更誤矣。此从己作、殆妃匹之本字與。

曰娥 

从女、从。古文我、知即娥字矣。

曰婐   

从女、从。殆為果字、象果實在樹之形。許君云、象果形在

木上、世固無此碩果矣。卜辭或省女作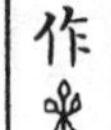、與孟子二女果同。

說文、婐、婐妮也。一曰、女侍曰婐。孟子、二女果。趙注、果、侍也。今卜辭曰、貞帚（即歸之段字）婐之子、曰貞帚果、曰貞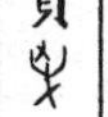帚婐于母口、與許君一說及孟子趙注合、與許君第一說異。然可知孟子之果、與許君之婐固為一字矣。

曰姘 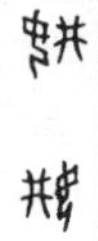

說文解字、姘、靜也。从女、井聲。今卜辭中數見姘字、其文皆曰帚姘、殆與歸婐意相若矣。

曰兒 

曰女 

曰兄 

曰妹 

妹从女、此从母者、古文母與女通用。卜辭中此字為地名、殆即酒誥之妹邦矣。又借為昧爽字。

曰姪 

曰妾 

說文解字、妾从辛、从女。此从▽、乃辛省。

曰奴 

說文解字奴古文从人作伮。此从又、與許書篆文合。

曰奚 

說文解字、奚、大腹也。予意罪隸為奚之本誼、故从手持索以拘罪人。其从女者與从大同。周官有女奚、猶奴之從女矣。

曰俘 

說文解字、俘、軍所獲也。从人、孚聲。此从行省、不从人。古金文作孚(貞敦)、孚(師寰敦)、省彳。吳中丞謂孚乃从爪、从ナ、中一象貝、作兩手攫貝之形。疑小篆从子非是。今證以卜辭、正是从子、古金文从𠂇者亦子字。吳說失之。

曰僕

說文解字。菐、瀆菐也。从丵廾、廾亦聲。又僕給事者。古文从臣作䑑。案、古金文無从臣之䑑、有僕（史僕壺）、僕（静𣪘）、僕（旅鼎）諸形。卜辭僕字从甾即古金文之甾。从𠂇即古金文之𠂇。从𠬞即廾。則象人形而後有尾。許君所謂古人或飾系尾。西南夷亦然者。是也。（說文解字僕尾字注）僕為俘奴之執賤役瀆菐之事者。故為手奉糞棄之物以象之。菐、僕古為一字。許書从丵乃从𦥑𠦝之譌也。

曰侸

說文解字。侸、立也。从人豆聲。讀若樹。案、以讀若樹觀之、則當从壴聲。此作𡔷者。从人、从壴。古从木之字或省从屮。如焚亦从屮作𡿺。杞亦从屮作𠀠。蕢亦从艸。故壴亦作壴。知壴即樹也、故或省人。此為後世僕豎之豎字。卜辭又或从女、殆與从人之豎同。

曰元 

曰自 

說文解字、自、鼻也。象鼻形。古文作𦣻。又白注、此亦自字也、省。許既以自白為一字、而分為二部者、以各部皆有所隸之字故也。卜辭中自字作𦣻、或作𦣻、可為許書之證。但白部諸字以古文考之多非从白、魯字、者字均从曰、或从曰、智字等亦然。許君生炎漢之季、所見古文、舍壁中書而外固不能如今日之博、自不能無疏失矣。

曰叉 

說文解字、叉、手足甲也。从又、象叉形。古金文亦作叉、叉卣均與此合。惟字既从又、不能兼為足甲。許書舉手並及足、失之矣。

曰夾 

曰赤 

从大、火、與許書同。

曰白 

說文解字、白、从入合二。古文作。古金文與此同、亦作、盂鼎

但多借為伯仲字。

曰文 

曰酒 

从酉、从彡。象酒由尊中挹出之狀、即許書之酒字也。卜辭所載諸酒字為祭名。考古者酒熟而薦祖廟、然後天子與羣臣飲之於朝。說文解字、酎、三重醖酒也。从酉、肘省聲。明堂月令曰、孟秋天子飲酎。又案、左氏傳見于嘗酎。襄二十二年 意商之酒祭即後世之嘗酎、酒殆酎之本字。說文解字酉與酒訓畧

同、本為一字、故古金文酒字皆作酉。惟戊寅父丁鼎有酒字作酌、亦祭名、與卜辭正同。段先生曰、凡从酒之字當別為酒部、解曰从酒省。是未知酒、酉之本為一字矣。

曰旨 

說文解字、旨古文作。此从匕、从口、所謂嘗其旨否矣。

曰羞 

从又持羊、進獻之象。或从、亦羊字、側視狀也。說文解字云、从丑、丑亦聲。誤又為丑、又誤會意為形聲矣。古金文與卜辭同。

曰膏 

說文解字、膏从肉、高聲。此从高省聲。

曰羹 

說文解字、鬻五味盉羹也。从䰜、从羔。此从匕、从肉、有湆汁在皿中、當即鬻字。从皿與从鬲同。鬻字篆文从鬲、叔夜鼎从皿、其例矣。許書之鬻疑是後起之字。

曰鬺   

說文解字、鬺、鬻也。从鬲、羊聲。此从皿與鬲同、說見上。殆即許書鬺字。从凵者、亦皿字。卜辭中从皿之字或从凵。

曰鬻   

說文解字、鬻、鬻也。从䰜、侃聲。叔氏寶林鐘侃作、从象勺、象粥。

曰𩫖 

說文解字、𩫖、孰也。从亯、羊。讀若純。一曰、鬻也。段先生曰、純熟字當作此、純醰行而𩫖廢矣。今卜辭文曰、甲辰卜、王貞、于戊申𩫖。又曰、壬辰卜、𠂇弗𩫖。見厥誼殆與亯同。許君亯注獻也。从高省曰、象孰物形。夫許於亯注既曰象孰物形、又於𩫖注曰孰也、二義自相近。且是字从亯、羊、會合二字觀之、無從得純熟之誼。疑古與亯是一字矣。卜辭文有作者、乃地名不知與𦎫是一字否。

曰牛 

說文解字、告、牛觸人、角著橫木、所以告人也。卜辭中牛字或从二、或从乚、乃象箸橫木之形。其文曰、十牛、曰兒牛。知亦為牛字矣。

曰𦍋 

說文無𦍋字。角部觲、用角低昂便也。从牛、羊、角。詩曰、觲觲角弓。土部垟、赤剛土也。从土、觲省聲。案觲觲角弓、今毛詩作騂騂。赤剛土之垟、周禮草人亦作騂。故書作挈形與𦍋近、殆𦍋字之譌。知𦍋者即騂之本字矣。許君不知騂有本字作𦍋、乃於觲注曰、从牛、羊、角。於垟注曰、从觲省、皆由未見𦍋字之故。注經家謂周尚赤、故用騂剛。然卜辭中用𦍌者不止一二見、知周亦因殷禮耳。又西清續鑑載大中𣪘及鎛鐘並有𦍌字、與卜辭正同。

曰犅 

說文解字、犅、特牛也。从牛、岡聲。此从剛省聲。靜𣪘亦有字、與卜辭正同。大中𣪘𦍌犅字又作、卜辭又有作者。

曰⿰牛戠 

說文解字無此字。卜辭中又有、二文。此从戓與殆一字、故知此字从牛从戠。考說文解字埴注、黏土也。从土、直聲。禹貢、厥土赤埴墳。釋文、埴、鄭作戠。是古戠與直通。禮記王制、大夫以犆牛。周禮小胥釋文、特本作犆。由此推之、知⿰牛戠即犆、犆即特矣。然由卜辭觀之、⿰牛戠當為牛色、與前𦍌字同例。後人以特釋犆、或非初誼矣。

曰牡 

說文解字、牡、畜父也。从牛土聲。此或从羊或从犬或从鹿。牡既爲畜父、則从牛、从羊、从犬、从鹿、得任所施。牡或从鹿作麚猶牝或从鹿作麀矣。又牡字从丄、丨即古文十乃推一合十之士、非从土地之土。古者士與女對稱、故畜之牡亦从士。

曰牝 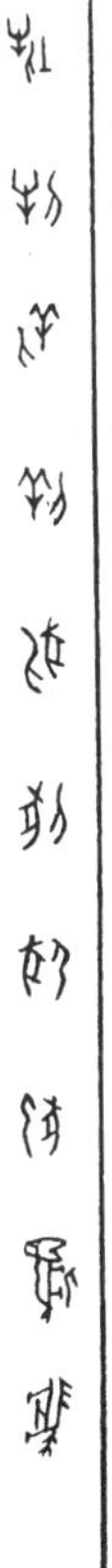

說文解字、牝、畜母也。从牛、匕聲。卜辭中有牝、牡二字合書作者、似卜兼用牝牡、或仍是牝字、疑不能明也。母畜對牡而稱牝、殆猶母對父而稱匕。羊、豕、犬亦有牝、故或从羊、或从豕、或从犬、或从馬。詩麀鹿之麀乃牝之从鹿者、與⿰羊匕、⿰豕匕、⿰犬匕、⿰馬匕諸字同。乃諸字皆廢、而麀僅存。後人不識爲牝之異體、而別搆音讀、蓋失之矣。

曰羊 

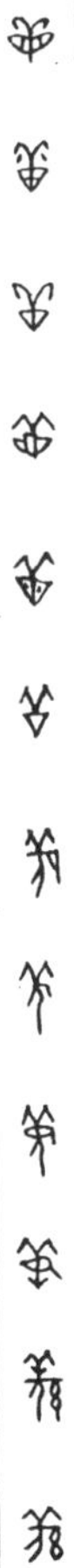

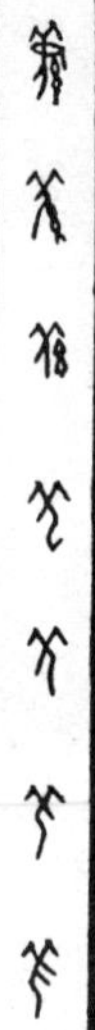

羊字變體最多，然皆為象形。其作者，象牽之以索也。索在後不在前者，羊行每居人先也。作者側視形，作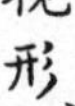者亦象帶索從側視之之狀也。

曰羔 

从羊、从火，殆即羔字。卜辭又有作者，殆亦羔字。

曰犬 

曰尨 

象犬腹下脩毛垂狀，當為尨字。今篆彡在背上，犬非剛鬛若在背，則彡狀不可見矣。

曰豕 

豕與犬之形象，其或左或右。卜辭中凡象形字弟肖其形，使人一見可別，不拘拘於筆畫間也。有从彡者，象剛鬛或腹下加丨、未知何義。

曰豚 

說文解字、豚从彖省、从又持肉。此从豕、肉、會意字也。許書又載篆文从豕肉、與此正合。古金文有从又者、許書作豚、亦有所本矣。

曰彘 

从豕身著矢、乃彘字也。彘殆野豕、非射不可得、亦猶雉之不可生得與。其貫丨者、亦矢形。許君謂彘从彑、矢聲、从二匕、是誤以象形為形聲矣。

曰豢 

說文解字、豢以穀圈養豕也。从豕、𢍏聲。此从、从廾、以穀飼豕、故从廾。豕腹有子、象孕豕也。樂記注、以穀食犬豕曰豢。月令注、養犬豕曰豢。故卜辭或从犬作、此字殆即豢字、初从

从、豕、从攴乃會意字。許云、从豕弄聲。則形聲字矣。

曰馬 

說文解字、馬、古文作、籀文畧同。象馬頭髦尾之形。卜辭諸字形雖屢變、然一見可知為馬字矣。

曰駁 

說文解字、駁、馬色不純。从馬、爻聲。此殆即許書之駁。

曰騽 

說文解字、騽、馬豪骭也。卜辭有从習。習古文友字、疑許譌習為習矣。

曰⿰禾馬 

从馬、利聲、殆是許書之驪字。廣韻、⿱萬馬同鸝。漢書西域傳、西與犂靬條支接。注、犂讀與驪同。古利、麗同音。故⿰禾馬字後亦从麗作與。

曰鹿

或立、或寢、或左、或右、或回顧、或側視、皆象鹿形。

曰麑

象鹿子隨母形、殆即許書之麑字。說文解字訓麑為狻麑、而別有䴠字訓鹿子。然麑之為字明明从鹿會合鹿兒之誼、正是鹿子矣。卜辭以有角無角別鹿母子、故卜辭中之字似鹿無角、緣是亦得知為麑字矣。

曰麇

說文解字、麇从鹿、囷省聲。籀文从囷不省。今卜辭从、不从鹿。然則麇殆似鹿而無角者與。

曰麐

說文解字、麐、牝麒也。从鹿、吝聲。此字从似鹿而角異、从吝省聲、殆即麐字。鹿為歧角、麐角未聞似鹿、故此字角無歧。許从鹿殆失之矣。

曰虎 

說文解字、虎古文作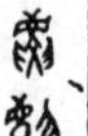二形。此象巨口脩尾身有文理、亦有作圓斑如豹狀者。而由其文辭觀之、仍為虎字也。

曰虤 

說文解字、虤、虎怒也。从二虎。段君曰、此與㹜兩犬相齧也同意。案、段說是也。此从二虎顛倒、怒而將相鬥之狀。篆文作兩虎並立、則失怒而相鬥之狀矣。唐李勣碑贊字尚从此、知唐人尚存其初形也。

曰兕 

說文解字、𤉡如野牛而青、象形。古文作从儿。此殆即許書

之兕字。

曰象 

說文解字、象長鼻牙、南越大獸、三年一乳。象耳、牙、四足之形。今觀篆文、但見長鼻及足尾、不見耳牙之狀。卜辭亦但象長鼻、蓋象之尤異於他畜者其鼻矣。又象為南越大獸、此後世事、古代則黃河南北亦有之。為字从手牽象、（說見下）則象為尋常服御之物。今殷墟遺物有鏤象牙、禮器又有象齒甚多（非仲出口外之二長牙、乃口中之齒）卜用之骨有絕大者、殆亦象骨。又卜辭卜田獵有獲象之語、知古者中原有象、至殷世尚盛也。王氏國維曰、呂氏春秋古樂篇、商人服象、為虐於東夷。周公乃以師逐之至於江南。此殷代有象之確證矣。

曰熊 

古金文熊字有（號叔鐘）、（戲狄鐘）、（宗周鐘）諸形、與卜辭同。

曰狼 

季良父盉良作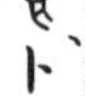、卜辭作、殆與同。从犬、从良、即狼字。或有从亾者、殆之㛰。許君謂良从亾聲、故知亦狼字。

曰兔 

長耳而厥尾、象兔形。

曰角 

說文解字、角獸角也。象形。角與刀魚相似。石鼓文作、此作、皆象角形。∧象角上橫理、橫理本直文作曲形者、角為圜體、觀其環形、則直者似曲矣。許君云與刀魚相似。蓋未知∧象角之橫理也。

曰血 

說文解字、血祭所薦牲血也。从皿、一象血形。此从○者、血在皿中。側視之則為一、俯視之則成○矣。

曰臭 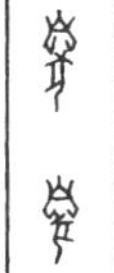

曰羴 

从四羊者、與羴同誼。

曰犾 

曰豩 

說文解字豩、二豕也。闕。此从三豕、疑即豩字。

曰隹 

卜辭中語詞之惟、唯、諾之唯與短尾之隹同為一字。古金文亦然。然卜辭中已有从口之唯、亦僅一見耳。又卜辭中隹許訓短尾鳥者與鳥不分、故隹字多作鳥形。許書隹部諸字亦多云籀文从鳥、蓋隹鳥古本一字、筆畫有繁簡耳。許以隹為短尾鳥之總名、鳥為長尾禽之總名。然鳥尾長者莫如雉與雞、而並从隹。尾之短者莫如鶴、鷺、鳧、鴻、而均从鳥。可知強分之之未為得矣。

曰鳳 

說文解字鳳、古文作二形。卜辭从與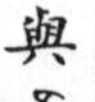畧同、从月即凡字、古金文作月、與此小異。與篆文同。惟从平、或省作平、與許書篆古二文不合耳。龍字从平、鳳字所從亦與龍同、此於古必有說、今無由知之矣。王氏國維曰、卜辭中屢云、其遘大鳳、即其遘大風。周禮大宗伯風師作飌師、从雚、而卜辭作鳳、二字甚相似、予案此說是也。考卜辭中諸鳳字誼均為風、古金文不見風字、周禮之飌乃卜辭中鳳字之傳譌、蓋譌平為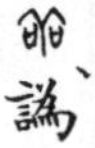、譌凡為風耳。據此知古者假鳳為風矣。

曰雞 

卜辭中諸雞字皆象雞形、高冠脩尾一見可別於他禽。或增奚聲、然其他半仍是雞形、非鳥字也。說文解字雞从隹、籀文从鳥、均失之矣。

曰雉 

說文解字、雉古文作鴺从弟。今以卜辭考之、古文乃从矢、蓋象以繩繫矢而射、所謂矰繳者也。雉不可生得、必射而後可致之、所謂二生一死者是也。許言从弟、殆失之。

曰雇 

說文解字、雇籀文从鳥作鳸。卜辭地名中有字、从鳥、戶聲、與籀文合。

曰舊 

說文解字、舊鴟舊、舊留也。从萑、臼聲。或作鵂。此从凵、古文臼字多如此作。

曰雚 

説文解字、雚、小爵也。从雈、吅聲。卜辭或省吅、借爲觀字。此字之形與許書訓鴟屬之雈字相似、然由其文辭觀之則否矣。

曰鳿 

説文解字、琟、鳥肥大琟琟也。或从鳥作鳿、與此同。疑此字與鴻雁之鴻古爲一字、借卜辭之鳿爲地名、末由徵吾説矣。

曰燕 

象燕籋口布翄枝尾之狀、篆書作形稍失矣。卜辭借爲燕享字。

曰龍 

説文解字、龍、从肉飛之形、童省聲。卜辭或从䇂、即許君所謂童省。从冂、象龍形。冂其首、即許君誤以爲从肉者。己其身矣。或省䇂、但爲首角全身之形、或又增足。

曰龜 

說文解字、龜古文作。卜辭諸龜字皆象昂首被甲短尾之形。或僅見其前足者、後足隱甲中也。其增水者、殆亦龜字。

曰魚 

說文解字魚象形、魚尾與燕尾相似謂从火也卜辭魚與燕尾皆作形不从火、然石鼓文魚字下已作火形、知許君蓋有所受之矣卜辭中諸魚字皆假為捕魚之漁

曰虫 

說文解字、虫一名蝮、博三寸、首大如擘指、象其臥形。卜辭諸字皆象博首而宛身之狀。案許言蝮狀本爾雅釋魚、疑有誤字。郭注言今蝮蛇細頸大頭、正虫字所象也。

曰蚰 

曰它 

說文解字、它、虫也。上古艸居患它、故相問無它乎。或从虫作蛇。卜辭中从止（即足也）下它、或增从彳。其文皆曰亡𧊒、或曰不𧊒。殆即它字。上古相問以無它、故卜辭中凡貞祭於先祖尚用不它、亾它之遺言、殆相沿以為無事故之通稱矣。（卜辭中亦單稱它、則當是有故、不可以祭矣。）又案、它與虫殆為一字、後人誤析為二、又并二字而為蛇、尤重複無理。許君於虫部外別立它部、不免沿其誤矣。

曰禾 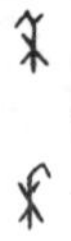

上象穗與葉、下象莖與根。許君云、从木、从𠂹省。誤以象形為會意矣。

曰黍 

說文解字引孔子曰、黍可為酒、禾入水也。仲𪠵父盤亦作𥝩、

此或省水。黍為散穗、與稻不同、故作之狀以象之。

曰來 

說文解字、來、周所受瑞麥來麰、天所來也、故為行來之來。卜辭中諸來字皆象形、其穗或垂或否者、麥之莖强、與禾不同。或省作作、而皆假借為往來字。

曰麥 

說文解字、麥从來、从夂。案、此與來為一字、許君分為二字、誤也。來象麥形。此从夂、（降字从之、即古降字。）殆象自天降下、示天降之義。來牟之瑞在后稷之世、故殷代已有此字矣。

曰米 

象米粒瑣碎縱橫之狀。古金文从米之字皆如此作。許書作米形、稍失矣。

曰康 

說文解字、穅穀皮也。或省作康。此字與許書或體畧同。穀皮非米、从⸬象其碎屑之形、故或作⸬、或作⺍、或作八、無定形。康侯鼎作康、伊敦作康、同此。今隸作康、尚得古文遺意矣。

曰嗇 

說文解字、嗇愛濇也。从來、从㐭。來者㐭而藏之、故田夫謂之嗇夫。古文作𤲸、从田。又穡注、穀可收曰穡。从禾、嗇聲。案、嗇穡乃一字。卜辭从田與許書嗇之古文合、从二禾與許書穡字从禾形合。穡訓收斂、从秝、从田、禾在田可斂也。師寰敨穡作𥢶、亦从秝。左氏襄九年傳、其庶人力于農穡。注、種曰農、收曰穡。田夫曰嗇夫、誼主乎收斂。又穡字禮記皆作嗇。此穡嗇一字之明證矣。其本義為斂穀、引申而為愛濇、初非有二字。

曰年 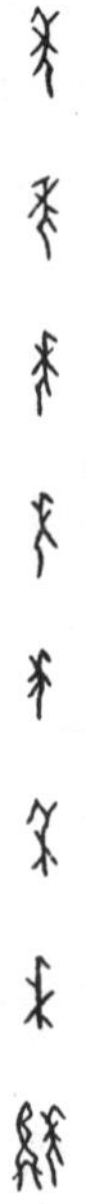

曰耑 

說文解字、㞢、物初生之題也。上象生形、下象根也。卜辭㞢字增八、象水形、水可養植物者也。上从屮、象植物初茁漸生歧葉之狀、形似止字而稍異。許君止字注云、象艸木出有阯、乃因形似致譌矣。

曰不

象花不形。花不為不之本誼、許君訓為鳥飛不下來、失其旨矣。

曰木

曰杞

說文解字、杞、枸杞也。从木、已聲。文从木旁已。杞伯敨作　从已在木下、與此同。

曰桑

象桑形。許書作桒、从叒、殆由　而譌。漢人印章桑姓皆篆作桒。今隸桑或作桒、尚存古文遺意。

曰果 

象果生於木之形。卜辭中婐字采字从此。說詳前婐字、後采字注。

曰栗 

説文解字、㮚古文作𣡌、从西。石鼓文作、與此畧同。㮚、許書卤之籒文作𠧪、栗之籒文亦从𠧪。栗之古文从𠧪者、殆亦从𠧪之譌矣。

曰曶 

从又持斷草、是曶也。散盤有𢼄字與此同。古陶文騶字从𢼄、漢騶四朱小方錢騶字亦从𢼄、均尚存古文遺意矣。

曰彝 

説文解字、彝宗廟常器也。从糸。糸、綦也。廾持米器中實也。彑聲。古文作、二形。卜辭中彝字象兩手持雞與古金文同、
其誼則不可知矣。

曰尊 

說文解字、尊、酒器也。从酋、廾以奉之。或从寸作尊。卜辭象兩
手奉尊形、或从𠂤與古金文同。又古金文或从酉、或从酋。从
酋者是許君所本矣。

曰壺 

上有蓋、旁有耳、壺之象也。古金文中丙姬壺壺字作、其蓋
形與此畧同。

曰爵 

說文解字、爵、禮器也。象爵之形、中有鬯酒、又持之也、所以飲
器象爵者、取其鳴節節足足也。古文作象形。許君言象爵
形者、謂所以从之。今觀卜辭諸爵字象爵之首有冠毛、有目、

有咮、因冠毛以為柱、因目以為耳、因咮以為足、厥形惟肖。許書所从之鬯殆由〓轉寫之訛、其从鬯與又則後人所益也。許君謂飲器象爵者、取其鳴節節足足也。今證以卜辭、其字確象爵（雀）形。知許君所云為古先遺說不見於諸經注、幸尚存於說文解字中。許君網羅放佚之功誠巨矣。

曰斝　〓　〓　〓

說文解字、斝从吅、从斗、冂象形、與爵同意。案斝从吅不見與爵同之狀、从冂亦不能象斝形。今卜辭斝字从〓、上象柱、下象足、似爵而腹加碩、甚得斝狀。知許書从吅作者、乃由〓而譌。卜辭从〓象手持之、許書所从之斗殆又由此轉譌者也。又古彝文（金文家稱雙矢彝）有〓字、與此正同、但省〓耳。其形亦象二柱三足一耳、而無流與尾、與傳世古斝形狀脗合、可為卜辭〓字之證。又古散字作〓、與〓字形頗相似、故後人誤認斝為散。韓詩說諸飲器、有散無斝、今傳世古飲器、有斝無散。大於角者惟斝而已、故諸經中散字疑皆斝字之譌。予嘗以此說質之吾友王君國維、王君然之。並謂寶雞所出銅禁備列諸飲器、有爵一、觚一、觶二、角一、斝一、與少牢饋食禮之實、二爵、二觚、四觶、一角、一散數雖不同、而器則相若。則散、斝信為一物。又詩邶風碩人、赫如渥赭、公言錫爵。傳言祭有畀煇胞翟閽者、惠下之道、見惠不過一散。疏言散謂之爵、爵總名也。予謂此爵字本當作斝、斝與赭為韻也。傳云、見惠不過一散則經本當作錫斝、轉譌為散。後人因散字不得其韻、又改為爵。其實散本斝字、斝赭同部、不煩改爵也。其說至精確、著之以為吾說左證。

曰斝

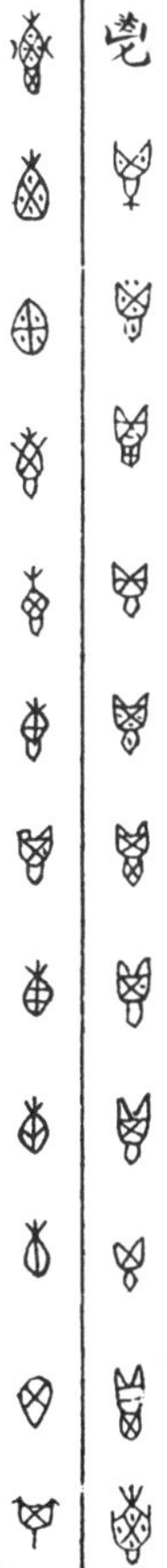

□

作□者與古金文同。其變形至多，以文例得知之。

曰卣 □ □ □ □

古金文作□、作□。卜辭又省一、其文曰鬯六卣，故知爲卣矣。

曰𣪘 □ □ □ □

古金文有作□（己侯𣪘）、□（杞伯𣪘）者，與此畧同。从又持勹，殆象勺形，所以出納於𣪘中者，非从攴也。

曰鼎 □ □

象兩耳腹足之形，與古金文同。

曰䵼 □ □ □ □ □ □

此字不見許書，古金文有之，有□（史頌𣪘）、□（王作䵼）、□（日辛角）諸形。从匕、肉於鼎，爿殆所以薦肉者也。此或加⺀、象有湆汁。或省匕、或省爿與肉、或省肉與匕，然皆爲一字也。

曰甗 

上形如鼎、下形如鬲、是甗也。古金文加犬於旁、已失其形。許書从瓦、益為晚出。

曰鑊 

說文解字、鑊、鐫也。从金、蒦聲。段君注、少牢饋食禮有羊鑊、有豕鑊、所以煮也。此从鬲、隻聲、殆即許書之鑊。或加⺌象水形、所以煮也。隻即獲字、或省隻作隹。

曰俎 

說文解字、俎、禮俎也。从半肉在且上、半肉謂仌也。然在且旁、不在且上。卜辭作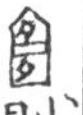則正象置肉於且上之形。古金文亦有俎字作貉子卣、彝女前人皆釋為宜、誤矣。

曰豐 

說文解字、豐、行禮之器也。从豆、象形。卜辭从玨、與許書同。或从丰丰、或从丨丨。案、卜辭玉字作王、亦作丰、詳下玉注。象三玉連貫之。作丰者殆亦二玉連貫之形。卜辭殆从玨也。古者行禮以玉帛、故从玨。

曰𢍚 

說文解字、𢍚禮器也。从廾持肉于豆上、讀若鐙。同此。殆即爾雅瓦豆謂之登之登字。卜辭从兩手奉豆形、不从肉。由其文觀之、乃用為烝祀字。

曰皿 

說文解字、皿飯食之用器也。象形。與豆同意。卜辭中皿字或作、若豆之有骹、故許云與豆同意。

曰槃 

說文解字、槃承槃也。从木、般聲。古文作鎜、籀文作盤、古金文作般。此作、象形、旁有耳、以便手持、或省耳。古者槃與舟相

類、故般庚之般从凡、或徑作凡、殆與凡字同。後世从舟與从凡同意也。又以古金文例之、般庚之般亦般盂字矣。

曰盂　盂　盂　盂　盂

說文解字盂、飯器也。从皿、亏聲。古金文从于（盂鼎）與此同。卜辭或从亐、凵。亐亦于字、凵即皿省。

曰匚　匚　匚

說文解字、匚、受物之器也。象形。籀文作匚。

曰簠　□　□

鄦子簠簠字作□、从匚、从古。此从木个即古之省。

曰巾　巾

曰冪　□

象巾覆尊上、乃禮注覆尊巾之冪之本字。後世用冪、則借字也。今則借字行而本字廢矣。

曰樂　□　□

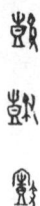

从絲附木上、琴瑟之象也。或增白以象調弦之器、猶今彈琵琶阮咸者之有撥矣。虘鐘作□、借濼為樂、亦从□。許君謂象鼓鞞木虡者、誤也。

曰鼓　□　□　□

說文解字、鼓籀文作□、从古聲。卜辭與古金文畧同、皆不从古。其增宀者、殆亦鼓字。

曰彭　□　□　□　□　□　□

說文解字、彭鼓聲也。彡聲。徐鉉曰、當从彡省乃得聲。段先生刪聲字。卜辭从彡、或作ミ、ミミ、乃从彡日之彡。

曰殸　□　□　□

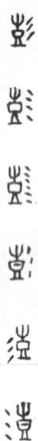

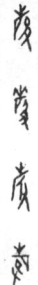

說文解字、磬从石、象縣虡之形。籀文省作殸、古文作硜。卜辭諸字从屮、象虡飾。ㄗ象磬、ㄡ持ㄗ所以擊之、形意已具。其从

石者、乃後人所加、重複甚矣。

曰聿　𦘒

說文解字、聿所以書也。从聿、一聲。此象手持筆形、乃象形、非形聲也。書父辛卣从𦘒、與卜辭同。

曰中　中

此象簡冊形。史、事等字从之、非中正字。詳前史字注。

曰冊　冊　冊　冊　冊　冊　冊

說文解字、冊象其札、一長一短、中有二編之形。古文从竹作笧。卜辭中諸字與古金文同、或增廾象奉冊形。

曰玉　王　丰

說文解字、王象三玉之連、丨其貫也。古文作𤣩。卜辭亦作丰、丨或露其兩端也、知丰即玉者。卜辭地名有𤩽字、从王、或从丰。又𤤽字从王、亦从丰作𢀜。又豐字从珏、亦从丰丰。其證矣。至古金文皆作王無作玉者。

曰寶 

貝與玉在宀內，寶之誼已明。古金文及篆文增缶，此媘。

曰珍  

从勹、貝，乃珍字也。篆文从王，此从貝者，古从玉之字或从貝，如許書玩亦作貦，是其例也。勹貝為珍，乃會意。篆文从玉，今聲，則變會意為形聲矣。

曰貝  

象貝形。作  者與盂鼎同，作  者與貝父己爵同。

曰朋   

此朋貝字，與古金文同。

曰爰 

說文解字：瑗，大孔璧。人君上除陛以相引。段注未聞。桂氏曰，大孔璧者、孔大能容手。又曰、漢書五行志、宮門銅鍰。亦取孔大能容手以便開閉。而於人君上除陛以瑗相引之說、亦無徵證。蓋古義之僅存於許書中者也。瑗爲大孔璧、可容兩人手。人君上除陛防傾跌失容、故君持瑗、臣亦執瑗在前以牽引之。必以瑗者、臣賤不敢以手親君也。於文从乂象臣手在前、乂象君手在後、丨者象瑗之形。瑗形圜、今作丨者、正視之爲〇、側視之則成丨矣。瑗以引君上除陛、故許君於爰、援乃訓引。荀子性惡篇注訓援爲牽、引禮記中庸注訓援爲牽持之、並與許書瑗注義同。知古瑗、援、爰爲一字、後人加玉加手、以示別其於初形初義反晦矣。古罰鍰之鍰古亦作爰、孚尚幣作、作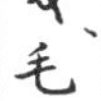、毛公鼎作。變丨爲一、爲ノ形、又失矣。吳縣潘氏滂喜齋藏一卣其文曰與卜辭正同蓋亦瑗字

曰暖 

說文解字、鍰注鋝也。从金爰聲。又出鋝字、注十一銖二十五分銖之十三也。从金、寽聲。周禮曰、重三鋝。北方以二十兩為三鋝。鄭注考工記曰、許叔重說文解字云、鋝、鍰也。是許書鍰、鋝二字互注。今卜辭有⿰貝爰字、殆即从金之鍰。鍰為重量之名、誼亦為罰金。古者貨貝而寶龜、至周而有錢、至秦廢貝行泉。故从貝、从金、一也。又篆文从之字、古文皆作。知鍰、鋝本一字、後世誤析為二矣。

曰糸 

說文解字、糸古文作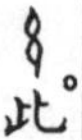。此與許書篆文合。象束餘之緒、或在上端、或在下端、無定形。

曰絲 

象束絲形、兩端則束餘之緒也。

曰絆  

說文解字、絣織以絲毋杼。卝古文卯字。此从一、或从三、正象杼形。許君作卝謂是卯字者、誤也。

曰帛 

曰敝 

說文解字、敝、帔也。一曰敗衣。从攴、从㡀、㡀亦聲。此从㡀省。

曰衣 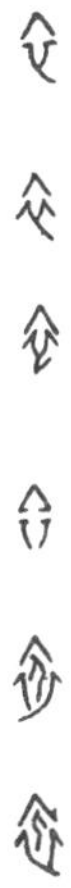

說文解字、衣象覆二人之形。案、衣無覆二人之理。段先生謂、覆二人則貴賤皆覆、其言亦紆回不可通。此蓋象襟衽左右掩覆之形。古金文正與此同。又有衣中著人者亦衣字。

曰裘 

說文解字、裘古文省衣作求。又卣作。此省又作、象裘形、當為裘之初字。許君裘字注、古者衣裘、故以毛為表。段先生曰、古者衣裘謂未有麻絲衣羽皮也。衣皮時、毛在外、故裘之

制毛在外。今觀卜辭與叉卣裘字毛正在外、可為許說左證。卜辭中又有作□者、王君國維謂亦裘字、其說甚確。蓋□為已製為裘時之形、□則尚為獸皮而未製時之形、字形畧屈曲象其柔委之狀。番生敦及石鼓文作□齊子仲姜鎛作□、並與此同。□既為獸皮而未製衣、是含求得之誼、故引申而為求匄之求。卜辭中又有作□亦求字。

曰戎　□

說文解字、戎、兵也。从戈、从甲。卜辭與古金文从戈从十。十古文甲字。今隸戎字尚从古文甲、亦古文多存於今隸之一證矣。

曰介　□　□　□　□

象人著介形。介聯革為之、或从::者、象聯革形。

曰弓　□　□

弓父庚卣作與同。

曰弜　

說文解字、弜、弓彊也。卜辭兩見此字、其文皆曰、弜改。疑弜乃弼之古文。許君云、弓彊殆後起之誼矣。

曰彈　

說文解字、彈、行丸也。从弓、單聲。或从弓持丸作𢏅。段先生從佩觽、集韻改弛為㢸、改注文作或說彈从弓持丸。今卜辭字形正為弓持丸、與許書或說同。許君兼存衆說之功亦鉅矣。

曰射　

說文解字、䠶从矢、从身。篆文作射、从寸。寸、法度也、亦手也。卜辭中諸字皆為張弓注矢形、或左向、或右向。許書从身、乃由弓形而譌。又誤橫矢為立矢、其从寸則从又之譌也。古金文及石鼓文並與此同。

曰叔　[古文字]　[古文字]　[古文字]

古金文伯叔及淑善字作[古文字]、中敦[古文字]、敦[古文字]、卯敦[古文字]井人鐘等形、與卜辭諸文畧同。吳中丞曰、象人執弓矢形。男子生、桑弧蓬矢六以射天地四方。故叔為男子之美稱。予案吳説非也。此字从[古文字]象弓形、[古文字]象矢、乙象隿射之繳、其本誼全為隿射之隿、或即隿之本字而借為伯叔與。存以俟考。

曰第　[古文字]

此疑是第字、象雙矢帶繳之形。雉兔之雉卜辭从[古文字]、或从[古文字]、亦象矢帶繳。彼从一矢此从二矢疑是一字。廣雅釋器、矰第、箭也。周官司弓矢、矰矢第矢用諸弋射。字又作茀、第、茀、殆皆由[古文字]之譌變。至矢之形或順、或逆、繳之形或左、或右。文字中所不拘、實無殊異。知[古文字]必有作[古文字]者。於是隸變而成第、其矢形下向者、去其上半則成茀矣。

曰弘 

說文解字、弘、弓聲也。从弓、厶聲。厶古文肱字。卜辭从弓、从丿、與毛公鼎同。

曰矢 

象鏑幹括之形。說文解字云、从入、乃誤以鏑形為入字矣。

曰族 

从㫃、从矢。軍旅之下矢所集也。

曰矦 

說文解字、矦从人、从厂。象張布矢在其下。古文作医、與此同。

古金文亦均从厂。

曰臬 

說文解字、臬、射準的。从木、从自。卜辭有此字、但不知與許書同誼否。

曰医 □ □

說文解字、医、盛弓弩矢器也。从匸、矢、矢亦聲。春秋國語曰、兵不解医。段君據廣韻改注文盛為藏、謂此器可隱藏兵器也。案、齊語、兵不解医、作解翳。韋注、翳所以蔽兵也。翳為医假借字。蓋医乃蔽矢之器、猶禦兵之盾。然乚象其形、韋注誼較明白、段君以為隱藏兵器者、尚未當也。

曰箙 □ □ □ □ □

說文解字、箙、弩矢箙也。从竹、服聲。周禮司弓矢鄭注、箙盛矢器也。詩小雅、象弭魚服。箋、服矢服也。是古盛矢之器、其字作箙、作服。卜辭諸字盛矢在器中形、或一矢、或二矢。古金文畧同、作□丙申角、□番生敦、□毛公鼎、□爵□父癸甗□子父己爵諸形。且有中盛三矢作□者。博古圖卷十父辛卣番生敦文曰、簟弼魚□。毛公鼎文亦同。是𥳑與𥳑確即毛詩及許書之服、箙。其字本象箙形、中盛一矢、二矢、三矢。後乃由从一矢之𤰈、𤰈、變而為𥳑、𥳑、於初形已漸失、而與葡字形頗相近。古者犕與服相通假。易、服牛乘馬。說文解字犕注引作犕牛乘馬。左傳、王使伯服如鄭、請滑。史記鄭世家作伯犕。後漢書皇甫嵩傳注、犕古服字。此犕、服相通假之證。矢箙之初字全為象形、字乃由𤰈轉寫而為𥳑、由𥳑又轉譌而為葡、為犕、又由犕而通假作服、又加竹而為箙。於是初形全晦、而象形乃變為形聲字矣。

曰稾　𣏟

北征葡有蒿字、吳中丞釋為周禮稾人之稾。此从𣏟與从𣘩同。

曰㫃　𠃉　彐

說文解字、㫃、旌旗之游㫃蹇之皃。从屮曲而垂下、㫃相出入也。㫃古文㫃字、象旌旗之游及㫃之形。其義頗難通。又所載古文與篆文無異。段先生正之曰、从屮曲而垂下㫃相出入也。十一字當作、从巾曲而下垂者、游从入游相出入也。語意略顯。然謂㫃从入尚未得、蓋㫃字全為象形。卜辭作㫃與古金文同、丫象杠與首之飾、乁象游形。段君以為从入、非也。蓋篆形既失、初意乃全不可知矣。卜辭又有㫃字象四游之形、疑亦㫃字。

曰游

說文解字、游、旌旗之流也。从㫃、汓聲。古文作𨒪。案、石鼓文作斿與此同。从子執旗、全為象形、从水者後來所加、於是變象形為形聲矣。

曰戈

說文解字、戈、平頭戟也。从弋、一橫之。象形。案戈全為象形、一象柲、一象戈、非从弋也。古金文或作形、已失矣。許君於象形諸字多云从某者、因字形失而誤會也。

曰戉 

説文解字、戉、斧也。从戈、乚聲。案、戉字象形、非形聲。古金文或作（戉尊）、與此同。

曰𣏞 

説文解字、𣏞、兩刃臿也。从木、丫。象形。宋魏曰𣏞也。或作釫。與卜辭所載不知同誼否。

曰舟 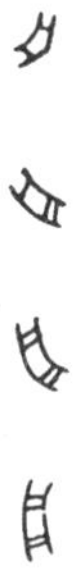

象舟形。

曰車 

説文解字、車籀文作𨏥。毛公鼎作、象側視形。（篆文車字亦然）許書从戔、乃由丯而譌。卜辭諸車字皆象從前後視形、或有箱、或

有轅、或僅作兩輪、亦得知為車矣。

曰輿 

說文解字、輿、車輿也。从車、舁聲。案、考工記、輿人為車。此象衆手造車之形。軾、較、軫、軹、轐皆輿事、而獨象輪者、車之所以載者在輪、且可象、它皆不可象、舉輪則造車之事可概見矣。

曰爿  

許書無爿字、而牀、狀、牆、戕等字皆从之。今卜辭有爿字、是許君偶遺之耳。

曰席 

說文解字、席从巾、庶省。古文作、从石省。案、从石省之說難通。古但象形、作耳。卜辭作與同、象席形、詳後謝字注。

曰甘 

說文解字、箕从甘、象形、下其丌也。古文作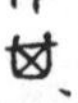、三形。籒文

作□、□二形。卜辭作□、作□、許書之□乃由□而譌與許書古文合。此字象甾形、而假為語詞。卜辭中諸其字亦然其字初但作□、後增丌、於是改象形為會意、後又加竹作箕、則更繁複矣。許君錄後起之箕字、而附甾、其諸形於箕下者、以當時通用之字為主也。

曰糞　□　□　□　□

說文解字、糞、棄除也。从廾推華棄釆也。官溥說、似米非米者矢字。今卜辭之□即糞字、从□象糞蕺形、即官溥所謂似米非米者。从甾即許書所从之華。華象田網非箕屬說詳下畢字注。廾以推棄之、帚糞蕺於甾中而推棄之、糞之誼瞭然矣。其省廾从土从甾者、从𡿨且旁加帚者、殆亦糞字。

曰棄　□

說文解字、棄、从廾推華棄之、从𠫓、𠫓、逆子也。古文作□、籀文作□。此从子在甾中許書从華即甾也。廾棄之、殆即棄字。

曰帚 

說文解字、帚从又持巾埽門内。卜辭帚字从彐、象帚形。𠆢其柄末所以卓立者、與金文戈字之𠆢同意。其从冂者、象置帚之架。埽畢而置帚於架上、倒卓之也。許君所謂从又、乃彐之譌。从巾乃𠆢之譌、謂冂為門内、乃架形之譌、亦因形失而致誤也。凡卜辭中帚字皆假為歸。

曰埽 

象人持帚埽除之形、當為埽之本字。說文作埽、从帚、土。殆為後起字、變象形為會意矣。

曰彗 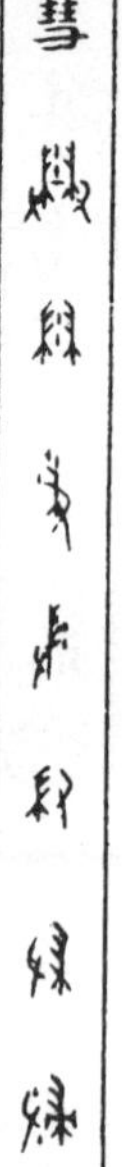

說文解字、彗、埽竹也。从又持甡、或从竹作篲。古文作𥫔。此从兩手持二帚、象掃除之形、殆即許書彗字。許言古文作𥫔、从羽、殆从兩帚之譌與。卜辭中又有从又持一帚者、殆亦彗字。

又以字形觀之、下埽謂之埽、上埽謂之彗。許訓彗爲埽竹、殆非初誼矣。

曰專 

說文解字、專、六寸簿也。从寸、叀聲。一曰、專紡專。此字从叀、从又。凡篆文从寸之字、古文皆从又。疑即許書之專字、其誼則不可知矣。

曰畢 

說文解字、畢、田网也。从華、象畢形。微也。或曰由聲。卜辭諸字正象网形、下有柄、或增又持之、即許書所謂象畢形之華也。但篆文改交錯之網爲平直相當、於初形已失、後人又加田、於是象形遂爲會意。漢畫象刻石凡捕兔之畢尚與字形同、是田網之制漢時尚然也。又許書隸畢字於華部、于畢注云、从華象畢形。而於華注乃曰、箕屬、所以推棄之器也。象形、一若畢既象田網之畢又象推棄之箕者許君又謂糞棄二字皆从華今證之卜辭則糞字作[illegible]乃从甘不从華糞除以箕古今所同不聞別用它器其在古文華即畢字糞棄固無用畢之理也此亦因形失而致歧者

曰网　⊠

說文解字网从冂下象网交文或从亡作罔或从糸作網古文作𦉪籀文作𦉰此作⊠象張网形

曰羅　

說文解字羅以絲罟鳥也从网从維卜辭从隹在畢中𠦒與网同篆書增維於誼轉晦又古羅離為一字離从隹从离聲古金文禽作[illegible]（王伐侯鼎）[illegible]下从𠦒知[illegible]即𠦒而移𠦒中之隹於旁又於𠦒上加[illegible]許君遂以為离聲方言離謂之羅始以羅離為二字後人遂以為黃倉庚之名及別離字而離之本誼

晦矣。

曰罞

王氏國維謂即爾雅釋器、麋罟謂之罞之罞。注、冒其頭也。此正作麋頭在网下。

曰羉

象豕在罟下。王氏國維謂即爾雅釋器、彘罟謂之羉之羉。

曰罝

象兔在罟下。王氏國維謂即爾雅釋器、兔罟謂之罝之罝。

曰率

說文解字、率、捕鳥畢也。象絲网、上下其竿柄也。段君曰、象絲网謂𢆶。案、盂鼎率作𢆶、師寰敦達从𢆶、均與卜辭同。但象絲网形。卜辭或从𢆶、象絲网之緒餘。

曰阱

說文解字、阱、陷也。从𨸏、井、井亦聲。或从穴作穽。古文汬。禮記中庸釋文、書費誓傳、漢書食貨志下注、後漢書趙壹傳注、並云、穽地以陷獸也。卜辭象獸在井上、正是阱字。或从坎中有水、與井同意。又卜辭諸字均从鹿屬、知阱所以陷鹿屬者矣。

曰火

象火形。古金文从火之字皆如此作。

曰光

說文解字、光从火在人上、光明意也。古文作𤐫、炗二形。

曰苣

說文解字、苣、束葦燒也。此从丮執火、或从屮、象蓺木形、與㶳同意、殆苣之本字。或从木省作屮。

曰㶳

說文解字、㶳、火餘也。从火、聿聲。徐鉉曰、聿非聲、疑从𦘒省。此

从又持丨以撥餘火、象形非形聲也。

曰焚 

說文解字、燓燒田也。从火、棥、棥亦聲。段先生改篆文燓為焚、改注从棥、棥亦聲、為从火、林、謂玉篇、廣韻有焚無燓。焚、符分切。至集韻、類篇乃合焚、燓為一字。而集韻廿二元、固單出燓字、符袁切。竊謂棥聲在十四部、焚聲在十三部。份古文作彬、解曰、焚省聲、是許書當有焚字。況經傳焚字不可枚舉、而未見有燓、知火部之燓即焚之譌。元應書引說文焚燒田也、字从火燒林意也。凡四見。然則唐初本有焚無燓、不獨篇韻可證也云云。今證之卜辭、亦从林不从棥、可為段說左證。或又从草、於燒田之誼更明。

曰烄 

說文解字、烄交木然也。玉篇、交木然之以尞柴天也。此字从交下火當即許書之烄字。

曰赫 

說文解字、赫从二赤。此从大、从屾（即二火字）者、省二大為一、誼已明也。石鼓文奔作𡚁、从三夭。盂鼎作𡗞、省三夭為一。卜辭中𢍏字或从二又持二帚、或从一又持一帚。是其例矣。此字即召公名之奭。爾雅釋訓、奭奭釋文、本作赫赫。說文奭从皕、从大、盛也。詩出車傳、赫赫盛貌。常武傳兩云、赫赫然盛也。節南山傳、赫赫、顯盛也。赫从二火、故言盛。从皕則無從得盛意。知从皕者乃从屾之譌、奭乃爽之譌字。卜辭从屾、或變作凵凵、凵凵、𢆶𢆶等、皆為火之變形。許書又變从𦣻、愈變而愈失其初矣。卜辭中凡王賓之以妣配食者、則二名閒必閒以爽字。戊辰彝、遘于妣戊武乙爽。（作𢆶亦火之變形）爽字雖在二名之下、義亦相同。卜辭又云、有爽、猶言有妃也。是爽有妃之誼。許書奭字注、召公名。又引史篇召公名醜、二說不同。疑召公或名奭而字醜。古人名字誼多相應。醜訓比、卜辭對父言稱匕、即妣字、言與父相比也意奭亦有妃誼。此古誼之僅存者、雖不能盡曉、然可得其概矣。又方言、焃、赫也。赫舊本作𤇾、即赫之別搆。戴氏改赫是也。廣雅釋器、焃、赤也。焃即奭、寫法畧異爾。是漢魏間尚有奭、但已不能知為即赫字矣。

曰炎 

卜辭中从火之字作、、、古金文文亦然。然亦有从火者、故知即炎矣。

曰幽 

說文解字、幽、隱也。从山中𢆶、𢆶亦聲。古金文幽字皆从火、从𢆶、與此同。隱不可見者、得火而顯。

曰燮 

說文解字、燮、大孰也。从又持辛。辛者、物孰味也。此字从又持炬、从三火、象炎炎之形、殆卽許書之燮字。許从辛、殆炬形之譌。此字又疑爲許書訓火華之焱字、附此俟考。

曰毓  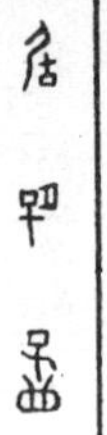

王氏國維曰、此字變體甚多。从女、从𠫓。倒子形卽說文之𠫓字。或从母、从𠫓、象產子之形、其从∴、∵、∴者、則象產子時之有水液也。从人與从母从女之意同。以字形言、此字卽說文育字之或體毓字。毓从每、卽母字。从㐬、卽倒子。與此正同。其作者、从肉从子、卽育之初字。而字所从之、卽說文訓女陰之也字。其意當亦爲育字也。故產子爲此字之本誼。又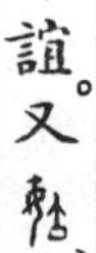諸形皆象倒子在人後、故引申爲先後之後、又引申爲繼體君之后。說文、后、繼體君也。象人之形、施令以告四方、故厂之从口。

是后字本象人形、𠂆當即𠂆之譌變、𠫓則倒子形之譌變也。后字之誼本从毓誼、引申其後。產子之字專用毓、育二形、繼體君之字專用居形、遂成二字。又譌居為后、而先後之後又別用一字、說文遂分入三部。其實毓、后、後三字本一字。卜辭後祖乙作毓祖乙、即武乙之異稱。又曰、乙卯卜、貞、王賓毓祖乙、父丁、𠀠亡尤。后祖乙與父丁連文。考殷諸帝中父名乙子名丁者、般庚以後（卜辭皆般庚遷殷後物）惟小乙、武丁及武乙、文丁。而小乙卜辭稱小祖乙、則后祖乙必武乙矣。殷諸帝名中名乙者六、除帝乙未見卜辭外、皆有祖乙之稱、而各加字以別之。是故高祖乙者、謂之太乙也。中宗祖乙者、謂河亶甲子祖乙也。小祖乙者、謂小乙也。武祖乙、后祖乙者、謂武乙也。武乙在諸名乙者之後、乃稱后祖乙、則用為先後之後者也。卜辭此字又用為繼體君之后。屢云、自上甲至于多毓衣。又云、丁丑之于五后。案書般庚云、古我前后。又云、女曷不念我古后之聞。又云、予念我先神后之勞爾先。又云高后丕乃崇降罪疾。又云、先后丕降與女罪疾。詩商頌云、商之先后。是商人稱其先人為后、是多后者、猶書言多子、多士、多方也。五后者、猶書云、三后成功。詩云、三后在天也。二者皆毓、育二字引申之誼、故備論之。

曰大 

曰立 

曰竝 

曰从 

卜辭中从與比二字甚不易判、以文理觀之、此當為从字。

曰并 

說文解字、并、相从也。从从、幵聲。一曰、从持二為并。徵之卜辭正从二、與許書後說同。

曰伊

曰休

曰偁

說文解字、偁揚也。从人、爯聲。此从爯省。知者、卜辭中爯亦省作冄矣。又此字疑與爯為一字。舉父乙爵偁字作㑜、亦省爪。

曰傳

師田父尊亦作傳、與此同。

曰匄

說文解字、匄气也。逯安說亾人為匄。古金文亦作𠧈（師奎父鼎及師遽方尊等）𠧈（追敦）與卜辭同、與逯安說亦合。

曰夙

說文解字、夙从夕、从人。古文作𠈇。此从丮象人跽形生人拜於朽骨之旁、从之誼昭然矣。

曰歺 

說文解字、歺、列骨之殘也。从半冎。古文作𣦵、此與篆文同。

曰允 

說文解字、允、信也。从儿、㠯聲。卜辭允字象人回顧形、殆言行相顧之意與。

曰令 

說文解字、令、發號令也。从亼、卪。案、古文令从亼人、集衆人而命令之。故古令與命為一字一誼。許書訓卪為瑞信、不知古文卪字象人跽形、即人字也。凡許書从卪之字解皆誤。

曰兑 

曰𢀳 

說文解字、𢀳、二卪也。巽从此。闕。案、易雜卦傳、巽、伏也。又為順、漢書王莽傳下集注為讓、書堯典馬注為恭。論語子罕集解故从二人跽而相从之狀、疑即古文巽字也。

曰卯 □

說文解字、卯、事之制也。从卩、□。卜辭□字从二人相向。鄉字从此、亦从□、知□即□矣。此為嚮背之嚮字。卯象二人相嚮、猶北象二人相背。許君謂為事之制者、非也。

曰抑 □

說文解字、抑、按也。从反印。俗从手。又印注、執政所持信也。从爪、卩。卜辭□字从爪、从人跽形、象以手抑人而使之跽。其誼如許書之抑、其字形則如許書之印。抑訓按、許書及禮記內則注、淮南精神訓注並同。訓屈、史記劉敬叔孫通傳集解。訓枉、國語晉語注訓止、楚辭招魂注與字形正合。引申之則訓安、方言十三及廣雅釋詁一訓治、廣雅釋詁三訓慎密、詩賓之初筵傳及凡謙抑之稱。予意許書印、抑二字古為一字。後世之印信古者謂之壐節、初無印之名。而卜辭及古金文則已有此字。曾伯霥簠云、克狄淮夷、印燮繁邑。抑亦訓安、訓治。印燮猶言安和矣。印之本訓既為按抑、後世執政以印施治、乃假按印之印字為之。反印為抑、殆出晚季、所以別於印信字也。古文每多反書、而卜辭及金文印字皆正書、無一反書如許書者、則印與抑之非有二字二誼明矣。

曰旡

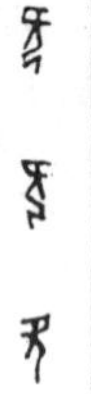

說文解字、飲食气屰不得息曰旡、从反欠。古文作□。案石鼓文既字从□、與卜辭同。許書之古文□、乃由□傳寫之譌。卜辭又有□字、不知為旡字之反書、抑是許書之欠字矣。

曰即

曰既

即象人就食、既象人食既。許君訓既為小食、誼與形為不協

矣。

曰矣 

許書無此字、殆即疑字、象人仰首旁顧形疑之象也。伯疑父𣪘疑字作正从此字。許君云、疑从子、止匕、矢聲。語殊難解。

曰矢    

說文解字、矢傾頭也。此象傾頭形。

曰夭 

夭屈之夭、許書作、與古文傾頭之矢形頗相混。此作、石鼓文从走諸字皆作與此正同。古金文亦然、無作者。

曰异  

曰宿  

說文解字、宿止也。从宀、㐪聲。㐪古文夙。又夙注、古文作㐪、𠈇。案、古金文及卜辭夙字皆从夕、从丮。疑㐪、𠈇為古文宿字、非凥也。卜辭从人在㐁旁、或人在㐁上、皆示止意。古之自外入者至席而止也。豐姞敦作𡨦、與此同。但卜辭省宀耳。姑改隸宿下以俟考。

曰辟 

説文解字、辟、法也。从卩、从辛、節制其辠也。从口、用法者也。案、古文辟从辛、人。辟、法也。人有辛則加以法也。古金文作𨐨、增〇。乃璧之本字。从〇、辟聲。而借為訓法之辟。許書从口又由〇而譌也。

曰若 

説文解字、若、擇菜也。从艸、右。右、手也。又諾、𦝫也。从言、若聲。案、卜辭諸若字象人舉手而跽足、乃象諾時巽順之狀。古諾與若為一字、故若字訓為順。古金文若字與此略同。擇菜之誼非其朔矣。

曰見 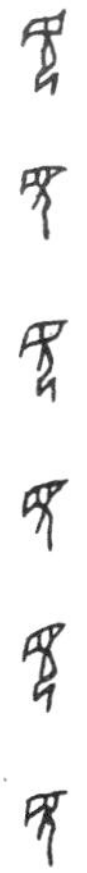

曰相 

說文解字、相、省視也。从目、从木。易曰、地可觀者、莫可觀於木。此从目、从木、與許書同。或从屮、乃木之省。猶他从林之字或从屮矣。古金文亦多省木作屮、與此同。

曰堇 

說文解字、𡎸、黏土也。从土、从黃省。古文作𡒀、𡎺。臨鼎作𡎸、下从火。毛公鼎作𡎸、頌鼎作𡎸。吳中丞云、从八、从火、皆火之省。毛公鼎𦫳字亦从𡎸。許云从大、誤也。頌鼎𡎸為覲見字、卜辭誼同。

曰眔 

說文解字、眔、目相及也。从目、从尾省。古金文作眔（靜敢、諆田鼎）及卜辭从氺、氺、小等形、殆非从尾省也。古文尾字从朩。

曰斁 

說文解字、斁、解也。从攴、睪聲。詩云、服之無斁。斁、猒也。毛公鼎肆皇天亡斁、斁字作。吳中丞釋斁、與此同。

曰𡕥 

說文解字、𡕥、舉目使人也。从攴从目。卜辭𡕥从又、即攴字。

曰瞚 

曰劓 

說文解字、劓、刑鼻也。从刀、臬聲。或从鼻作劓。此作劓、與說文或作合。自即鼻之初字也。

曰告 

曰名 

从夕、从口。

曰商 

說文解字、商、从外以知內也。从冏、章省聲。古文作𠷎、𠷎、籒文作𠷎。卜辭商字與篆文同、或省口。

曰咸

說文解字、咸皆也、悉也。从口、从戌。戌悉也。卜辭與古金文盂鼎及貉子卣皆从戌。

曰唐

說文解字、唐古文作啺。

曰啇

曰启

启或从又、象有自名以詩門者往、以又启之也。

曰問

曰合

曰同

曰如

曰品

曰嵒

曰曰

說文解字、曰、詞也。从口、乙聲。亦象口出气也。卜辭从一、不作乙。散盤亦作曰、晚周禮器乃有象口出气形者。

曰𠕋

說文解字、𠕋、告也。从曰、从冊、冊亦聲。卜辭此字从口、口之意與曰同。

曰言

曰謝

說文解字、謝、辭也。从言、䠶聲。卜辭諸謝字从言、从兩手持席。或省言、或省兩手。知為手持席者、許書席古文作㕛、从古文作㢴、㢴。又云、宿字从此。豐姞敦宿字作、許書席之古文从、古金文宿从、皆象席形。此作、作、作、文有繁簡、形則同也。知兩手持席爲謝者、祭義七十杖於朝、君問則席。注、爲之布席堂上、而與之言。正義、布席令坐也。此从兩手持席者、蓋臣於君前不敢當坐禮、故持席以謝也。此古禮之僅存於祭義中者。今由卜辭觀之、知賜席之禮亦古矣。篆文从躲聲、乃後起之字也。

曰棘 

說文解字、棘、二東。曹从此。闕。案卜辭棘爲國名。又有曹、棘與曹殆一字也。

曰曹 

說文解字、曹、獄之兩曹也。在廷東、从棘。治事者、从曰。此从口、與从曰同意。

曰競 □

說文解字、競、从誩、从二人。此从誩省。

曰戠 □ □ □

說文解字、戠、闕。从戈、从音。此从言。古金文識、幟、諸字皆如此作。趩尊、錫趩戠衣、文作□。格伯敦作□。吳中丞以為識字。一从音與許書同、一从言與卜辭同。古从言从音殆通用不別。

曰⿱殸欠 □

說文解字無⿱殸欠字、而有欬。注、屰气也。又謦注、欬也。通俗文利喉謂之謦欬。（此二字亦見莊子徐無鬼篇）知⿱殸欠即謦欬之初字矣。

曰有 □

古金文有字亦多作又、與卜辭同。

曰及 □ □ □ □

說文解字及从又、从人。古文作乀、弓、𨑬三形。石鼓文作□、與卜辭同象人前行、而又及之。

曰反 

說文解字、反古文作反。此作、與古金文及許書篆文合。

曰𠬝 

說文解字、𠬝、治也。从又、从卩。卩、事之節也。此象以又按跽人、與印从从同意。盂鼎服字作、趩尊作、並从、與此同。

曰䜴  

此字與許書及古金文並同。

曰對 

說文解字、對从丵、从口、从寸。或从士作對、漢文帝以為責對而為多言非誠對、故去其口以从士也。案古金文無从口作者、亦非从士。又許書从寸、古金文及卜辭均从又。

曰秉 

秉仲鼎作、與此畧同。象手持禾形。

曰得 

說文解字、得、行有所得也。从彳、㝵。古文省彳作㝵。許書又有㝵字、注、取也。从見、从寸。複出當刪。此从又持貝、得之意也。或增彳。許書古文从見、殆从貝之譌。

曰事 

說文解字、事从史、之省聲。古文作。卜辭事字从又持簡書、執事之象也、與史同字同意。

曰敘 

說文解字、敘、次弟也。从攴、余聲。此从又。篆文从攴之字、若敂、敀等古文多从又。

曰敏 

說文解字、敏、疾也。从攴、每聲。叔䌌父敢从又、杞伯鼎、䎽敢均省又、與卜辭同。

曰為 

說文解字、為、母猴也。其為禽好爪、爪母猴象也、下腹為母猴形。王育曰、爪象形也。古文作象兩母猴相對形。案為字古金文及石鼓文並作从爪、从象、絕不見母猴之狀。卜辭作手牽象形、知金文及石鼓从者乃之變形、非訓覆手之爪字也。意古者役象以助勞、其事或尚在服牛乘馬以前、微此文幾不能知之矣。

曰妥 

古綏字作妥、古金文與卜辭並同。說文解字有綏無妥、而今隸反有之。雖古今殊釋、然可見古文之存於今隸者為不少也。

曰爯 

說文解字、爯、并舉也。从爪、冓省。與卜辭同。卜辭又或省爪。

曰采 

象取果於木之形、故从爪果。或省果从木。取果為采、引申而為樵采及凡采擇字。

曰系 

說文解字、系、繫也。从系、丿聲。籀文作。卜辭作手持絲形、與許書籀文合。

曰敎 

曰效 

曰斆 

說文解字、斆、覺悟也。从敎、从冂。冂尚矇也。臼聲。篆文省作學。

案、卜辭諸文均不从攴、且省子、或又省作爻。

曰改 

說文解字、改、更也。从攴、己。又改、改毅、大剛卯以逐鬼鬽也。从攴、巳聲。古金文改簋、改盨。及卜辭有从巳之改、無从己之改。疑許書之改即改字、初非有二形也。

曰⿰⿱𠩺又攴 

說文解字、⿱𠩺又、反引也。从又、𠩺聲。卜辭作⿰⿱𠩺又攴、从⿱𠩺又。師⿱𠩺又敦作⿰⿱𠩺又攴、與卜辭略同。所从之⿰𠩺殳均不从米、又或省攴。

曰般 

說文解字、般、辟也。象舟之旋。从舟、从殳。殳所以旋也。古文从支作⿰舟攴。此从攴。許云从支、乃攴之譌。兮田盤亦作敗、从攴。此或又省攴。

曰畏 

說文解字、畏、惡也。从由、虎省、鬼頭而虎爪可畏也。古文作⿱由⿺乚卜。

古金文作□、□、盂鼎从□及手形。或省手形从卜。當是攴省此則从鬼手持卜、鬼而持攴、可畏孰甚。古金文或作□、既从卜又加攴、初形已失矣。

曰廾　□

曰龔　□　□　□　□

曰來　□

說文解字有拲無𣐀。拲注、兩手同械也。从手从共、共亦聲。或从木作𣐀。此作□、象兩手絜木形、當是許書之𣐀字。孟子、拱把之桐梓。拱字當如此作。訓兩手同械者、殆引申之義矣。

曰與　□　□　□

說文解字、與、黨與也。从舁从与。古文作□。卜辭諸字从般、象二人相授受形、知與受爲與之初誼矣。知月爲般者、以般从月、或作□知之。知與字从般者、以受字知之也。或省从兩手奉般形、兩手奉般者、將有所與也。般亦舟也、所以盛物。鄭司農謂舟若承槃。是般與舟殆一物矣。

曰受 

說文解字受、相付也。从𠬪、舟省聲。古金文皆从舟不省、與此同。象授受之形、與與同意。或作、或作、皆手形、非訓覆手之爪。

曰異 

說文解字異、分也。从廾、从畀。畀、予也。古金文皆作、象人舉手自翼蔽形、皆借為翼字。此从甲、甲與古金文亦異。

曰鬥 

說文解字鬥、兩士相對、兵杖在後、象鬥之形。卜辭諸字皆象二人相搏、無兵杖也。許君殆誤以人形之為兵杖、與自字形觀之、徒手相搏謂之鬥矣。

曰丮 

象兩手執事形。古金文與此同、篆文作丮誤。

曰丞 

象人臽阱中有拼之者。臽者在下、拼者在上、故从𠬞象拼之者之手也。此即許書之丞字、而誼則為拼救之拼。許君訓丞為翊、云从廾、从卩、从山。山高奉丞之義。蓋誤𠬞為廾、誤凵為山、誤人為卩、故初誼全不可知。遂別以後出之拼代丞、而以承字之訓訓丞矣。

曰樹 

說文解字、樹、生植之總名。从木、尌聲。籀文作𣗳。案樹與尌當是一字。樹之本誼為樹立、蓋植木為樹、引申之則凡樹他物使植立皆謂之樹。石鼓文尌字从又、以手植之也。此从力、樹物使植立必用力、與又同意。許書凡含樹立之誼者、若尌、若恒、若豎、其字皆為樹之後起字。古文从木之字或省从屮、於是查乃變而為壴。既譌查為壴、遂於壴旁增木、而又譌又為寸、於是樹之本誼不可知矣。

曰正　⿱口止　⿱口⿰止止　⿱口⿰止止　⿱口⿰止止

說文解字、正从止、一以止。古文从二作⿱二止、又从一足作⿱一足。此从口、古金文作　。此但作匡郭者、猶丁之作口、就刀筆之便也。許君云、从一足、殆由⿱口止而譌。正月字、征伐字同。又作⿱口⿰止止、从艸。知⿱口⿰止止即正者、卜辭曰、貞我弗獲正⿱口口。又曰、昔甲辰方正于⿰止戈。又曰、告曰土方正我東啚。以其文觀之、皆為正矣。

曰之　⿱止一　㞢

說文解字、之、㞢也。象艸過屮、枝莖漸益大、有所之也。一者、地也。案卜辭从止、从一。人所之也。爾雅釋詁、之、往也。當為之之初誼。

曰往 

說文解字、㞷、艸木妄生也。从之在土上。又往、之也。从彳㞷聲。古文作㣄。卜辭从止、从土。知㞷為往來之本字。許訓㞷為艸木妄生、而別以徃為往來字、非也。

曰出 

說文解字、出、進也。象草木益滋上出達也。毛公鼎作㞢、與此同。吳中丞曰、出字从止。止、足也。凵象納屨形。古禮入則解屨、出則納屨。

曰処 

說文解字、処、止也。从夂、夂得几而止也。此从止在几前、與許正合。或增宀象几在宀內、或从丙與几同。

曰企 

說文解字、企、舉踵也。古文作、从足。卜辭與篆文同。

曰先 

曰各 

說文解字、各異辭也。从口、夂。夂者有行而止之不相聽也。案各从夂、象足形自外至。从口、自名也。此為來格之本字。

曰歷 

說文解字、歷過也。从止、厤聲。此从止、从秝、足行所至皆禾也、以象經歷之意。或从林、足所經皆木、亦得示歷意矣。

曰復 

說文解字、復往來也。从彳、复聲。曶鼎作復。此从亞、殆𣅀之省。从夂、象足形自外至、示往而復來。

曰歸 

說文解字、歸女嫁也。从止、从婦省𠂤聲。籀文作婦。此省止、與諆田鼎歸夆敢同。或又省𠂤。

曰衛　□　□　□　□　□　□　□

說文解字、韋、相背也。从舛、口。聲、獸皮之韋、可以束枉戾相韋背、故借為皮韋。古文作□。又衛、宿衛也。从韋、帀、从行。行、列衛也。卜辭韋、衛一字。从口、从□。象衆足守衛口內之形。獸皮可束枉戾、故由守衛之誼而引申為皮韋之韋。或从行、从止、从方、古金文作□。衛父卣　此省□為□、又或增□為□而省方。

曰步　□　□　□　□　□

說文解字、步、行也。从止、少相背。案、步象前進時左右足一前一後形。或增ㄏ、古金文涉字从此。从水省乃涉字。然卷五卜辭有曰、甲午王涉歸。王無徒涉之理、殆借涉為步字也。乃借涉為步。或又增行。

曰衛　□

从行、从武。此步武之本字、後世經典借武字為之、而專字亾矣。

曰陟 

說文解字。陟。登也。从𨸏。从步。古文作。案从𨸏。示山陵形。从歨。象二足由下而上。此字之意但示二足上行。不復別左右足。散盤作與此同。

曰降 

說文解字。降。下也。从𨸏。夅聲。又夅从夊㐄相承不敢並也。案从𨸏。示山陵形。象兩足由上而下。此字之意亦但示二足下行。故左右足亦或別或否。虢叔鐘亦作。

曰徙 

說文解字。𨑢从辵。止聲。或从彳作征。古文作。此與篆文同。

曰旋 

旋。許書从疋。此从足。增彳者。殆亦旋字。

曰登 

說文解字、登、上車也。籀文从𠬞作䔲、與此合。散盤亦作䔲。此字从癶、廾聲。廾即瓦豆謂之登之登。

曰陵 

說文解字、陵、大𨸏也。从𨸏、夌聲。案陵訓棄、（廣雅釋詁四）訓上、（漢書司馬相如傳集注）訓升、（文選西京賦薛注）故此字象人梯而升高、一足在地、一足已階而升。

曰辵 

此殆即許書之辵、古文从彳者亦从行。

曰逢 

說文解字、逢、遇也。从辵、夆聲。此从彳、古文从辵者或从彳。許書所載篆文亦然、如退或从彳作徂是矣。

曰遘 

說文解字、遘、遇也。从辵、冓聲。此與許書同。或省辵。

曰逆 

說文解字、逆、迎也。从辵、屰聲。案、从辵、从屰者、(說見下)象人自外入而辵以迎之。或省彳、或省止。

曰屰 

說文解字、屰、不順也。从干下屮、屰之也。案屰為倒人形、示人自外入之狀、與逆同字同意、故卜辭逆字亦如此作。

曰避 

从彳、从⿰亻辛。⿰亻辛即辟字。(說見上辟字注)人有罪思避法也。說文解字載遲之籀文从屖作遟、殆誤認避為遲矣。

曰追 

說文解字、追从辵、𠂤聲。此省彳。𠂤即師字。𠂤行以追之也。

曰遣 

說文解字、遣、縱也。从辵、𠳋聲。古金文遣皆从辵、从𠳋。(宰[illegible]及遣小子)

敔城虢遺生敔。或省丞作[illegible]、大保敔與此同。或又省口。

曰𧺩 [illegible] [illegible] [illegible]

說文解字、𧺩𧺩田易居也。从走、亘聲。此从止、从亘、殆即許書之𧺩矣。此當為盤桓之本字、後世作桓者、借字也。

曰𢓊 [illegible] [illegible] [illegible] [illegible] [illegible]

說文解字、𢓊、迹也。从彳、戔聲。案𢓊與踐同。踐、訓行、儀禮士相見禮注訓往。呂氏春秋古樂篇注此从辵、从戈、或省止、與許書之𢓊同。但戈、戔殊耳。又許書𢓊、衛並訓迹、乃一字。踐雖訓履、然與𢓊亦一字。是一字而析為三矣。

曰徬 [illegible]

說文解字、徬、附行也。从彳、旁聲。案後世彷徨之彷殆从旁省、與徬同。此从行、方聲、與彷同。

曰前 [illegible] [illegible]

說文解字，歬，不行而進謂之歬。从止在舟上。此从歬，从行，或省从彳，誼益顯矣。

曰延 

說文解字，延，安步延延也。从廴，从止。師遽敦及盂鼎作延，與卜辭同。

曰浴 

注水於般而人在其中，浴之象也。許書作浴，从水，谷聲，變象形為形聲矣。

曰沬 

說文解字，沬，洒面也。从水，未聲。古文作湏。此象人散髮就皿洒面之狀。魯伯愈父匜作，亦象人就皿水擢髮形。許書作沬，乃後起之字。今隸作頮，从廾，與卜辭从同意，尚存古文遺意矣。吳中丞曰，許書頁部有字。注，昧前也。讀若昧。疑亦

沫之古文。許云、沫、擢髮也。疑古沬、沫為一字。

曰澡 

說文解字、澡、洗手也。从水、喿聲。此从⺌、⺌象水、从又象手、又在水中是澡也。許書所載亦後起之字。卜辭或增从凵。

曰盥 

說文解字、盥、澡手也。从臼水臨皿。此象仰掌就皿以受沃、是盥也。

曰洗 

說文解字、洗、洒足也。从水、先聲。此从止、即足形。从⺌、即水形。置足於水中、是洗也。或增凵象盤形、是洒足之盤也。中有水置足於中。由字形觀之、古者沐盥以皿、洗足以盤。

曰洒 

曰濯 

說文解字、濯瀚也。从水、翟聲。此从⋮⋮象水、羽象帚所用以瀚者、置羽水中是濯也。許書作濯、亦後起字。

曰濩 

說文解字、濩雨流霤下貌。从水、蒦聲。卜辭中為樂名、即大濩也。或从水、从隻聲。或省又、隻省聲。

曰武 

曰伐 

伐从人持戈。或从戉、與丁未角、畢仲敨同。或从大、或从又、或又象人倒持戉。知人持戉亦為伐者。其文曰、乎伐𢀛方。曰貞乎伐羌。以是知之矣。

曰[illegible] 

曰𢦏 

說文解字、戔、賊也。从二戈。周書曰、戔戔巧言。案卜辭从二戈相向、當為戰爭之戰、乃戰之初字。兵刃相接、戰之意昭然可見。訓賊者、乃由戰誼引申之。贖武無厭、斯為戔矣。

曰單　□　□　□

作□與伯吴生鐘同。卜辭中獸字从此。獸即狩之本字。征戰之戰从單、蓋與獸同意。

曰刜　□

曰𢦏　□　□　□　□　□

說文解字、𢦏、傷也。从戈、才聲。此从□、从□、乃古文在字。博古圖所載穆公鼎有□字（鼎文假𢦏為哉字）从□、與此同。卜辭多云亾𢦏、猶言無害矣。

曰克　□

說文解字、克、肩也。象屋下刻木之形。古文作□、□。古金文作

□、大保敦□克鼎與此畧同。象人戴冑形。古金文冑作□、盂鼎及□豦彝作□。伯晨鼎克本訓勝、許訓肩、殆引申之誼矣。

曰獸　□　□　□　□　□

說文解字、獸守備者。从嘼从犬。又狩、犬田也。从犬、守聲。案古獸、狩實一字。左氏襄四年傳、獸臣司原。注、獸臣虞人。周禮獸人之職所掌皆王田之事。詩車攻、搏獸于敖。後漢書安帝紀注引作薄狩于敖。漢張遷碑、帝游上林、問禽狩所有。石門頌惡蟲蔽狩。皆獸、狩通用其文。先獸鼎作□、員鼎作□。此从丫、从丫並與从單同。古者以田狩習戰陳。故字从戰省、以犬助田狩。故字从犬。禽與獸初誼皆訓田獵。此獸狩一字之證。引申之而二足而羽為禽、四足而毛為獸。許君訓獸為守備者、非初誼矣。

曰驅　□　□

說文解字、驅、馬馳也。从馬區聲。古文作敺。棠石鼓文作敺與許書古文合。師寰敦作敺敺、與此畧同。

曰御 

說文解字、御、使馬也。从彳、从卸。古文作馭、从又、从馬。此从彳、从𢆶。與午字同形、殆象馬策。人持策於道中、是御也。或易人以女而增止、或又易彳以人、或省人、殆同一字也。作𢆶者、亦見盂鼎。或又从又、馬、與許書古文同。或又从象。

曰逃 

此於文从彳、从兆、象二人相背而行、殆即逋逃之逃。

曰逐 

說文解字、逐、追也。从辵、从豚省。此或从豕、或从犬、或从兔、从止、象獸走壙而人追之、故不限何獸。許云、从豚省、失之矣。

曰獲 

說文解字、獲、獵所獲也。从犬、蒦聲。此从隹、从又、象捕鳥在手之形、與許書訓鳥一枚之隻字同形。得鳥曰隻、失鳥曰奞。奞、从大、从隻、謂鳥已隻而飛去。隻象鳥初持在手形。大象鳥逸後飛至空際之形、非大小之大字。許君云、从又、从奞、失之矣。茲因釋隻字而附及之。

曰牧  

說文解字、牧養牛人也。从攴、从牛。此或从牛、或从羊。牧人以養牲為職、不限以牛羊也。諸文或从手執鞭、或更增止以象行牧、或从帚與水以象滌牛。

曰漁  

說文解字、瀺、捕魚也。从鱻、从水。篆文从魚作漁。此从魚、从水者、與許書篆文同。或从水中四魚。其文曰、王漁。知亦為漁字矣。或又作魰、从又持絲、从魚象漁釣形。石鼓文漁字作□、周禮漁人作□、八均从又。則魰為漁無疑。許君以魰為篽之古文、殆不然矣。其作□者、文曰、在𠙹漁。故知亦為漁字。或又作手持網、或省水徑作魚。

曰農 □ □ □

說文解字、農、耕田也。从晨囟聲。籒文从林作䢉。此从林、从辰。或加又象執事於田間、不从囟。諆田鼎作□、予所藏史農觶作□、並从田。散盤作□、亦从卜、與卜辭同。从田與諆田鼎史農觶同。知許書从囟者、乃从田之譌矣。

曰食 □ □

說文解字、食、从皀、亼聲。此从皀、以卜辭中鄉字从皀例之、知為食字矣。

曰徹 

說文解字、徹、通也。古文作徹。此从鬲、从又、象手、象鬲之形。蓋食畢而徹去之。許書之徹从攴、殆从又之譌矣。卒食之徹乃本義、訓通者借義也。

曰𩚵 

說文解字、𩚵、設飪也。从丮、从食、才聲。讀若載。𩚵、載同音叚借。漢鄭季宣碑亦借𩚵為載、此从食、从𢦏聲、殆即𩚵字。

曰余 

說文解字、余、語之舒也。从八、舍省聲。盂鼎作、與此同。

曰我 

說文解字、我、从戈、从𠂇。𠂇或說古垂字、一曰古殺字。古文作𢦐、盂鼎作我、與此同。知許書古文作𢦐者乃由我傳寫之譌矣。

曰義

曰猷

說文解字有猶無猷、當爲一字。石鼓文、毛公鼎均有猷。石鼓作𢿚、毛公鼎作𢿚、此从犬、从酋。酋象酒盈尊、殆即許書之酋字。卜辭中亦有酋字作酋、（藏龜之餘）與猷字所从同。古金文猷字則从酋、與許書同矣。

曰德

說文解字、德升也。从彳、悳聲。此从彳、从直。（吳中丞曰、直古相字是也。）曆鼎與此同。德、得也。故卜辭中皆借爲得失字。視而有所得也、故从直。

曰智

說文解字、𥏼从曰、从亏、从知。古文作𥏼。此省曰。

曰龢

說文解字、龢、調也。从龠、禾聲。讀與和同。此从龠省。

曰安 

曰宣 

卜辭中洹與桓从亘、故知此為宣矣。

曰寧  

說文解字、寧、願詞也。从丂、寍聲。此从寍省心、从丂。寧母父丁鼎亦省心、與此同。卜辭此字皆訓安。

曰𧖣 

說文解字、𧖣、定息也。从血、甹省聲。此从皿、不从血。卜辭寧訓安與許君訓𧖣為定息誼同。是許君以此為安寧字、而以寧為願詞。今卜辭曰、今月鬼𧖣。是𧖣與寧字誼同、當為一字。其訓願詞者殆由安誼引申之也。

曰成 

說文解字、成就也。从戊、丁聲。古文作𢦩、从午。𢦩、成、古金文皆
从戊、从十。師田父尊、史頌敦等皆然、與此同。

曰喜　喜　喜　喜

說文解字、喜樂也。从壴、从口。古文作歖。此與篆文合。

曰利　利　利　利　利　利　利

說文解字、利从刀、从和省。古文作𥝢。此或與許書古文合、或
與篆文合。又或从秉、與从禾同意。許君云、从和省、殆不然矣。

曰好　好　好

石鼓文作𡚸、與此第二文合。

曰魯　魯

齊子仲姜鎛、保盧兄弟。盧、吳中丞釋魯、與此同。兮田盤亦有
盧字。

曰齊　齊　齊

曰莫 

从酋、从廾並省。象尊有薦、乃莫字也。从酋之字古金文多从酉、如𨽍从酉、鄭作奠之類。从丌之字古金文或省从一、如其字作从一號叔鐘郘遣敦之類。

曰麗 

曰高 

曰亞 

說文解字亞、醜也。象人局背之形。賈侍中說以為次弟也。此作亞與古金文同、與許訓象人局背之形不合。許因訓醜乃為局背之說。然醜古亦訓比、訓類、與賈侍中次弟之說固無殊。爾雅、兩壻相謂曰亞。正謂相類次矣。

曰仲 中

此伯仲之仲。古伯仲但作白中、然與中正之中非一字、說見前中字注後人加人以示別、許書列之人部者、非初形矣。

曰季

曰因

曰用

說文解字、用从卜从中。衛宏說。古文作用。案此字雖不能由形以知誼、然衛宏从卜从中之說則決不然矣。

曰錫

古金文錫字與此同。

曰多

曰小

曰少

寰盤沙字作从小、與此同。

曰匕

曰分 

曰盡 

从又持木、从皿、象滌器形。食盡器斯滌矣、故有終盡之意。說文解字云、从皿、㶳聲。殆不然矣。

曰賡 

說文解字、續古文作賡、从庚貝。案、爾雅釋詁、賡續也。詩大東、西有長庚。傳、庚續也。庚訓更、亦訓續、猶亂亦訓治矣。庚、賡同義、賡與續殆非一字也。

曰囏 

說文解字、艱、土難治也。从堇、艮聲。籀文从喜作囏。此从喜省、或又省喜。又古金文囏字从𦰩。𦰩从黃、从火。此又省火。或借用堇。

曰疾 

象矢著人肌下。毛公鼎愍天疾畏之疾字作□（博古圖載齊侯鎛亦有□字）與此正同、知此亦疾字也。說文解字疾、病也。从疒、矢聲。籀文作𤕫、古文作廿。（此从段注本、他本古文與篆文無異、段據集韻類篇改。）案、疾古訓急、（詩召旻箋、左氏襄十一年傳注。）訓速。（國語周語及齊語注、史記樂書正義、荀子臣道篇注。）最速者莫如矢、故从人旁矢。矢著人斯為疾患、故引申而訓患、（淮南説山訓注及管子小問注）訓苦。（荀子大畧篇注）其去大著疒、殆為後起之字、於初形已失矣。

曰噩 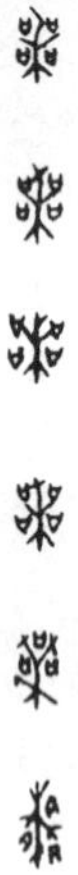

許書無噩字而有咢。注、譁訟也。从吅、屰聲。集韻咢或从噩。以是例之、知噩即許書之咢矣。噩字見於周官。以卜辭諸文考之、知从王者乃由□傳寫而譌。傳世古器有噩侯鼎、噩侯敔。鼎文噩字作□、敦文作□。（沈氏樹鏞釋作噩。前人釋器、非也。）又古金文中喪字从噩、从亡。量侯敔喪作□、从□。齊侯壺作□、作□、从□均與卜辭同文。考鼎作䨻，从㗊，則與噩侯鼎文合。喪為可驚咢之事，故从噩、亾。據此知卜辭諸字與噩侯兩器之文確為噩字。噩侯，史記殷本紀作鄂侯。漢書韋賢傳咢咢黃髮，文選諷諫詩作諤諤黃髮。綏民校尉熊君碑臨朝謇鄂，諤又作鄂。是咢、諤、鄂古通用。爾雅釋天之作噩，史記歷書作作鄂。集解引徐廣曰：噩一作鄂。知史記之鄂侯即金文之噩侯。卜辭中噩為地名，殆即噩侯國。許書之咢，蓋後起之字，此其初字矣。

曰疐 

說文解字：疐，礙不行也。从叀，引而止之也。古金文有疐字，疐卣前人釋疐，與卜辭文正同。

曰陮 

說文解字：陮，陮隗，高也。从𠂤，隹聲。

曰旁 

此即許書部首之䇂。卜辭中諸字从此者、不少、特不可盡識。其見許書者、則口部之啻一字耳。予案、許書䇂、辛兩部之字義多不別。許君於䇂字注、辠也。以童、妾二字隸之。辛注、从䇂、辠也。而以辠、辜等五字隸之。兩部首字形相似、但爭一畫。考古金文及卜辭辛字皆作䇂、金文中偶有作辛者、什一二而已。古文䇂與辛之別但以直畫之曲否別之。若許書辛部之辥、辭之辟、金文皆从䇂。部首之辟、卜辭从䇂、䇂、䇂、金文从䇂、䇂、其文皆與䇂同。又古文言、童、妾、龍、鳳諸字、則金文於言、童、妾三字从䇂、卜辭中則妾从䇂、言从䇂、龍、鳳从䇂。意均為䇂之或體、蓋因字勢而絀申之耳。凡許書䇂、辛二部所隸之字及部首之辟、口部之啻、皆應隸䇂部。庚辛之辛字形與䇂之或體䇂字雖同、然卜辭與古金文從無一曲其末畫者。其初義既不可知、則字形亦無由可說。次於庚部之後、但立為一部可矣。又疑啇即言字之或體。意不能決、坿此俟考。

曰弊 [illegible] [illegible]

其文曰、乙丑貞、翌[illegible]卯、王其[illegible]畢。又曰、貞口卯、王其[illegible]畢。又

曰、乙丑貞、翌丁卯、其狩[illegible]弗畢。以義考之、殆為周禮獸人弊

田之弊矣。

曰弗 丼 井 井 井

曰至 [illegible]

曰入 ∧

曰在 十 [illegible] [illegible] 十 十

說文解字、在、存也。从土、才聲。古金文作十、與此同。

曰丝 88 88 88

說文解字、丝、微也。从二幺。古金文用為訓此之兹、與卜辭同。

曰今 A A A A

說文解字、令是時也。从亼从ㄱ。ㄱ、古文及。古金文作□、□、古伯虎敦□、盂鼎與此同。

曰昔 □ □

曰昱 □ □ □ □ □ □ □ □ □ □ □ □

□ □ □ □

說文解字、昱明日也。从日、立聲。段先生曰、昱字古多假借翌字為之。釋言曰、翌明也。是也。凡經傳子史翌日字皆昱日之假借、翌與昱同立聲、故相假借。其作翼者誤也。卜辭諸昱字變狀至多、初不能定為何字。王君國維因盂鼎粵若昱乙酉、之昱作□、謂卜辭中癸酉卜貞、□日乙亥、之□日亦是昱日。予徧推之他辭無不相合、知王君之說信也。諸字或从立、或从日、或省立與日。石鼓文弟九鼓曰隹丙申、下亦有□字與卜辭略同、知亦當為昱矣。卜辭凡稱次日或再次日為昱數日以後爲來，數日以前爲昔。

曰初

曰旁

說文解字：旁，溥也。从二，闕，方聲。古文作㫄、𢃮，籀文作雱。古金文作旁（旁肇鼎）、旁（旁尊）並从凡从方。此从凡即凡省。

曰粤

說文解字：粤，亏也。審慎之詞者。从亏从寀。古金文皆从于，从雨，作雩（盂鼎）、作雩（靜敦）、作雩（毛公鼎，吳中丞曰从雨从丂省）。卜辭中或从雨省，从丂，或从雨从于，與古金文同。

曰于

說文解字：亏，於也。象气之舒亏。从丂从一。一者，其气平也。古金文皆作于（盂鼎、散盤等），或作丂（己亥鼎、聃鼎）、丂（且子鼎），與此同。

曰乎

說文解字、乎、語之餘也。从兮、象聲上揚越之形也。古金文作

乎、頌鼎頌敦乎、師遽敦與此同。

曰㠯 㠯 㠯 㠯

曰乃 了 了

說文解字、乃古文作𠄎、籀文作𢎗。

曰霍 靃 靃 靃

說文解字、靃、飛聲也。雨而雙飛者、其聲靃然。叔男父匜作靃

从雔、與此同。

曰集 集

說文解字、雧、羣鳥在木上。从雥、从木。或省作集。毛公鼎作集、

从隹在木上、與此同。

曰𩁔 𩁔

說文解字、𩁔、鳥羣也。从雥、𡿺聲。卜辭从鳥在𡿺上。

曰鳴

說文解字、鳴、鳥聲也。从鳥、从口。此从雞、从口。雞、司時者也。應時而鳴。引申而為凡鳥之鳴、許書从鳥、非初誼矣。石鼓文已从鳥作鳴。

曰𧇡

說文解字、𧇡、兩虎爭聲。从虤、从曰。此从口與曰同意。

此均形聲誼之俱可知者也。合此五百餘文觀之、其與許書篆文合者十三四、且有合於許書之或體者焉、有合於今隸者焉。顧與許書所出之古籀則不合者十八九、其僅合者又與籀文合者多、而與古文合者寡。以是知大篆者蓋因商周文字之舊、小篆者又因大篆之舊、非大篆剏於史籀小篆剏於相斯也。史籀弟述古文為史篇而已。史篇者、小學諸書之祖、有因而無創者也。相斯同文字者、亦弟罷不與秦文合者而已。至秦數百年所承用商周二代之文字、未聞有所廢置也。斯說也、金壇段氏、嘉定錢氏固嘗言其略矣。

錢先生汗簡跋云、說文九千餘字、古文居其大半。其引據經典皆用古文說、間有標出古文、籀文者、乃古籀之别體、非古文祇此數字也。又云、後人妄指說文為秦篆、别求所謂古文、而古文亾矣云云。段先生說詳見所注說文解字叙篇中。兩先生所言雖不能無得失、然其精思卓識不可及也矣。

今得卜辭乃益徵信。至許書所出之古文僅據壁中書、所出之籀文乃據史籀篇。一為晚周文字、一則亾佚過半之書。其不能悉合於商周間文字之舊、固其宜矣。至於篆文本出古籀、故與卜辭合者頗多。然商周文字至許君時已千餘年、固不能無後世譌更之失。而許書之傳至今又二千年、又不無傳寫校改之譌。故今之學者但據許書以求古文之真、何異執人之雲仍以求其高曾之鬠欬與。然今日得以考求古文之真、固非由許書以上溯古金文、由古金文以上窺卜辭、不可得而幾也。由是言之、則雖謂古文之真因許書而獲存焉、可矣。

殷虚書契考釋卷中

男福頤恭校

殷虛書契考釋卷下

上虞　羅　振玉

卜辭第六

文字既明、卜辭乃可得而讀。顧商人文辭頗簡、方寸之文或紀數事、又字多假借、有能得其讀不能得其誼者。今依貞卜事類分爲九目、曰祭、曰告、曰𦎫、曰出入、曰田獵、曰征伐、曰年、曰風雨、曰雜卜。弟錄文之完具可讀者、其斷缺不可屬讀者、不復入焉。

其卜祭者五百三十有八。

曰、壬戌卜、貞、王賓示壬、翌日、亾尤。

王賓說見下禮制篇考。卜辭之例、凡卜祭日皆以所祭之祖生日爲卜日、如示壬以壬日、示癸以癸日、大乙以乙日。或有先後數日者、然非常例矣。

曰、庚辰卜、貞、王賓示壬爽妣庚、翌日、亾□。

凡祭妣者、卜辭之例皆以妣之生日爲卜日、如妣庚則以庚日、而不從示壬之壬日也。

曰、丙寅卜貞、王賓大乙爽妣丙、翌日、亾尤。

曰、乙丑卜貞、王賓大乙、翌日、亾尤。

曰、壬寅卜貞、王賓卜壬、翌日、亾尤。

曰、壬午卜貞、王賓卜壬、翌日、亾尤。

曰、辛巳卜貞、王賓祖丁、翌日、亾尤。

曰、庚申卜貞、翌辛酉又于祖辛、又爽。

卜辭言有爽、而不記妣名。且辛之配曰妣庚、故以庚日卜。

曰、庚申卜貞、王賓般庚、翌日、亾尤。

曰、庚子卜貞、王賓小乙爽妣庚、翌□□□。

曰、□卯卜貞、王賓武丁爽妣辛、翌日、亾尤。

以常例推之、卯上所缺乃辛字。

曰、癸亥卜、貞王賓武丁奭癸妣翌日亾尤。
曰、丁卯卜、貞王賓康丁且翌日、亾尤。
曰、丁卯卜、貞王賓巳且翌日、亾尤。
此視常例先二日卜者。
曰、己卯卜、貞王賓且己翌日、亾尤。
右言翌日者十有五。翌日者、卜之明日祭也。
曰、丁亥卜、貞王賓匚彡日、亾尤。
曰、丁卯卜、貞王賓匚彡日、亾尤。
曰、壬寅卜、貞王賓示壬彡日、亾尤。
曰、癸酉卜、□貞王賓癸示彡亾尤。在十月。
曰、癸酉卜、貞王賓癸示彡□、□尤。
曰、丙申卜、貞王賓大丁彡、亾□。
此以先一日卜者。

曰、甲申卜貞王賓大甲彡日、亾□。

曰、辛丑卜、貞、王賓大甲奭妣辛彡日、亾尤。

曰、辛丑卜、貞王賓大甲奭妣辛彡、尤。

曰、癸卯王卜、貞、旬亾𡆥。在四月。王𠧞曰、吉。甲辰彡大甲。吉。

曰、癸丑王卜、貞、旬亾𡆥。在四月。王𠧞曰、大吉。甲寅彡小甲。

曰、癸亥卜、貞、王旬亾𡆥。在五月。甲子彡日小甲。

以上三則並以先一日卜。

曰、癸丑卜、貞、王賓中丁奭妣癸彡日、亾尤。

曰、癸酉卜貞、王賓中丁奭妣癸彡日、亾尤。

曰、丁亥卜、貞、王賓中丁彡日亾尤。

曰、壬寅卜、貞、王賓卜壬彡□、□□。

曰、丁亥卜、貞、王賓卜壬彡日亾尤。

此以先五日卜者。

曰丁巳卜、貞王賓且乙奭妣己彡日、亾尤。

此以先二日卜者。

曰己未卜、貞王賓且乙奭妣己彡日、亾尤。

曰庚子卜、貞王賓且辛奭妣庚彡日、□尤。

曰己丑卜、貞王賓四且丁奭妣己彡日、亾尤。

曰己巳卜、貞王賓四且丁奭妣己彡日、亾尤。

且丁名上加四字者、殆湯即位以後以丁名者。且丁為第四人也、其次一太丁、二沃丁、三仲丁、四且丁。

曰丁未卜貞王賓南庚彡、亾尤。

此以先三日卜者。

曰庚寅卜貞王賓南庚彡□、亾尤。

曰甲辰卜貞、王賓羊甲彡日、亾尤。

曰癸亥卜、𢓊貞、王旬亾𡆥在五月。甲子彡日羊甲。

曰、己丑卜、貞、王賓般庚彡、亾□。

曰、甲戌卜、卿貞、翌乙亥彡于小乙、亾它。在一月。

以上三則並以先一日卜者。

曰、□□卜、貞、王□般庚彡、□□、亾尤。

曰、庚戌卜、貞、王賓小乙奭妣庚彡、亾尤。

曰、丁未卜、貞、王賓武丁彡日、亾□。

曰、□□卜、貞、王□且甲奭□□彡日、亾□。

且甲之配曰妣戊、則卜日為戊□。奭下所缺乃妣戊二字。

曰、戊寅卜、貞、王賓且甲奭妣戊彡日、亾尤。

曰、丁未卜、貞、王賓康且丁彡日、亾尤。

曰、甲子卜、貞、王賓虫甲彡日、亾□。

右言彡日者三十有五。祭之明日又祭為彡。

曰、乙酉卜、貞、王賓卜丙彡月、亾尤。

曰、巳卯卜、貞、王賓大庚彡月、亾尤。

曰、□□卜、貞、王賓南庚彡月、□尤。

曰、己巳卜、貞、王賓且庚彡月、亾尤。

曰、□卯卜、貞、王□𢦏甲彡月、□尤。

右言彡月者五、皆以先一日卜者。彡月之誼未詳。

曰、壬申卜、貞、王賓示壬𡿧日、亾尤。

曰、□戌卜、貞、王賓示癸爽妣□𡿧日、亾尤。

卜辭中缺二字。考示癸之配曰妣甲、下所缺乃甲字、則卜日亦當為甲戌矣。

曰、□□□□、□賓示癸□妣甲𡿧日□□。

曰、癸亥卜、貞、王賓示癸𡿧日、亾尤。

曰、壬子卜、貞、□□大乙𡿧□□尤。

曰、丙辰卜、貞、王賓卜丙𡿧日、亾尤。

曰、壬子卜、行貞、王賓大甲奭妣壬翌、□尤。𢦏。

曰、□□卜□貞、王賓大甲奭妣辛翌、亡尤。在八月。

曰、壬寅卜、行貞、王賓大庚奭妣壬翌日、亡尤。

曰、戊午卜□貞、王賓大戊翌、亡□。

曰、戊辰卜、貞、王賓大戊翌日、亡尤。

曰、壬寅卜、貞、王賓大戊奭妣壬翌日、亡尤。

曰、庚午卜、貞、王賓且乙奭妣庚翌日、亡尤。

曰、己巳卜、行貞、王賓且乙奭妣己翌□、□□。

曰、己酉卜、賓四且丁□妣己翌日。

曰、己亥卜、貞、王賓四且丁奭妣己翌日、□□。

曰、癸酉卜、貞、王賓且丁奭妣癸翌日、亡尤。

曰、□未卜、貞□賓且丁□妣癸翌、亡尤。

未上缺一字、依例求之、乃癸字也。

曰、□卯卜、□貞、王賓且丁奭己妣昔、□尤。

卯上缺一字、依例求之、乃已字也。

曰、庚辰卜、貞、王賓庚南昔□、□尤。

曰、庚申卜、貞、王賓庚般昔日、亾尤。

曰、庚寅卜、貞、王賓般庚昔日、亾尤。

曰、庚子□、貞、翌日己、其□小辛昔、□□。

此以先一日卜者。

曰、乙卯卜、貞、王賓小乙昔日、亾尤。

曰、庚午卜、貞、王賓小乙奭庚妣昔日、亾尤。

曰、□□卜、癸丑、王□□、亾尤。在八月。王𠂤□、□吉。甲子昔且甲。

曰、乙未卜、貞、王賓武乙昔日、亾尤。

曰、甲申卜、貞、王賓戔昔日、亾尤。

右言昔日者二十有八。昔日亦祭名、誼雖不可知、而屢見於古金文。戊辰彝文曰、在十月、隹王廿祀。⿱𢆶日日。己酉方彝（博古圖卷八）曰、在九月、隹王十祀⿱𢆶日日兄癸卣（博古圖卷九）曰、在九月、隹王九祀。⿱𢆶日日。並與卜辭同。兄癸彝之在九月、博古圖誤釋十九月。凡古金文中前人所釋有稱十厶月者大率在厶月之誤也。附識於此。

曰辛亥卜喜貞翌壬子、（示壬）⿱目工□□。十一月。

曰□□卜、行貞。王賓（祖乙）奭（妣庚）、⿱目工□□物、衆（兄庚）、⿱目工二牢、亾尤。

曰（祖辛）⿱目工二牢。

曰丁丑卜、旅貞。王賓（父丁）⿱目工三牢、亾尤。在□□。

曰丙戌卜、行貞。王賓（父丁）月⿱目工叙、亾尤。

此以先一日卜者。

曰癸酉卜、行貞。王父丁⿱目工三牛衆（兄己）一牛（兄庚）、亾尤。

此以先四日卜者。又貞王下原奪賓字。

曰、乙未卜、行貞。王賓妣庚歲牢、亾尤。

此以先五日卜者。

曰、□酉卜、大貞、母辛歲牛。

酉上缺辛字。

曰、己丑卜、行貞、王賓兄己歲叙、亾尤。

曰、癸亥□、貞、兄庚歲眔兄己[illegible]。

此以先七日卜者。

曰、貞兄庚歲眔兄己其牛。

庚己疑二人名。

曰、壬申卜、卿貞兄壬、歲[illegible]蔑。

曰、乙巳卜、賓貞、翌日丁未酒[illegible]歲于丁、尊之朋。

此以先二日卜者。

曰、丙寅貞、有[illegible]歲于伊尹二牢。

曰、貞王嬪𣅀、亾它。

曰、庚申卜、行貞、王賓肛、亾才。

曰、丙午卜、貞、王賓戠、亾才。

右言𣅀者十有七。𣅀亦祭名、誼不可知矣。

曰、乙丑卜、中貞、王賓匚祭不□□。

曰、甲午、𢼄上甲、遘𥚁祭、亾囚。

祭亦羣祀之一、非若後世為祀之總名也。其稱遘𥚁、今不能知其誼。然戊辰彝亦曰、遘于妣戊武乙奭矣。

曰、丁未卜、貞、王賓仸祭、亾才。

曰、丙子卜、貞、王賓外祭、亾才。

曰、甲辰卜、貞、王賓小甲祭、□□。

曰、丙午卜、行貞。翌日丁未、祭于中丁、亾它。

此以先一日卜者。

曰、乙巳祭于且乙。

曰、癸未卜、派貞、王旬亡𡆥。在正月。甲申祭且甲𦎫甲。

此祭且甲𦎫甲、乃二人同祀。此以先一日卜。

曰、甲申卜、貞、王賓且甲祭、亡尤。

曰、□亥卜、貞、王賓且康丁祭、亡尤。

亥上缺丁字。

右言祭者十。

曰、庚申卜、貞、王賓示壬奭妣庚𩛥、亡□。

曰、甲子卜、貞、王賓示癸奭妣甲𩛥、亡尤。

曰、丙申卜、貞、王賓大乙奭妣丙𩛥、亡尤。

曰、戊戌卜、貞、王賓大丁奭妣戊𩛥、□□。

曰、丁亥卜、貞、王賓大丁𩛥、亡尤。

曰、癸卯卜、貞、王賓中丁奭妣癸𩛥、亡尤。

曰、己酉卜、貞、王賓且乙奭妣己歲、□尤。

曰、辛酉卜、貞、王賓且丁奭妣辛歲、亾尤。

曰、□巳卜、貞、王賓武丁□妣辛歲、亾□。

已上缺辛字。

曰、癸未卜、貞、王賓武丁奭妣癸歲、亾□。

曰、癸丑卜、貞、王賓武丁奭妣癸歲、亾尤。

曰、辛亥卜、貞、王賓武丁奭妣辛歲、亾尤。

曰、庚午卜、貞、王賓且庚歲、亾尤。

曰、戊午卜、貞、王賓且甲奭妣戊歲、亾尤。

曰、癸巳王卜、貞、旬亾𡆥、在正月。王𠧞曰、大吉。甲午耆名甲、㞢羊甲。

此亦二人同祀、以先一日卜者。

曰、己巳卜、貞、王賓且己歲、亾尤。

曰、辛酉卜、貞、王賓康爽妣辛祟、亾尤。

右言祟者十有七。祟亦祭名、其誼未詳。

曰、丁巳卜、貞、王賓大丁亾𡆥。

曰、庚戌卜、貞、王賓南庚歲、□尤。

曰、癸亥王卜、貞、旬亾𡆥、在□□。甲子𢼄祭上甲。

曰、貞、王□、羊甲歲□、尤。

右言歲者四。歲亦祭名、誼不可知。以字形考之、為薦牲首之祭矣。

曰、甲申卜、貞、王賓大甲祼、亾□。

曰、貞、王□、羊甲祼□□。

曰、□□□貞、王賓小辛祼、亾尤。

右言祼者三。祼亦祭名、誼不可知。

曰、癸丑卜、𡆥貞、王亾𡆥。在四月。甲寅肜日戔甲。曰、劦且乙祭。

此以先二日卜、而並祀二人者。

曰、乙未卜、貞、王賓二武丁[illegible]、亾尤。

此亦以先二日卜。又武丁名上冠以二字、誼不可知。

曰、癸酉卜、貞、王賓甲且[illegible]、亾尤。

曰、貞、王[illegible]唐[illegible]。

右言[illegible]者四。[illegible]亦祭名、以字形觀之、乃薦雞之祭矣。

曰、丙辰卜、貞、王賓叙乙武[illegible]、亾尤。[illegible]伐。

此以先九日卜者。伐解見後。

曰、乙亥卜、行貞、王賓庚妣□二宰叙、亾尤。

此以先五日卜。

曰、庚辰卜、貞、王賓妣庚丁叙、亾尤。

曰、庚辰卜、大貞、来丁亥其叙丁于大室、[illegible]丁西鄉。

此以先七日卜。

曰、庚申卜、貞王賓叔、亾尤。
曰、癸酉卜、行貞、王賓叔、亾尤、在十月。
曰、庚辰卜、貞、王賓叔、亾尤。
曰、貞、王賓叔、亾尤。
右言叔者八。叔亦祭名、誼未詳。
曰、貞、翌丁未酒中丁、錫日。
曰、己酉卜、且丁丁巳酒。
曰、戊午卜、㱿貞、今來辛酉乎酒妣乙。
曰、乙丑卜、出貞、大事𠃊酒、先酒其之匚于丁卅牛。十月。
曰、丙子卜、貞、酒羔三小牢、卯三牢。
曰、丙寅貞、于庚午酒于咒。
曰、丁卯貞、于庚午酒尞于咒。
曰、丙寅貞、叀丁卯酒于咒。

曰、丙辰卜、賓貞、于之八月酒。

曰、癸未卜、貞、王旬亾𡆥。在月十又二。甲申[illegible]酒祭田。

曰、甲□□貞、翌乙酒肜于后且、亾它。

曰、乙亥卜、賓貞、翌乙亥酒[illegible]錫日。乙亥、酒。允錫日。

此以乙亥卜、又言翌乙亥、殆有誤。

曰、貞、于宗酒卅小牢。九月。

曰、乙未卜、貞、翌日酒匚。八月。

曰、貞、酒匚、于血室、亾尤。

曰、貞、翌丁未彡酒[illegible]。

曰、乙巳卜、㱿貞、來辛亥酒。

曰、于來己未酒。

曰、于辛酉酒。

曰、于丁酒。

曰、伊酒肜。

右言酒者二十一。酒亦祭名、殆如後世之酎矣。

曰、甲辰卜、貞、王賓烝、亾尤。

曰、癸卯卜、貞、王賓烝、□□。

曰、辛酉卜、貞、王賓烝、亾尤。

曰、癸卯卜、貞、王賓二羌烝、亾尤。

右言烝者四、皆不言王賓之名。意凡卜辭中不舉王賓之名者、皆合祭也。烝為時祭、固非專祭一祖者矣。

曰、癸未王卜、貞、酒肜日自上甲至于多毓、衣亾它。自𠂤在四月、

佳王二祀。

曰、□□王卜、貞、今𠂤□□□、其酒肜日□□至于多毓、衣、亾它。

在𠂤、在□□又二。王𠂤曰、大吉。佳王二祀。

曰、□亥卜、貞、王賓权自上甲至于多毓、衣、亾尤。

曰、癸丑卜、貞、王賓□自上甲至于多毓、衣、亾尤。

曰、辛巳卜、貞、王賓上甲𣪘至于多毓、衣、亾尤。

曰、癸卯王卜、貞、酒翌日自上甲至于多毓、衣、亾它。自𣪘、在九月、

隹王五□。

曰、丁酉卜、貞、王賓□自上甲至于武乙、衣、亾尤。

曰、甲辰卜、貞、王賓𣎳祖乙、祖丁、祖甲、康祖丁、武乙、衣、亾尤。

曰、丁丑卜、貞、王賓自武丁至于武乙、衣、亾尤。

曰、甲辰卜、貞、翌日乙、王其賓俎于𦎫、衣、不遘雨。

曰、貞、酒彡衣。

曰□寅卜、貞、□之彡日工自母辛、衣。

曰、貞、不其衣。

右言衣者十有三。衣、祭名、即殷祀。說見下禮制篇。

曰、貞、王賓美、亾尤。

曰、已未卜、貞、王賓品、亾尤。

曰、辛酉卜、貞、王賓品、亾尤。

右言羹者一、言品者二、殆皆為祭名。

曰、甲辰卜、貞、王賓示癸□妣甲□□。

曰、庚子卜、貞、王賓大庚□□、亾尤。

曰、庚申卜、貞、王賓南庚□□。

曰、乙卯卜、貞、王賓武乙□、亾尤。

曰、乙丑卜、貞、王賓武乙□日、亾尤。

曰、壬子卜、旅貞、王賓𦍒、亾囚。

曰、乙丑卜、貞、王賓𦍒、亾囚。

曰、癸酉卜、貞、王賓母癸嘭、亾尤。

右祭名缺佚者八。末三則之𦍒、𦍒、嘭三字不能定其為人名、或祭名。姑附於此。

曰、乙亥卜、貞、王賓大乙、濩、亾尤。

濩、謂祭用大濩之樂也。卜辭中祭用濩者不少、而文之完具者僅此。

曰、甲辰貞、來甲寅有伐甲羊五、卯牛一。

曰、甲辰貞、有伐于甲九羊、卯牛。

曰、丁酉卜、貞、王賓文武丁、伐三十人、卯六牢、鬯六卣。亾尤。

曰、丁丑卜、貞、王賓武丁、伐十人、卯三牢、鬯□□。

曰、庚辰卜、貞、王賓且庚、伐二□、卯二牢、鬯、亾尤。

曰、乙未卜、貞、王賓武乙、彡伐、亾尤。

曰、丙辰卜、貞、王賓武乙、彡伐、亾尤。

曰、丁巳卜、賓御巳、伐于父乙。

曰、缺來庚午、酒出三羊于妣庚、□伐廿、鬯卅、牢卅、服三朋。

曰、乙丑卜、酒御于庚妣、即妣庚二字倒書伐廿、鬯卅。

曰、癸未卜、御庚妣二字亦倒書伐廿、㞢卅、卅宰服三三□。

曰、甲寅卜、貞、三卜用□三羊、𠕋伐廿、㞢卅、宰卅、服二□于妣庚三。

曰、己亥卜、㱿貞、之伐于寅父、亦之于戠。

曰、癸巳貞、有乂伐于伊、其乂大乙肜。

曰、己酉卜、有伐卌一。

曰、伐廿。

曰、貞九伐卯九牛。

曰、十宰、五伐。　五宰、五伐。

曰、庚戌有伐。

曰、丁酉卜、貞、王賓伐卯亾尤。

曰、辛未卜、貞、王賓伐亾尤。

曰、丁卯卜、貞、王賓伐亾尤。

右言伐者二十有二、殆以樂舞祭者也。禮記樂記、夾振之而駟伐。注、一擊一刺爲一伐。湯以武功得天下、故以伐旌武功。伐當是武舞。伐三十人、伐十人、猶左氏言萬者二人矣。其稱卯幾牢者、卯誼不可知。卜辭中習見之。又有曰、其卯于大乙六牢。書契後編卜辭中有字可識而誼不可知、如此類者不少、知古訓之亾於周秦以後者多矣。

曰、賁于王亥。

曰、甲辰卜、㱿貞來辛亥賁于王亥卅牛。

曰、貞賁于王亥。

曰、癸酉卜、有賁于六旬五豕、卯五羊。

曰、癸酉卜、有賁于六旬、六豕、卯羊六。

曰、貞、于昌賁。

曰、缶上貞、于昌賁。

曰、賁于昌。

曰、尞于兕。

曰、貞、彡尞于兕。

曰、貞、尞于兕。

曰、乙巳卜、㱿貞。彡尞于兕。

曰、庚午、尞于羔、又从在雨。

曰、尞于羔、亾从在雨。

曰、癸卯卜、貞尞于羔、三牢。

曰、丁巳卜、賓貞、尞于羔。

曰、癸酉卜、貞尞于羔三小牢、卯三牢。

曰、癸未卜、貞、尞于[illegible]十小牢、卯十牛、季。十二月。用。

曰、辛酉卜、王尞于[illegible]。

曰、貞、尞于[illegible]。

曰、甲寅卜、尞于[illegible]□牢。十月。

曰乙亥卜賓賁于[illegible]六牛。

曰辛卯卜賁于蚰。

曰今日賁于蚰。

曰壬辰卜翌甲午賁于蚰羊之豕。

曰賁于蚰。

曰丙寅卜□丁卯賁于丁卯冊卅牢。

曰貞翌丁未酒賁于丁十小牢卯十勿牛八月。

曰癸酉卜貞賁于丁五小牢卯五牛。

曰賁于乙妣一牢貍二牢。

曰乙巳卜[illegible]貞賁于乙妣五牛沈十牛。十月在門。

曰丁巳卜其尞于乙妣牢沈[illegible]。

曰戊□□蘁于乙妣二牢。三月。

曰丁卯卜丙賁于乙妣十牛俎十牛。

曰、丙子卜、㱿貞。乎凶酒妣乙、尞二豕、三羊、卯五牛。
曰、貞、于喪東尞。
曰、尞于喪東。
曰、癸亥卜、㣇貞。之于示壬尞。
曰、大甲尞三羊、卯三牛。
曰、己未卜、貞、尞酒登𠕋大甲。
曰、己未卜、賓貞、尞。
曰、貞、尞。
曰、貞、今癸巳弜尞。
曰、貞、弜乎歸好往尞。
曰、己巳卜、王于𠱠（疑正月二字合文）辟闢門尞。
曰、伐尞二牛。
曰、伐尞一牛。

曰尞卷白豚。

曰辛巳卜㽙貞。貍三犬尞五犬五豕卯四牛。一月。

曰貞尞五牛正。

曰貞尞三牢。

曰貞尞五牛。

曰貞沈十牛。

曰卯三牛沈三牛。

曰壬辰卜翌甲午尞于□羊之豕。

右言尞與貍沈者五十有五。此殷代三者通用於人鬼之證。

曰卷十牢之五酒大甲。

曰卷九牢酒大甲。

曰大甲求三牛。

曰大甲卌牢。

曰、丁亥卜、㱿貞、昔日乙酉箙、𢀛御缺大丁、大甲、且乙百鬯、百羊、
　卯三百□。
曰、己卯卜、翌庚辰之于大庚至於中丁一牢。
曰、之于大戊三牢。
曰、天戊五牢。
曰、甲戌卜、出貞、其之于大戊牢。
曰、乙巳卜、賓貞、三羊用、于且乙。
曰、貞、牝鬯于且乙。
曰、甲申卜、貞、翌乙酉之、于且乙牢、之一牛、之南□。
曰、丙午卜、賓貞、之于且乙十白豕。
曰、貞、之于且乙五牢。
曰、甲戌卜、用大牛于且乙。
曰、固且乙五牢。

曰□亥之于且乙三牛。一月。

曰貞之于且辛十宰。

曰癸酉卜之于且辛二牛。今日用。

曰且辛二牛父己二牛。

曰貞且辛于宰牡。

曰御于且辛。用羊。貞用羊。

曰之于且辛一宰。

曰之于且辛二宰。

曰且辛一牛。且甲一牛。且丁一牛。

曰丁丑卜貞御于且辛十宰。

曰甲午卜貞康且丁其宰羊。

此以先三日卜。

曰庚申卜賓貞南庚玉之𢦏。

曰、之于南庚鬯小宰。

曰、甲戌卜、貞之小乙小宰。七月。

曰、缺于小乙一牛。

曰、丙戌卜、貞武丁丁其宰。

曰、丙辰卜、貞武丁丁其宰。茲用。

曰、丙子卜、貞武丁丁其宰。茲用。

曰、丙子卜、貞武丁□其宰。□□。

曰、丙戌卜、貞武丁鬯羊。

曰、癸巳卜、貞且甲丁其宰。茲用。

曰、甲申卜、貞且甲丁其宰。茲用。

曰、丙子卜、貞康且丁丁其宰、羊。茲用。

曰、丙戌卜、貞康且丁丁其宰、羊。茲用。

曰、丙申卜、貞康且丁丁其宰、羊。茲用。

曰丙子卜貞康祖丁其牢革。
曰丙戌卜貞康祖丁其牢革。
曰丙辰卜貞康祖丁其牢。茲用。
曰丙辰卜貞康祖丁其牢。
曰甲寅卜貞武乙丁其牢。茲用。
曰甲子卜貞武乙丁其牢。茲用。
曰甲戌卜貞武乙宗丁其牢。
曰甲寅卜貞武乙宗丁其牢。茲用。
曰甲子卜貞武祖乙必丁其牢。茲用。
曰甲戌卜貞武祖乙宗丁其牢。茲用。
曰甲辰卜武祖乙必其牢。
曰甲寅卜貞武祖乙必其牢。
曰丙戌卜貞文武丁其牢。茲用。

曰、丙午卜、貞、文武丁𠬝其牢。

曰、戊戌卜、旅貞、祖戊[illegible][illegible]羊。

曰、癸卯卜、以貞、之于父甲犬。

以上三十則並先一日卜。

曰、貞、之豕于父甲。

曰、父甲一牡、父庚一牡、父辛一牡。

曰、甲寅貞、來丁巳尊鬲于父丁、俎卅牛。

曰、癸亥卜、旅其有□父丁牛。

曰、貞、之于父庚犬。

曰、乙亥子卜、來巳酒羊妣巳。

曰、甲申卜、御歸𠬝妣巳二牡。

曰、妣巳御歸𠬝一牛、一羊。

曰、妣巳、歸𠬝一牛御。

曰、貞、其之于庚妣五牢。十二月。

曰、于母己小牢用三。

曰、貞、之于母庚二牛。

曰、母庚牡一。

曰、之于母庚一牛。

曰、丁丑卜、□、之兄丁羊、㲋今日用。五月。

曰、丙子卜、衍貞、乙用一牛。

曰、丙辰卜、賓貞、甸于丁十牛、十羊。□月。

曰、乙亥卜、賓貞、之牛于丁。

曰、貞、翌□□于丁二牛。

曰、翌丁[illegible]、[illegible][illegible]于丁三一牛。

丁下贅以三字、殆以别于他名丁者。

曰、缺之匚于丁丗七牛。

曰、貞、之于庚卌小牢。

曰、貞、之于王亥卌牛。辛亥用。

曰、貞、之于王亥三白牛。

曰、癸卯卜、翌壬辰之甲一牛。

曰、甲十五羊。八月。

曰、缺匚于甲九羊、卯一牛。

曰、壬申卜、貞、甲犬。一三月。

曰、癸卯卜、貞、彈鬯百、牛百用。

曰、己未、俎于羲羊三、卯十牛。中。

曰、貞、𢆶豕百。九月。

曰、貞、[illegible]于王大牢。

曰、[illegible]犬。

曰、貞、之犬于多介父。

曰、貞、[illegible]之犬于多介父。

曰、甲寅卜、殻貞。之于唐一牛。其之曰□。

曰、丁卯卜、余求于[illegible]三牛。允正。

曰、之于王矢□二犬。

曰、乙亥卜、[illegible]貞、求于咸十牛。

曰、貞、之犬于娥、卯[illegible]。

曰、丙戌卜、貞、文武[illegible]其宰。

曰、丙寅卜、貞、文武宗□□宰。

曰、丙午卜、貞、文武宗其宰。兹用。

曰、丁卯卜、[illegible]貞。王往相牛。

曰、貞王往相牛。

曰、貞[illegible]往相牛。

曰、五月甲寅卜、[illegible]七月宰。用。

曰、甲子卜、旅貞。翌乙丑告㚇白牡。

曰、其牢牡。

曰、丁巳卜、以貞。自牛爵。

曰、貞二牢。二月。

曰、其一羊、一牛。

曰、癸酉貞、其三小牢。

曰、翌己酉、尞三牛。

曰、貞、翌辛未、其之于血室三大牢。九月。

曰、貞五牢。

曰、其五牢。　其三牢。

曰、其三羊、三牛。

曰、壬申卜、㱿貞、五羊、卯五牛。

曰、□申卜、㱿貞、五羊、卯五牛。

曰、貞、勺牛十五。

曰、十羊、廿牛。

曰、十五犬、十五羊、十五豚。　卅犬、卅羊、卅豚。　廿犬、廿羊、廿豚。

十五犬、十五羊、十五豚。

曰、貞、西牛百。

曰、貞、御㲋牛三百。

右言牢㲋者百二十有三。

曰、乙巳卜、𢦏貞、之于王亥。

曰、貞之王亥。

曰、壬戌卜、㱿貞、之于示壬。

曰、之于大甲。

曰、丁卯卜、貞、之于大甲。三月。

曰、貞、之于大甲。

曰、辛亥卜、貞、賓來甲三、翌甲寅、[illegible]用于夫甲。十三月。

夫甲即大甲。秦刻辭大夫作夫〻、知二字古通用。

曰、于大戊。

曰、之于且乙。

曰、貞、翌丁卯之于且乙。

曰、貞、之于且乙。

曰、貞、且辛宅我。

曰、貞、且辛不我宅。

曰、□午卜、賓貞、御于且辛、卌十□。

曰、貞、𢆶之于且丁。

曰、貞、之于且丁。

曰、貞、翌丁亥之于且丁。

曰、貞、于且丁御。

曰、□辰、貞、其求之于且丁、母妣己。

曰、己亥卜、賓貞、御于南庚。

此先一日卜。

曰、貞之于南庚。

曰、貞南庚宅。

曰、貞南庚不宅。

曰、貞𢆶于南庚。

曰、甲午卜、殸貞。之于羊甲。

曰、甲子貞、羊甲宅王。三月。

曰、貞羊、甲不宅王。□□。

曰、貞御于羊甲。

曰、之于父甲。

曰、貞、隹父甲宅。

曰、壬寅卜、之父甲。

此以先二日卜者。

曰、庚子卜、之父乙羊旬。

此先五日卜。

曰、貞、隹父乙宅。

曰、御歸好于父乙。

曰、丙寅卜、貞、其月于父丁。

此先一日卜。

曰、貞、之于父庚。

曰、貞、父庚弗宅。

曰、父辛不宅。

曰、貞、月之于妣甲。

曰、妣甲不唯。

曰、貞、之于妣乙。

曰、癸未貞、其求卜于高妣丙。

曰、貞、之于妣己。

曰、于妣己。

曰、貞、之于高妣己。

曰、貞、彡于高妣己御。

曰、庚子卜、㱿貞、王之匚于高妣己、妣□、母□。

曰、于妣庚。

曰、貞、之于高妣庚。

曰、貞、彡之于高妣己、高妣庚。

曰、于妣壬。

曰、隹妣癸。

曰、于妣癸御歸。

曰、貞、之妣癸。

曰、貞、于母丙御歸。

曰、貞、于母己御。

曰、貞、御唐于母己。

曰、貞、彡于母庚御。

曰、之于母庚。

曰、丁丑□、之兄甲。

曰、隹兄丁。

曰、貞、于兄丁御。

曰、貞、兄丁宅。

曰、貞、之于兄丁。

曰、貞、彡之于兄丁。

曰、貞、御叔于兄丁。

曰、庚寅卜、貞、于巳十月。

曰、貞、彡之于王亙。

曰、貞、之于王亙。

曰、貞、之于王亙。

曰、貞、之于甲。

曰、貞、甲䬨眔唐。

曰、庚申卜、貞、王賓熊亡尤。

曰、貞、上巳受我又。

曰、貞、上巳不我其受又。

曰、貞、唐于下乙十一月在。

曰、以貞、于幽戊。

曰、之于交戊。

交戊即學戊。

曰、于盡戊。

曰、貞、之于盡戊。

曰、貞、之于多介。

曰、貞、多介且戊。

曰、于多介、且戊。

曰、貞、不佳多介父。

曰、貞、之唐。

曰、貞、于唐亾宅。十二月。

曰、癸酉卜、出貞、之于唐。

曰、丁卯卜、旅貞、其豊于小丁。四月。

曰、貞、之于季。

曰、貞、事人于羔。

曰、貞、彡事人于羔。

曰、貞、之于羔。

曰甲午卜、[illegible]、貞、之于羔。

曰、貞、寅尹不宅。

曰、貞、寅尹宅戌。

曰、貞、之于寅尹。

曰癸丑卜、賓、貞、之于寅尹。二月。

曰、貞、之于賁。

曰壬午卜、𣪊、貞、于昌。

曰□□卜、以、貞、于之。

曰、貞、之于[illegible]。

曰、貞、之[illegible]。

曰、貞、于徫。

曰、貞、于蔑。

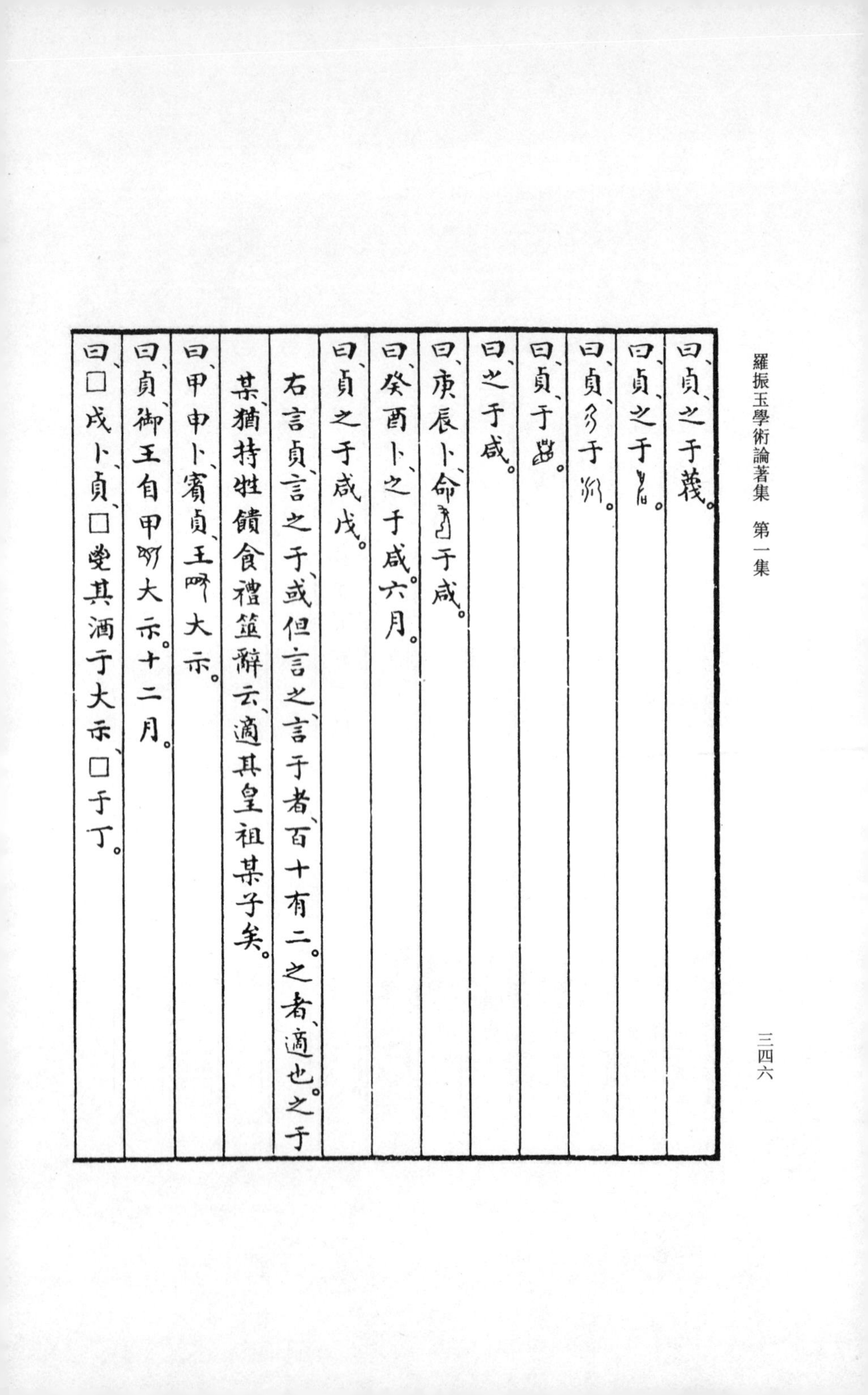

曰、貞、之于蔑。

曰、貞、之于[illegible]。

曰、貞、[illegible]于[illegible]。

曰、貞、于[illegible]。

曰、之于咸。

曰、庚辰卜、命[illegible]于咸。

曰、癸酉卜、之于咸。六月。

曰、貞、之于咸戊。

右言貞之于、或但言之、言于者、百十有二。之者、適也。之于某、猶特牲饋食禮筮辭云、適其皇祖某子矣。

曰、甲申卜、賓貞、王[illegible]大示。

曰、貞、御王自甲[illegible]大示。十二月。

曰、□戌卜、貞、□[illegible]其酒于大示、□于丁。

曰、貞、𠂤已漁登于大示。
曰、辛巳卜、大貞、之自田元示三牛、二示二牛。十三月。
曰、己未貞、𠂤元示又𢦏。
曰、乙酉貞、𢦏元示。
曰、□□卜、王貞、于三示。十月。
曰、求于九示。
曰、貞、求于九示。
曰、已巳卜、求于九示。
曰、乙未貞、其求自甲十示又三牛、小示羊。
曰、于十示求一牛。
曰、貞、其示。七月。
曰大示、曰元示、曰二示、曰三示、曰九示、不知何神。又有上示、西示、並見卷七第三十二葉皆不見于周官。周官言大神示、蓋謂天地。

不知與卜辭同異何如矣。

曰、丁巳卜、貞帝[illegible]。

曰、貞帝[illegible]三羊、三豕、三犬。

曰、貞寮于土三小宰卯一牛、沈十牛。

曰、貞彡寮于土。

曰、貞方帝卯一牛之南□。

曰、貞方告于東西。

曰、貞□于東于西。

曰、貞于東。

曰、貞彡寮于東。

曰、己巳卜、王寮于東。

曰、寮于西。

曰、貞寮于西。

曰、癸酉卜、中貞、三牛。

曰、貞、賁于東母三牛。

曰、貞、之于東母、西母。

曰、己未卜、其剛羊十于西南。

　右卜神示之祭三十。

此卜祭者也。

其卜告者三十有二。

曰、貞、告。

曰、貞、于匚告㠯方。

曰、貞、于大丁告。

曰、貞、于大甲告。

曰、貞、于大甲告□方出

曰、□□卜、韋貞、王□往出从西、告于大甲。

曰、貞、告𢀛方于且乙。

曰、貞、𢀛方㣇、𠓛告于且乙。

曰、貞、告沝于且丁。

曰、貞、于羊甲告。

曰、已巳卜、𡚤貞。告方出于且甲、大乙。

曰、已丑卜、告于父丁、其鄉宗。

曰、辛巳貞、□日有戠、其告于父丁。

曰、告于庚妣。妣庚二字倒文

曰、貞、于妣庚告。

曰、已酉卜、𠬝貞、告于母辛卷褻。十月。

曰、乙丑卜、王于庚告。

曰、告𢀛于寅尹。

曰、貞、于唐告□方。

曰、丁亥卜、大貞、三告其壴于唐、衣。亾文。九月。

曰、辛亥卜、出貞、其鼓彤告于唐九牛。一月。

曰、貞、彡告于唐。

曰、貞、于唐告。

曰、貞、告𢀛方于甲。

曰、丁卯貞、三來乙亥告自甲。

曰、乙丑卜、王于受告。

曰、乙巳卜、賓貞、甾乎告𢀛方出。允其。

曰、乙酉卜、兄貞、夋令月告于南室。

曰、己巳卜、兄貞、尊告血室、其𢆶。

曰、□□卜、賓貞、翌庚子之告麥。允之吉麥。

曰、庚子卜、賓、翌辛丑之告麥。

曰、翌乙未亾其告麥。

此卜告者也。

其卜亨者六。

曰、甲辰卜、王貞、于戊申𦎫。

曰、壬辰卜、弋弗𦎫見。

曰、大出𦎫。

曰、缺上亘其大𦎫耑。

曰、癸亥卜、王方其𦎫大邑。

曰、丁卯卜、㱿貞、王𦎫缶于蜀。

此卜亨者也。

其卜出入者百七十有七。

曰、其大出吉。

曰、其亦出。

曰、其大出。

曰、丙戌今□方其大出。五月。

曰、丙子卜、貞方其大出。七月。

曰、丁巳卜、今𣎴□其大出。

曰、戊寅今𣎴方其出。

曰、貞□方其大出。

曰、貞王出。

曰、貞王往出。

曰、甲午卜、賓貞、王往出。

曰、王于謝出。

曰、甲午卜、賓貞、王往出㕯。

曰、貞于翌庚申出。

曰、癸卯卜、出貞旬亾囚。九月。

曰、其出雨。

曰、丁卯、卜、賓、貞、方不出。

曰、貞、不允出。

曰、丙辰、貞、不出。

曰、癸未、子卜、貞、我不吉出。

曰、貞、方不大出。

右卜出者二十有一。

曰、甲□、卜、賓、貞、王入。

曰、甲戌、卜、㱿、貞、令六月王入于商。

曰、辛未、卜、[illegible]、貞、王于之七月入于商。

曰、辛卯、卜、㱿、貞、來辛丑王入于商。

曰、己丑、卜、㱿、貞、來乙巳王入于商。

曰、庚寅、卜、㱿、貞、來乙巳王入于商。

曰、貞、來己入商。

曰、貞、令⿰月七王入于商。
曰、貞、王八月入于商。
曰、貞、不至于商。五月。
曰、辛卯卜、殻貞、來乙巳王𠂤入。
曰、壬辰卜、□貞、王于八月入。
曰、貞、王入若。
右卜入者十有三。
曰、翌癸亥王步。
曰、在翌甲子步。
曰、貞、于庚子步。
曰、貞、于辛亥步。
曰、乙未卜、殻貞、令日步。
曰、貞、令己酉月步。

田、乙丑卜、貞、王步亾巛。

曰、辛酉卜、貞、王步亾巛。

曰、乙卯卜、貞、王步亾巛。

曰、己酉卜、貞、王步亾巛。

曰、辛巳卜、貞、王步亾巛。

曰、辛卯卜、貞、王步亾巛。

曰、庚辰卜、貞、王步亾巛。

曰、辛巳卜、在叉、王步亾巛。

曰、癸酉卜、在帛、貞、王步于竅亾巛。

曰、□亥卜、在□、貞、王步□麇亾巛。

曰、庚寅卜、在譸、貞、王步于杞亾巛。

曰、壬寅卜、在䡛、貞、王步于[illegible]亾巛。

曰、乙卯卜、在林、貞、王步亾巛。

曰、庚辰卜、在圃□、王步于鞞亾𡿧。

曰、辛巳卜、在鞞貞、王步于[illegible]亾𡿧。

曰、甲午卜、在[illegible]貞、王步于[illegible]亾𡿧。

曰、甲午卜、在淡貞、王步于㯱亾𡿧。

曰、癸亥王卜、在鳳貞、步于以亾𡿧。

曰、丙戌卜、在洹貞、今□、王步于□亾𡿧。

曰、甲子王卜、在亳貞、今日步□鳿亾𡿧。

曰、壬辰卜、在杞貞、今日王步于[illegible]亾𡿧。

曰、乙卯王卜、在鳿貞、今日步于[illegible]亾𡿧。

曰、戊寅王卜、在載貞、今日步于以亾𡿧。

曰、丙辰卜、在奠貞、今日王步[illegible]亾𡿧。

曰、甲午卜、在[illegible]次貞、今日王步于[illegible]亾𡿧。

曰、辛丑王卜、在[illegible]次貞、今日步于□亾𡿧。

曰、辛酉王卜、在萅貞、今日步于□亾巛。

曰、己未王卜、在[illegible]貞、今日步于[illegible]亾巛。

曰、辛酉卜、[illegible]貞、今日王步于辜亾宄。

曰、巳酉卜、行、王其步自敨于來亾巛。

曰、□子卜、王其步自□亾巛。

曰、庚辰卜、行貞、王其步自[illegible]于□亾巛。

曰、辛丑卜、行貞、王其步自[illegible]于雇亾巛。

曰、丙辰貞、步于萅。

曰、貞、王步于[illegible]。

曰、戊□□貞、翌□王步于濕。

曰、貞、翌庚戌步于萅。

右言步者四十有三。此與下曰伐、曰往、曰在、曰歸、並附于卜出入之後。

曰、癸丑卜在𠫑貞、王旬亡𡆥。在六月。王徙于上𩫏。

曰、癸巳卜在反貞、王旬亡𡆥。在五月。王徙于𩫏。

曰、甲午卜、翌日乙王其徙于向亡𢦏。于宮亡𢦏。于盂亡𢦏。

曰、翌日辛王其徙于喜亡𢦏。于噩亡𢦏。于梌亡𢦏。

曰、庚寅卜在齊次、王徙往來亡𡿧。

曰、癸酉卜在勳貞、王徙、往來亡𡿧。

曰、癸巳卜、在肙貞、王徙㗊往來亡𡿧于師北。

曰、辛丑卜、貞、王徙于噩、往來亡𡿧。

曰、丁未卜、貞、王徙于宮、往來亡𡿧。

曰、丁酉王卜、貞、其徙于宮往來亡𡿧。

曰、丁酉卜、貞、徙于召、往來亡𡿧。

曰、□丑卜、貞、王徙于召、往來亡𡿧。

曰、戊戌卜、貞、王徙于召、往來亡𡿧。

曰、丁丑卜、貞、王𢓜于召、往來亾巛。

曰、壬申卜、貞、王𢓜于召、往來亾巛。

曰、壬辰卜、貞、王𢓜于召、往來亾巛。

曰、丁酉卜、貞、王𢓜于召、往來亾巛。

曰、丁丑卜、貞、王𢓜于召、往來亾巛。

曰、己酉卜、貞、王𢓜于召、往來亾巛。

曰、辛亥卜、貞、王𢓜于召、往來亾巛。

曰、乙巳卜、貞、王𢓜于召、往來亾巛。

曰、壬寅卜、貞、王𢓜于召、往來亾巛。

曰、乙巳卜、貞、王𢓜于召、往來亾巛、在九月。

曰、丙寅卜、貞、王𢓜于召□來亾巛。王𠧞曰、弘吉。隹王二祀肜日。

隹□□。

曰、戊辰卜、貞、王𢓜㞢、往來亾巛。

曰、丁丑卜、貞、王伐于[illegible]、往來亾巛。

曰、己亥卜、貞、王伐于淮、往來亾巛。

曰、庚申卜、貞、王伐于雝、往來亾巛。

曰、壬子卜、貞、王伐于雝、往來亾巛。

右言伐者二十有九。

曰、貞、王往于甘。

曰、王往出于甘。

曰、乙卯卜、㱿貞、今日王勿往于𦎫。

曰、貞、王往休、亾巛。

曰、庚子卜、貞、王往休。

曰、庚子卜、賓貞、王往休、亾□。

曰、壬□卜、賓貞、王往休。

曰、[illegible][illegible]貞、王往于絣。

曰、貞、王[illegible]往于繹。

曰、癸未卜、賓貞、王往于乙。

右言往者十。

曰、己酉卜、王在[illegible]。

曰、壬戌卜、行貞、今月亾田在沃。

曰、癸未卜、在□貞、王旬亾𡆥。

曰、癸酉卜、在[illegible]貞、王旬亾□。

曰、癸未卜、在逢貞、王旬亾𡆥。

曰、癸亥卜、在樂貞、王旬亾𡆥。

曰、癸未卜、在鈇貞、王旬亾𡆥。

曰、癸酉卜、在[illegible]貞、王旬亾𡆥。

曰、癸未卜、在白貞、王□亾𡆥。

曰、癸未卜、在[illegible]貞、王旬亾𡆥。

曰、己亥在潢貞、王令月亾畎。

曰、癸丑卜、在[illegible]貞、王旬亾畎。

曰、癸亥王卜在[illegible]貞、旬亾畎。

曰、癸卯在[illegible]貞、王旬亾畎。

曰、癸丑卜、在[illegible]貞、王旬亾畎。

曰、癸亥卜在向貞、王□亾□。

曰、癸亥王卜在旁貞、旬亾畎、王卣曰、吉。

曰、癸酉卜、在上𩰫貞、王旬亾畎、在七月。

曰、癸丑卜、在上𩰫貞、王旬亾畎、在二月。

曰、癸卯卜、貞、王旬亾畎、在二月、在上𩰫。

曰、癸巳王卜、貞、旬亾畎、在九月、在上𩰫。

曰、癸卯卜、在上𩰫貞、王旬亾畎。

曰、癸卯卜、在上𩰫貞、王旬亾畎、□十月。

曰、癸未卜、在上𩵦貞、王旬亾𡆥、王廿司。

曰、癸未卜、在上𩵦貞、王旬亾𡆥、在□月、王廿司。

王廿司殆即廿祀。司即祠字。是商稱年曰祀、亦曰司矣。

曰、癸酉卜、在上𩵦貞、王旬亾𡆥。

曰、庚寅王卜、在𡙏貞、余其𠂤在丝上𩵦。今龝其𦎫、其乎𢦏示于

商正、余受𠬝。王𠧞曰、吉。

曰、癸巳王卜、在麥貞、旬亾𡆥。王𠧞曰、吉。

曰、己未卜、在攸貞、王今月亾𡆥。

曰、癸亥卜、在攸貞、王今月亾𡆥。

曰、癸酉卜、在攸、派貞、王旬亾𡆥、王來正人方。

艅尊亦有佳王來正人方語。乙亥方鼎則云、佳王正井方。其

誼均不能確知矣。

曰、癸亥卜、寅貞、王旬亾𡆥、在九月。正人方在雇。

曰、癸巳卜、在□朿貞、王旬亾畎、在四月。
曰、壬辰卜、貞、乎御在臭、在龔。
曰、貞、商至于來朔在乂。
曰、甲午卜、㞢貞、在洀[illegible]芻乎。
曰、甲戌卜、在大貞、叉邑今月弗[illegible]、在十月又一。
曰、癸巳卜、貞、王旬亾畎、在二月、在齊次。隹王來正人方。
曰、□巳王卜、貞、旬亾畎、王𡆥□、□□□□月在齊次。隹王來□□
□。
曰、癸丑王卜、貞、旬亾畎、在齊次。
曰、癸卯王卜、貞、旬亾畎、在[illegible]次。
曰、癸巳王□貞、旬亾□、在[illegible]次。
曰、癸□卜、貞、王旬亾畎、在六月、在[illegible]次。
曰、癸卯王卜、貞、旬亾畎。王𡆥曰、大吉。在六月、在[illegible]次。

曰、癸未王卜、在𣏟[illegible]次貞、旬亾𡆥。

曰、庚寅卜在[illegible]次貞、王[illegible]林方亾巛。

曰、庚寅卜在[illegible]次貞、王今月亾𡆥。

曰、在[illegible]次。

右言在者四十有八。

曰、于翌日王歸、有大雨。

曰、辛卯卜、[illegible]貞、翌甲午王步歸。

曰、辛未卜、賓貞、今日命方歸。□月。

曰、貞、[illegible]命方歸。八月。

曰、戊戌卜、㱿貞、王曰、疾虎母歸。

曰、辛卯卜、[illegible]貞、[illegible]命𡐓□先歸。九月。

曰、戊申子卜、人歸。

曰、己亥子卜、人不歸。

曰、戊寅子卜、丁歸在師人。

曰、戊寅子卜、丁歸在川人。

曰、癸酉卜、□貞、令十月人歸。

曰、己亥子卜、貞在川人歸。

曰、命壴歸。

右言歸者十三。

此卜出入者也。

其卜田漁者百九十有六。

曰、王貞、狩。

曰、貞、王狩。

曰、往狩。

曰、往出狩。

曰、貞、王狩于乂。

曰、貞、王彡狩于乂。

曰、甲申卜、㱿貞、王步狩。

曰、缺上㱿貞、今日我其狩□。

曰、乙丑貞、翌卯王其弊畢。八月。

曰、乙丑貞、翌卯其狩弊弗畢。

曰、辛卯卜、貞、其狩凼畢。

曰、貞、弗其畢。十月、在多。

曰、貞、弗其畢。

曰、貞、弗其畢。月十、在盖。

曰、丁卯卜、在夻貞、𠬝告曰、馬來羞王燮、今日𡉀亾从。畢。

曰、乙巳卜、出貞、逐六馬畢。

曰、壬子卜、貞、王田逐。

曰、乙巳卜、出、王行逐。

曰、癸亥卜、逐貞、旬亡𡆥。
曰、癸丑卜、逐貞、旬亾𡆥。
曰、己巳卜、狩逐。
曰、己巳□、弗其狩逐。
曰、貞、昱乙酉不其田。
曰、己酉卜、貞、王步于田亾𡿧。
曰、壬戌卜、貞、王田、往來亾𡿧。
曰、□戌卜、貞、王往于田亾𡿧。
曰、辛酉卜、貞、王田、往來亾𡿧。
曰、乙酉卜、□貞、王其田亾𡿧。
曰、貞、乎歸姘田于宂。
曰、庚寅卜、在穀貞、王田、往來亾𡿧。
曰、戊申卜、王往田𢦏。

曰、壬辰卜、貞、王田于𤩽、往來亡巛。

曰、丁卯卜、貞、王田天、往來亡巛。

曰、戊午□、貞、王其□斿、往來亡巛、在九□。

曰、戊戌王卜、貞、其田疐、往來亡巛。

曰、乙酉卜、貞、王田疐、往來亡巛。

曰、壬辰卜、貞、王田疐、往來亡巛。

曰、辛卯卜、貞、王田疐、往來亡巛。

曰、辛丑卜、貞、王田于疐、往來亡巛。弘吉。

曰、壬戌卜、貞、王田疐、往來亡巛。王𠧞曰、吉。

曰、壬辰王卜、貞、田疐、往來亡巛。王𠧞曰、吉。

曰、乙亥卜、貞、王田宮、往來亡巛。

曰、辛卯卜、貞、王田宮、往來亡巛。

曰、戊午卜、貞、王田宮、往來亡巛。

曰、辛丑卜、貞、王田宮、往來亡巛。

曰、乙亥王卜、貞、田宮、往來亡巛。王𠧞曰、吉。

曰、壬申卜、貞、王田宮、往來亡巛。

曰、戊寅卜、貞、王田宮、往來亡巛。王𠧞曰、吉。

曰、乙卯王卜、貞、田宮、往來亡巛。王𠧞曰、吉。

曰、丁卯卜、貞、王田疐、往來亡巛。

曰、戊戌王卜、貞、田疐、往來亡巛。

曰、丁亥卜、貞、王田疐、往來亡巛。

曰、壬子卜、貞、王田疐、往來亡巛。

曰、壬寅王卜、貞、田疐、往來亡巛。□□曰、吉。

曰、壬寅王卜、貞、田疐、往來亡巛。王𠧞曰、吉。

曰、乙丑卜、貞、王田疐、往來亡巛。王𠧞曰、吉。

曰、丁卯王卜、貞、田疐、往來亡巛。王𠧞曰、吉。茲御。

曰、辛未卜、貞王田書、往來亡𡿧。
曰、乙丑卜、貞田于書、往來亡𡿧。
曰、辛卯卜、貞王田書、往來亡𡿧。
曰、庚寅卜、貞王田書、往來亡𡿧。
曰、丁卯卜、貞王田書、往來亡𡿧。
曰、辛巳卜、貞王田書、往來亡𡿧。
曰、辛巳卜、貞王田書、往來亡𡿧。王𠧞曰、吉。
曰、辛未王卜、貞田書、往來亡𡿧。王𠧞曰、吉。
曰、壬辰王卜、貞田書、往來亡𡿧。王𠧞曰、吉。
曰、戊寅王卜、貞田書、往來亡𡿧。王𠧞曰、吉。
曰、辛卯王卜、貞田書、往來亡𡿧。王𠧞曰、吉。
曰、辛酉卜、貞王田書、往來亡𡿧。
曰、辛丑王卜、貞田書、往來亡𡿧。王𠧞曰、吉。

曰、戊子王卜、貞、田𩫖、往來亡巛。王𠧩曰、吉。

曰、壬寅王卜、貞、田𩫖、往來亡巛。王𠧩曰、吉。茲御。在十月又二。

曰、壬寅王卜、貞、其田于宀、往來亡巛。

曰、戊午卜、□、□田宀、往來亡巛。

曰丁巳卜、貞、王田高、往來亡巛。王𠧩曰、吉。

曰、辛卯卜、貞、王田𣏟、往來亡巛。

曰、辛丑卜、貞、王田𣏟、往來亡巛。

曰、辛丑卜、貞、王田𣏟、往來亡巛。

曰、辛丑卜、貞、田𣏟、往來亡巛。王𠧩曰、吉。

曰、壬子卜、貞、□田𣏟、往來亡巛。王𠧩曰、吉。

曰、壬子王卜、貞、田𣏟、往來亡巛。王𠧩曰、吉。

曰、壬申王卜、貞、田𣏟、往來亡巛。王𠧩曰、吉。

曰、乙巳卜、貞、王田𣏟、往來亡巛。王𠧩曰、弘吉。在三月。

曰、壬寅卜、貞、王田雝、往來亡巛。
曰、戊戌卜、貞、王田雝、往來亡巛。
曰、壬子卜、貞、王田雝、往來亡巛。
曰、戊申卜、貞、王田雝、往來亡巛。
曰、辛酉卜、貞、王田雝、往來亡巛。
曰、戊辰卜、貞、王田雞、往來亡巛。
曰、戊午王卜、貞、田盂、往來亡巛。□占曰、□。
曰、壬寅卜、貞、王田𩫖、往來亡巛。
曰、辛丑卜、貞、王田于𩫖、往來亡巛。
曰、戊戌卜、貞、王田于𩫖、往來亡巛。
曰、戊子卜、貞、王田𩫖、往來亡巛。
曰、丁酉卜、貞、王田𩫖、往來亡巛。
曰、壬申卜、貞、王田𩫏、往來亡巛。

曰、丁巳卜、貞、王田[illegible]、往來亾巛。

曰、戊申王卜、貞、田𩫖、往來亾巛。王𠧢曰、吉。

曰、戊午王卜、貞、田𩫖、往來亾巛。王𠧢曰、吉。

曰、丁酉卜、貞、王田□、往來亾巛。王𠧢曰、吉。

曰、辛丑卜、貞、王其田盂亾𢦏。

曰、戊戌卜、貞、王其田盂亾𢦏。

曰、□申卜、貞、王其田盂亾𢦏。

曰、戊申貞、王其田[illegible]亾𢦏。

曰、乙巳卜、貞、王其田[illegible]亾𢦏。

曰、辛丑卜、貞、王其田[illegible]亾𢦏。

曰、戊戌卜、貞、王其田斿亾𢦏。

曰、壬辰卜、貞、王其田[illegible]亾巛。

曰、□丑卜、貞、王其田[illegible]亾巛。

曰、王其田于阩亾𢦏。

曰、其田徣□亾𢦏、畢。

曰、戊戌卜、行貞、王其田于𡆥亾巛。

曰、□丑卜、行貞、王其田于滴亾巛、在八月。

曰、庚寅卜、屮貞、其田于朿亾巛、在□月。

曰、丙申卜、行貞、王其田亾巛、在買。

曰、乙未卜、行貞、王其田亾巛、在二月、在𢀛卜。

曰、丁巳卜、行貞、王其田亾巛、在㠱。

曰、田于冏。其用茲卜。

曰、戊辰卜、賓貞、命派𢆶田于蓋。

曰、辛巳卜、在𦎫貞、王田𣲡、衣亾巛。

曰、壬申卜、在𢉖貞、王田羔、衣逐亾巛。

曰、壬寅卜、在瑎貞、王田衣逐亾巛。

曰、戊申卜、在𢦏貞、王田衣、逐亡巛。

曰、戊寅卜、在高貞、王田衣、逐亡巛。

曰、戊午卜、在呂貞、王田衣、逐亡巛。

曰、辛酉卜、在𦎫貞、王田衣、逐亡巛。

曰、□□卜、貞、王田𤩽、往來□□。王𠧞曰、吉。茲御。獲□□□二、麛

二、雉二。

曰、壬子王卜、貞、田焚、往來亡巛。王𠧞曰、吉。獲鹿十。

曰、己丑卜、貞、王俴于召、往來亡巛。在九月。茲御。獲鹿一。

曰、□辰王卜、貞、田𦎫、往來亡巛。王𠧞曰、吉。茲御。獲鹿二。

曰、壬子卜、貞、王田于斿、往來亡巛。茲御。獲鹿十一。

曰、壬子王卜、貞、田𠂤、往來亡巛。王𠧞曰、弘吉。茲御。獲𠂤卌一、麛八

馬一。

曰、□子王卜、貞、田𠆢、往來亡巛。王□曰、弘吉。茲御。獲馬二、鹿八。

曰、□□王卜、貞、田𣏟、往□□□。王𠧞曰、吉。丝御。□□百卌八、兔

二。

曰、□□王卜、貞、田𠙵、往來亾巛。□□□、弘吉。丝御。獲𠫓廿五、□□

□六雉。

曰、戊戌王卜、貞、田𣎵、往來亾巛。王𠧞曰、大吉。在四月。丝御。獲𠫓

十又三。

曰、戊申卜、貞、王田于𡆥麓、往來亾巛。丝御。獲馬一、𠫓四、其延𢾅。

曰、壬申卜、貞、王田曹、往來亾巛、獲白鹿一、𠫓二。

曰、乙未王卜、貞、田曹、往來亾巛。王𠧞曰、吉。丝御。獲四麞、一鹿。

曰、戊戌王卜、貞、田𦬌、往來亾巛。王𠧞曰、吉。丝御。獲鹿八。

曰、戊戌王卜、貞、田𦬌、往來亾巛。王𠧞曰、吉。丝御。獲鹿四。

曰、壬申王卜、貞、田羊、往來亾巛。王𠧞曰、吉。丝御。獲鹿十又□。

曰、壬辰王卜、貞、田玓、往來亾巛。王𠧞曰、吉。在十月。丝御。獲鹿六。

曰、戊戌王卜、貞田噩、往來亡巛。王𡆥曰、吉。獲兕一。

曰、戊申卜、貞王田雞、往來亡巛。王𡆥曰、吉。丝御。獲兕二。

曰、壬申卜、貞王田奚、往來亡巛。王𡆥曰、吉。獲兕十三。

曰、戊辰王卜、貞田㳄、往來亡巛。獲兕七。

曰、戊辰卜、貞王田于㳄、往來亡巛。獲兕七。

曰、戊子王卜、貞田戲、往來亡巛。王𡆥曰、吉。丝御。獲。

曰、壬午王卜、貞田戲、往來亡巛。王𡆥曰、吉。丝御。獲鹿二。

曰、戊寅王卜、貞田辜、往來亡巛。王𡆥曰、吉。丝御。獲鹿二。

曰、戊午卜、貞王田于祝、往來亡巛。丝御。獲。

曰、癸巳卜、在𠬝貞、王𢓊于射、往來亡巛。驅阱十六。

曰、丁卯□□□狩正□畢、獲鹿百十六、二百十三、豕十、旨一□
□。

曰、丙戌卜、丁亥王□畢、□畢三百又卌八。

曰、壬申卜、㱿貞、圃畢⿰屮戈、丙子⿺辶䖒。允畢二百之九一□。

曰、癸未卜、王曰、貞有馬在行、其左射、獲。

曰、遘獲。貞、不其獲。

曰、固曰、其獲。己酉王逐。允獲二。

曰、壬戌卜、射獲不。

曰、貞、翌己卯命多射。二月。

曰、射鹿獲。

曰、逐鹿獲。

曰、癸巳卜、王逐鹿。

曰、貞、其射鹿獲。

曰、今月獲。王其往逐鹿。

曰、鹿獲乎射。

曰、丙戌卜、王不其獲鹿。

曰、上缺獲鹿。允獲五。

曰、上缺獲。允獲鹿五。

曰、上缺獲、畢鹿十五之六。

曰、貞、𢓜不其獲鹿。

曰、貞、乎𢓜逐馬獲。

曰、上缺卜、以貞、逐馬獲。

曰、己未卜、以貞、逐豕獲。

曰、𠧟不其獲豕十月。

曰、貞、□不其獲羊。

曰、光不其獲羊。

曰、不其獲羊。

曰、乙巳卜、貞、台不其獲羊。十月。

曰、貞、光獲羊。

曰、貞、求我羊。

曰、己酉卜、㱿貞、㞢獲羊。

曰、貞、往羊不其得。

曰、丁巳卜、㱿貞、師獲羊。十二月。

右卜田狩者百八十有六。

曰、貞、乎子漁之于且乙。

曰、□、乎漁之于父乙。

曰、貞、□、漁之于且乙。

曰、丁亥卜、貞、子漁其之𣏟。

曰、辛卯卜、貞、今月□囚。十月、漁。

曰、貞、弗其畢。九月、在漁。

曰、癸未卜、丁亥漁。

曰、貞、御子漁。

曰、貞、其雨、在甾漁。

曰、在甾漁。十一月。

曰、貞、已漁乚其从。

右卜漁者十有一。

此卜田漁者也。

其卜征伐者六十有一。

曰、征。　貞、其克乎。

曰、隹其弗克。

曰、貞、乎往征。

曰、甲申卜、賓貞、征。

曰、貞、戉允其伐。

曰、貞、猷伐棘其戋。

曰、乙丑卜、王貞、余伐猷。

曰、其伐灉利。不利。

曰、其伐[illegible]利。不利。

曰、貞、乎征𢀛方。

曰、貞、乎伐𢀛方。

曰、貞、㞢隹王往伐𢀛。

曰、乎多臣伐𢀛方。

曰、令□乎伐𢀛方。

曰、貞、乎伐𢀛。

曰、㞢乎伐𢀛。

曰、殻貞、翌辛未命伐𢀛□。

曰、庚午卜、史貞、我受𢀛方□。

曰、辛亥卜、殻貞、㞢隹王往伐𢀛方。

曰、辛丑卜、殻貞、𢀛方其來、王㞢逆伐。

曰、己巳卜、𣪘貞、𢀛方弗允戈戉。

曰、貞、我弗其獲征𢀛方。

曰、甲子卜、𣪘貞、乎伐𢀛方、受□□。

曰、貞、乎伐𢀛、受之又。

曰、貞、伐𢀛方、受之又。

曰、貞、𤰇王往伐𢀛、受之又。

曰、庚申卜、𡆥貞、乎伐𢀛方、受之又。

曰、缺三千乎伐𢀛方、受□□。

曰、乙巳卜、𡆥貞、𤰇王往伐𢀛方、受之又。

曰、貞、乎伐𢀛、弗其受之又。

曰、貞、𢀜伐𢀛、帝不我其受又。

曰、庚子卜、賓貞、𢀜登人三千乎𢀛方、弗受之又。

曰、庚申卜、𣪘貞、王𢀜正𢀛方、下上弗若、不我其受又。

曰、貞、㞢隹王伐𢀛方、下上弗若、不其受□□。

曰、庚申卜、㱿貞、王㞢征𢀛方、下上弗若。不□□。

曰、貞、令□□从冨侯虎伐髳方、受之又。

曰、伐土方、受之又。

曰、貞、王从洗戓伐土方。

曰、戊午卜、賓貞、王从洗戓伐土方、受之□。

曰、丁酉卜、㱿貞、今𡆥王収人五千征土方、受之又。三月。

曰、辛丑卜、賓貞、命多紱从見乘伐下危、受之又。

曰、辛巳卜、賓貞、令伐下𢀛受又。

曰、己酉王卜、貞、余征三半方、𢀛𢦏命邑、弗敏。不匕自彝在大邑

商。王卣曰、大吉。在九月。遘用求五牛。

曰、貞、令𡆥王伐央方、□□人五千乎□。

曰、貞、曰師毋在兹延。

曰、癸酉王卜貞、旬亡𡆥、王來征人方。

曰、丙戌卜、貞、巛師在㞢不水。

曰、甲戌卜、在宊貞、今月師不□。

曰、戊辰卜、貞、今月師亡𡆥。寍。

曰、□巳卜、在洏東□貞、今月師不𢊁。

曰、□亥卜、在宊□、今月師□𢊁。其𢊁。

曰、乙丑卜、在黍貞、今月師不𢊁、在十月。

曰、丁亥卜、貞、今月師亡𡆥。寍。

曰、丙戌卜、貞、今月師亡𡆥。寍。

曰、癸丑卜、𣪊貞、師往衛亡田。

曰、丙戌卜、貞、旰馬左、右、中。人三百。六月。

曰、丁丑王卜、貞、今𠂤巫九𡆥、冊𣏟𡉚侯于□尢。眔二𨸏、余其从

戰亡有自下上□□□有不曾𢦏□□□邑商亡宅在□□。

曰、八月辛亥允戈伐二千六百十五六人、在□□在十一月。
曰、缺上登人三千乎戰。
曰、甲子卜王於卜大於。
曰、缺上四日庚申亦之來嬉自北。子□告曰、昔甲辰方征于蚁、得人十之五人。五日戊申方亦征，得人十之六人。六月在□□。
右言征伐者六十有一。
曰、癸丑卜、[illegible]貞、旬亡囚。王固曰、之求、之[illegible]。甲寅允之來嬉。又告
曰、之往芻自浴、十人之二。
曰、王固曰、之求、其之來嬉。三至九日辛卯允之來嬉自北。蚁敏
[illegible]告曰、土方牧我田十人。
曰、王固曰、之求、其之來嬉。三至七日己巳允之來嬉自西。[illegible]友
角告曰、𢀛方出、牧我示[illegible]田七人五。
曰、癸巳卜、㱿貞、旬亡囚。王固曰、之求、其之來嬉。三至五日丁酉

允之來嬄自西。沚戛告曰、土方征于我東鄙□二邑、𢀛方亦牧我西鄙田。

右言𢍰牧者四、附於征伐之後。

此卜征伐者也。

其卜年者三十有四。

曰、貞于王亥求年。

曰、壬申貞求年于夒。

曰、癸酉卜、求年于三[illegible]。

曰、貞求年于羔。

曰、癸丑卜、㱿貞、求年于大甲十牢、且乙十牢。

曰、壬申貞求年于妣乙。

曰、辛酉卜、賓貞求年于妣乙。

曰、貞于妣乙求年。

曰、帝命雨正年。

卜文正作𠯑與足字相亂、疑此是足字。

曰、庚午卜貞禾之及雨。三月。

曰、受黍年。

曰、貞受黍年。

曰、甲申卜、貞黍年。

曰、貞、乎黍受年。

曰、隹黍受年。

曰、庚申卜、貞、我受黍年。三月。

曰、戊戌貞我黍年。

曰、己酉卜、黍年之正。

曰、癸卯卜、以貞、我受黍年。

曰、甲寅出貞、歸姘受黍年。

曰、觀黍。
曰乙未卜、貞黍、在龍囿沓、受之季。二月。
曰貞、不其受黍年。
曰弗其受黍年。二月。
曰貞、不其受黍年。二月。
曰貞、弗其受菖年。二月。
曰夙受年。
曰甲辰卜、商受年。
曰戊申卜、王貞、受□商年。□月。
曰□寅卜、萬受年。
曰辛未貞、受年。
曰貞、我不其受年。
曰乙巳卜、以貞、所不其受年。

曰、弗受之年。

此卜年者也。

其卜風雨者百十有二。

曰、貞、其風。

曰、丙午卜、以貞、今日風囚。

曰、辛丑卜、貞、今日王□□不遘大風。兹□□。

曰、其遘大風。

曰、不遘風。　其遘大風。

曰、貞、翌丙子其之風。

曰、辛未卜、王貞、今辛未大風、不隹囚。

曰、戊午卜、貞、今日王其田宫、不遘大風。

曰、己亥卜、貞、今日不風。

曰、乙卯卜、貞、今日王田䆮、不遘大風。　其遘大風。

曰壬寅卜貞今日王其田曺不遘大風。　其□大風。

曰戊午□其雨□庚午日延風自北月□。

右言風者十有二。

曰貞其雨。

曰丙辰卜丁巳雨。

曰甲辰卜丙午雨。

曰王固曰其雨。

曰丁巳其雨。

曰今丙申其雨。

曰貞今日雨。

曰貞今日其大雨。七月。

曰貞今壬申其雨。

曰庚辰卜品貞今日其雨。

曰、癸未卜、來壬辰雨。

曰、今日卯其雨。

曰、乙酉卜、大貞、及茲二月之大雨。

曰、七日壬申雷、辛巳雨、壬午亦雨。

曰、□今癸巳至于丁酉雨。

曰、今三日雨。

曰、辛未卜、貞、自今至乙亥雨。一月。

曰、丙申今日雨。　丁酉雨。

曰、乙巳卜、出貞、今日雨。二月。

曰、帝唯癸其雨。

曰、⿰缶上⿱吅口貞、今三月帝命多雨。

曰、丁未卜、⿱吅口貞、及今二月雨。

曰、甲戌卜、賓貞、自今至于戊寅雨。

曰、己丑卜、庚雨。

曰、庚辰卜、六貞、翌辛巳雨。

曰、乙卯卜、翌丙雨。

曰、□□卜、箙、翌戊申雨。

曰、辛□卜、箙、貞、翌壬子雨。允雨。

曰、癸丑卜、箙、翌甲雨。甲允雨。

曰、辛亥卜、箙、翌壬雨。允雨。

曰、壬子卜、箙、翌癸丑雨。允雨。

曰、翌癸亥其雨。癸亥允雨。

曰、戊辰卜、及今雨。

曰、庚辰卜、辛巳雨。

曰、貞、今癸巳至于丁酉雨。

曰、庚午卜、㱿、貞、自今至己卯雨。

曰、貞、今亦益雨。
曰、貞、其冓雨。
曰、今十三月雨。
曰、貞、及十三月雨。
曰、甲戌卜、大貞、今日不雨。
曰、壬申卜、今日不其雨。
曰、壬午卜、貞、今日不雨。
曰、壬辰卜、貞、今日不雨。
曰、戊寅卜、貞、今日不雨。
曰、貞、翌辛亥不雨。
曰、貞、丁不雨。
曰、庚寅不其雨。
曰、己卯雨不。

曰、壬午卜、來乙酉雨不。
曰、丙戌卜、貞、自今日至庚寅雨不。
曰、辛亥貞、今月雨。
曰、乙卯卜貞、今月其雨。
曰、今月其雨。
曰、庚辰卜、𠬝、今月其雨。允雨。
曰、今二月帝命雨。
曰、于之月有大雨。
曰、癸未卜、茲月有大雨。
曰、貞、不其雨、在五月。
曰、貞、今月不雨。
曰、今月不其雨。
曰、貞、今月不其雨。九月。

曰、今巳月不雨。

曰、之月允不雨。

曰、其有大雨。　丁丑乚大雨。

曰、貞、翌庚辰其雨。　貞、翌庚辰不雨。　庚辰□大采。

曰、辛酉卜、貞、今日不雨。　其雨。　妹雨。

曰、戊辰卜、[illegible]貞、來乙亥其雨。　戊辰卜、[illegible]貞、來乙亥不雨。

曰、甲申卜、翌乙雨。　翌乙不雨。

曰、壬午卜、來乙酉雨。　不雨。

曰、貞、今日不雨。　貞、其雨。

曰、乙卯卜、貞、今日不雨。　其雨。

曰、翌日戊不雨。　其雨。

曰、庚子卜、逆、貞、翌辛丑雨。　貞、翌辛丑不其雨。

曰、貞、今丙午延雨。　今丙午不其延雨。

曰、貞、令月其雨。貞、令月不雨。

曰□□其雨。之月允不雨。

曰、辛亥卜、貞、延雨。不多雨。

曰、乙丑卜、冓雨巳其不。

曰、乙未卜、賓貞、今日其延雨。

曰、貞、其延雨在六月。

曰、貞、今巳亥不延雨。

曰、庚戌[illegible]貞、雨帝不我□。

曰、其自南來雨。

曰、其自東來雨。

曰、癸巳卜、㞢貞、雨雹、十月在。

曰、庚子卜、雪。

曰、□午卜、王往田雨。

曰、戊寅卜、貞、今日王其田⿰彳文不遘大雨。茲御。

曰、壬午卜、今日王田曹不遘雨。

曰、戊申卜、貞、今日王田羌不遘雨。茲御。其雨。

曰、戊辰卜、貞、今日王田⿲氵乂氵不遘大雨。其遘大雨。

曰、辛亥卜、貞、今日王田曹□日不遘雨。其遘雨。

曰、戊申卜、貞、今日王田殼不遘雨。其遘□。

曰、戊申卜、貞、王田殼不遘雨。茲御。其雨。

曰、丁卯卜、㲋貞、王往于⿰彡乡、不一冓雨。

曰、丁卯卜、內貞、王燕⿱比巳□、不一冓雨。

曰、貞、今日雨、不隹稫。

曰、貞、今□其雨、在圃漁。

曰、庚子卜、⿰口㞢貞、王般其冓、之日般冓雨。五月。

右言雨者百。

此卜風雨者也。

其雜卜四十有七。

曰、貞、帝于命。

其文當是貞命于帝、顛倒書之。

曰、貞、不隹。

曰、帝弗若。

曰、貞、不若。

曰、貞、不若。八月。

曰、貞、不其若。九月。

曰、受之又。　貞、弗其受之又。

曰、受之又。

曰、貞、亾得。

曰、貞、不其得。

曰、己卯卜、貞、王今月盗。

曰、戊子卜、貞、王今月盗。

曰、丁丑卜、貞、王今月盗。

曰、庚戌卜、貞、帝其降艱。

曰、有來艱。

曰、己卯卜、□貞、今日亾來艱。

曰、□□卜、□貞、今日亾來艱。

曰、西土亾艱。

曰、貞、不其降。

曰、戊辰卜、王不其降。

曰、貞來。

曰、貞、亾其來自西。

曰、戉其來。　不其來。

曰、貞不其至。

曰、辛酉卜、王貞、方其至今月乙丑方。

曰、王其觀。

曰、征觀。

曰、己巳卜、其遘觀。

曰、辛、王从相田、其敏。

曰、貞、王往相西。

曰、己巳卜、貞命[illegible]相、在南啚。十月。

曰、甲戌卜、[illegible]貞、方其[illegible]于東。九月。

曰、貞、我旅在。

曰、丁亥卜、貞、馬。

曰、辛未王卜、曰、余告多君曰、般卜有求。

曰、庚戌□、貞、錫多女之貝朋。

曰、貞、令一月歸好。
曰、庚子卜、□貞、歸好之子。
曰、貞、歸好弗其用。
曰、貞、歸好不征淵。
曰、貞、叟歸好乎御伐。
曰、貞、御歸井于母庚。
曰、觀黍歸井。
曰、其觀黍不歸井。
曰、貞、乎歸姘田于公。
曰、貞、歸婐之子。
曰、己亥卜、王余弗其子歸姪子。

此卜雜事者也。此九事外尚有可錄者、不復備舉。讀者隅反焉可矣。

禮制第七

殷商禮制徵之卜辭、其可知者六端。曰授時、曰建國、曰祭名、曰祀禮、曰牢鬯、曰官制。取以校周禮、其因革略可知也。今依次述之。

商稱年曰祀、亦曰祠。

爾雅釋天、商曰祀。徵之卜辭稱祀者四、稱司者三。曰惟王二祀。曰惟王五祀。曰其惟今九祀。曰王廿祀。曰王廿司。是商稱年曰祀、又曰司也。司即祠字。爾雅、春祭曰祠。郭注、祠之言食。詩正義引孫炎云、祠之言食。（音賜）為郭注所本。是祠與祀音義俱相近。在商時殆以祠與祀為祭之總名。周始以祠為春祭之名。故孫炎釋商之稱祀、謂取四時祭祀一訖。其說殆得之矣。

一月為正月、亦稱一月。

卜辭中正月凡三見、一月凡四見。是商或稱正月、或稱一月也。

有閏之年、則稱其末月曰十三月。

卜辭中書十三月者凡四見、殆皆有閏之年也。古時遇閏稱閏月、不若後世之稱閏幾月。至商有十三月、則並無閏月之名、可徵古今稱閏之不同矣。

此授時之可知者也。

王畿曰京師、亦曰大邑。

卜辭中有王其乎宦于京師、及告于大邑商語。均謂王都。書多士、肆予敢求爾于天邑商。天邑即大邑之譌。正義引鄭玄曰、言天邑商者、亦本于天之所建。據譌文以為說、失滋甚矣。康誥云、周公初基作新大邑于東國洛。多士、今朕作大邑于茲洛。孟子引逸書、用臣附于大邑周。三稱大邑、與卜辭正同、蓋沿商人之舊稱矣。

其宗廟宮室之制則有大室、

卜辭中太室再見。一曰其叙丁于大室。一曰甲戌王卜□大室□□□命。是大室之名商已有之矣。

有南室、

卜辭曰、告于南室。南室未見他書。尸子稱明堂、殷曰陽館。孝經緯言、明堂在國之陽。南室者、其明堂與、抑為廟中南方之室與、不可知矣。

有血室、

卜辭中三言血室。曰、貞酒匚于血室、亾尤。曰、貞翌辛未其之于血室三大牢。曰告血室。依其文觀之、是廟室也。禮器言血毛詔于室。故謂之血室與。

有祠室、

曰、壬辰卜、貞𢦏司室。司室即祠室、殆亦廟室矣。

有血宮、

文多斷缺、誼不可知。

有東寢、

曰癸巳卜、賓、𡩜今二月宅東寢。此寢殆亦廟中之寢矣。

有龍囿、

文曰、乙未卜、貞黍在龍囿。於此貞黍、殆在郊外之地矣。

此建國之可知者也。

諸祭之名曰宗、

文曰、丙子卜、貞文武宗其牢。茲□。又曰、丙寅卜、貞文武宗□牢□□。此當為卜宗祀者、故無王賓之名矣。

曰禘、

文曰、□□卜、貞大日其□、王其有彳乙武□文武帝、禾酒□□。

王受冬。王受□。云文武帝、與上條文武宗語法同。宗爲宗祀、則帝殆爲禘祭矣。禘祭而先云有彳武乙者、殆武乙祔廟時之吉禘與。

曰烝、

曰肜日。文均見卜辭篇。以上四祭誼並可知、肜月以下則但知其爲祭名而已。

曰肜月、

曰𡿧日、

曰𦣞、

曰祭、

曰祟、

曰𢧜、

曰禳、
曰𦍌、
曰叙、
曰酒、
曰美、
曰品、
以上諸文並載于卜辭篇。
曰𦍌、
說見文字篇。
曰衣、
王徵君曰、衣為祭名未見古書。惟濰縣陳氏所藏大豐敦云、王衣祀于不顯考文王。案、衣祀疑即殷祀。殷本㐆聲、讀與衣同。故書康誥、殪戎殷。中庸作壹戎衣。鄭注、齊人言殷聲如衣。

呂氏春秋慎大覽親郼如夏。高注、郼讀如衣。今兗州人謂殷氏皆曰衣。然則卜辭與大豐𣪘之衣殆皆借為殷字。惟卜辭為合祭之名、大豐𣪘則為專祭之名、此其異也。

此祭名之可知者也。

祭先卜日、卜牲、其日恒以所祭之祖之生日。

例多見前卜辭。

其卜日也、亦以所祭之生日卜之。

說見前卜辭篇。

其卜牲也、卜其毛色、

曰、丙子卜、貞康丁且丁其牢羊、曰、其戠。絲用。曰、丁卯貞、般缺有羊缺白牡。曰、甲子卜、旅貞翌乙丑古夒白牡。曰、己未卜、其剛羊十于西南。曰羊、曰戠、曰白牡、曰剛、即劉是卜毛色也。商人殆兼用諸色、以卜定之。禮家皆謂夏后氏牲用黑、殷用白、周用辭。以卜辭證之、殊不然矣。

卜其牝牡、

曰、且甲哥牡。曰、母庚牡一。曰、御于高妣己□牡。曰、貞牝𡿺于且乙。曰、其牢牝。曰、貞且辛□牢牡。是卜牝牡也。

卜其數類。

說見下。

王親相牛。

卜辭言王往相牛者三。周禮則省牲為大宗伯及小宗伯之職、王不親相也。此周禮之不同於殷者。

田漁以取鮮。

春秋傳曰、惟君用鮮、衆給而已。王制言天子諸侯之田、一為乾豆。卜辭中書田獵者雖無取鮮明文、然大率當為祭祀也。

其卜漁者曰、貞乎子漁之于且乙。曰、十月漁。曰、九月在漁。曰九月漁。曰、王漁。曰、在甾漁。十一月。是王亦親漁以充祀也。禮記月令、季春天子始乘舟薦鮪于寢廟。不知爲何代之禮。然周官䱷人則云、掌以時䱷爲梁、春獻王鮪。又左傳公矢魚于棠。臧僖伯曰、皁隸之事、官司之守、非君所及。似周禮王不親漁與殷異者。然石鼓文述王田並及漁。全先生祖望謂古者諸侯有畋無漁。徵之卜辭及石鼓殆不然矣。惟卜辭言漁在九月十月及十一月、與月令言季春者異。月令所記其亦非殷禮與、抑殷之親漁歲非一與。

臨祭爯册。

卜辭曰、己未卜、貞、賁酒皃𠕋太甲。又曰、爯册乎妣乙。其餘言爯册者尚多、是祭時有告神之册矣。

先公先王皆特祭而不祧、

王徵君曰、殷之先公若王亥、若示壬、示癸、先王自大乙至于武乙此三公、二十二王、自卜辭觀之、無一不特祭者。則不見於卜辭之先公先王亦可知矣。此禮與周制大異。公羊文二年傳大祫者何、合祭也。其合祭奈何、毀廟之主陳於太祖、未毀廟之主皆升合食於太祖。五年而再殷祭。五經異義古春秋左氏說、古者日祭於祖考、月薦於高曾、時享及二祧、歲祫及壇墠、終禘及郊宗衣室。見藝文類聚、初學記、太平御覽所引。則周之毀廟自禘祫合祭外、更無特祭之法。今卜辭雖非一時之物、而三公均特祭、則先王可知、則商世蓋無廟祧壇墠之制、而於先公先王不以親疏為厚薄矣。

先妣亦特祭。

王徵君曰、殷先公先王皆以名之日特祭、先妣亦然。凡卜辭上稱王賓某、下稱奭某者、其卜日亦依奭名、皆專為妣祭。而卜其妣上必冠以王賓某如大乙、大甲之類奭者、所以別於同名之他妣。如後世后謚上冠以帝謚、未必帝后並祀也。其餘卜辭所載特祀之條尚多。妣有專祭、與禮家所説周制大異。少牢饋食禮、祝辭曰、孝孫某敢用柔毛剛鬣嘉薦普淖、用薦歲事于皇祖伯某、以某妃配某氏。尚饗。祭統、鋪筵設詷几、為依神也。注、詷之言同也。祭者以其妃配、亦不特几也。皆妣合祀於祖之證。惟喪祭與祔始有特祭。士虞禮記、男男尸。女女尸。又士祔于皇祖、女子于皇祖妣、孫婦于皇祖姑。記載祔士之辭曰、孝子某孝顯相、夙興夜處、小心畏忌、不惰其身、不寧。用尹祭、嘉薦普淖、普薦溲酒、適爾皇祖某甫、以躋祔爾孫某甫。尚饗。此祔男子於祖則祭其祖、祔女子與孫婦於妣則當祭其皇祖妣與皇祖姑矣。雜記、男子附於王父則配、女子附於王母則不配。注、配謂并祭王母、不配謂不祭王父。有事於尊者可以及卑、有事於卑者不敢援尊。是妣於廾祔其孫女及孫婦時始有特祭、此外無特祭之文。商則諸妣無不特祭、與先公先王同。此亦言殷禮者所當知也。

亦有同日而祀二祖、或云眔某者。

如曰、癸未卜、正月甲申祭且甲㞢[?]甲。曰、癸巳王卜、在正月甲午[?][?]甲、㞢羊甲。是同日而祀二祖也。曰、貞、王賓且乙奭妣庚、[?]□□□眔兄庚二牢。曰、癸亥□、貞、兄庚[?]眔兄己[?]。曰、癸酉卜、行貞、王賓原奪字父丁[?]三牛眔兄己一牛、兄庚祀一人、而眔他一人、或二人。凡是者既殊于合祭之祀多祖、而又異于特祭一祖、不能知其為何祀矣。

凡卜稱所祭之祖曰王賓、所祭之妣曰奭。

卜辭中稱所祭者曰王賓、祭者是王則所祭者乃王賓矣。周書洛誥、王賓殺禋咸格、猶用殷語。前人謂王賓賓異周公者、失之。奭説見前文字篇。

其外祭可考者曰社、

王氏國維曰、卜辭所紀祭事大都內祭也、其可確知為外祭者有祭社二事。其一曰、貞賁于土三小牢、卯一牛、沈十牛。其二曰、貞彡求年于畓土。案、土即土、即今隸土字。卜辭假為社字。詩大雅、乃立冢土。傳云、冢土、大社也。商頌、宅殷土茫茫。史記三代世表引作殷社茫茫。公羊僖三十一年傳、諸侯祭土何注、土謂社也。是古固以土為社矣。畓土即邦社。說文解字、邦古文作畓。其字从㞢、不合六書之恉、乃為畓之譌。畓从田丰聲、與邦之从邑丰聲、籀文𡊄之从土丰聲者同。古封邦一字說見史籀篇疏證。邦社即祭法之國社、漢人諱邦改為國社、古當稱邦社也。周禮大宗伯、以血祭祭社稷五祀。而商人用賁、用卯、用沈、召誥乃社于新邑、牛一、羊一、豕一。禮器郊特牲亦云、天子社稷太牢。而商則賁三小牢即少牢卯一牛、沈十牛。其用牲不同如此、然則商周禮制之差異不獨内祭然矣。

曰五方帝、

曰、貞方帝卯一牛之南□。曰、貞[illegible]賁于東。曰己巳卜、王賁于東。曰賁于西。曰、貞賁于西。曰癸酉卜、中貞、三牛。曰方帝。曰東曰西、曰中、疑即五方帝之祀矣。

此祀禮之可知者也。

其祭時牢牲之數無定制、一以卜定之。其牲或曰大牢、或曰小牢、或牛、或羊、或豕、或犬。其牛又曰牡、曰牝、曰羍、曰犆。其用牲之數或一、

卜辭中用一牛者、曰且乙、曰且辛、曰且丁、曰小乙、曰且甲、曰妣己、曰唐、曰乙、曰丁。用一牡者、曰母庚、曰父甲、曰父庚、曰父辛。用一牢者、曰大庚、至于中丁、曰且辛。

或二、

用二牛者、曰且辛、曰父乙、曰母庚。用二牡者、曰妣己。用二牢者、曰且庚、曰妣庚。用一牛、一羊者、曰妣己。用二犬者、曰王矢。

或三、

用三牛者、曰大甲、曰且乙、曰⿱罒戊。用三白牛者、曰王亥。用三牢者、曰大戊、曰小辛、曰武丁、曰丁。用三小牢者、曰母己。用三羊者、曰且乙。

或五、

用五牢者、曰大甲、曰大戊、曰且乙、曰妣庚。

或六、

用五羊、一牛者、曰甲。用三小牢、卯三牢者、曰羔。

或九、

用九牛者、曰唐。

或十、

用十牛者、曰咸。用十白豕者、曰且辛。用十牢者、曰大甲、曰且乙、曰且辛、曰父乙。用九牛一羊者、曰甲。

或十五、

用十五牢者、曰丁。用十五羊者、曰甲。

或二十、

用十牛十羊者、曰丁。

或三十、

用三十牛者、曰丁。用三十牢者、曰大甲、曰妣庚。

或三十三、

用三羊、卅牢者、曰妣庚。

或三十七、

用三十七牢者、曰丁。

或四十、

用四十牛者、曰王亥。

而止於百。

用百牛者、曰彈、曰寅尹。用百豕者、曰⿱𢆶廾。用百羊者、曰大丁、大甲、且乙。又有僅曰牢、曰牛、曰犇、曰牡、曰小牢、曰羊、曰犬、而不言其數者。其僅言牢者、曰大甲、曰大戊。僅言牛者、曰南庚。僅言犇者、曰武丁、曰康且丁。僅言牡者、曰且乙。僅言小牢者、曰南庚、曰小乙。僅言羊者、曰且戊、曰妣己。僅言犬者、曰父甲、曰父庚。

其用牲之法曰尞、曰貍、曰沈、曰卯、曰俎。

卯之誼不可知。然觀卜辭所載每云尞幾牢、貍幾牢、卯幾牢、或云、尞幾牢沈幾牢、卯幾牢、別卯于尞、貍、沈、則卯者當為薦於廟之牲矣。俎者陳牲體于俎。

祭時或僅用尞、

僅用賁者、曰示壬、曰王亥、曰昌、曰咒、曰𠱠、東、曰𦏴、曰蚰、曰㚤、
皆不記牢數。曰羔、用三牢。曰㚤、用六牛。

或僅用貍、
僅用貍者、曰妣乙、用二牢。

或僅用沈、
僅用沈者、曰貞、沈十牛。不言用之何人。

或僅用卯、
其僅用卯者、曰武丁、卯六牢。

或兼用賁與貍、
兼用賁與貍者、曰妣乙、賁一牢、貍二牢。

或兼用賁與沈、
兼用賁與沈者、曰妣乙、五牛、沈十牛。

或兼用賁與卯、

兼用尞與卯者、曰、丁尞五小牢、卯五牛。又三十牢、又十小牢、卯十彡牛。曰、六旬五豕、卯五羊。又六豕、卯羊六。曰、□尞十小牢、卯十牛。曰羔尞三小牢、卯三牢。曰大甲尞三羊、卯四牛。

或兼用尞與俎、

用尞與俎者、曰、妣乙尞十牛、俎十牛。

或兼用貍與尞與卯、

用貍尞卯者、曰、辛巳卜、□貞、貍三犬、尞五犬、五豕、卯四牛。一月。而不言其人。

或兼用卯與沈。

用卯與沈者、曰、卯三牛、沈三牛。亦不舉祖名。

其用鬯之數、或六、

用鬯六者、曰文武丁。

或十、

用十叟者、曰大甲。
或三十、
用叟三十者、曰妣庚。
亦止于百。
用叟百者、曰彈、曰大丁、大甲、且乙。其僅曰叟而不言幾卣者、
曰大甲、曰且乙、曰南庚、曰康且丁、曰且戊。
牢叟之外或薦以玉、
祭用玉者、曰南庚。又文曰、癸酉□貞帝五玉其□牢。
此牢叟之可知者也。
至殷之官制則有卿事、
卿事亦見乙未敨文、曰、乙未卿事錫小子𠭰貝二百。與卜辭
同。毛公鼎及番生敨亦皆有卿事。士古皆訓事、卿事即卿士
也。詩商頌、降予卿士。大雅、百辟卿士。箋、卿士卿之有事也。又

小雅、皇父卿士。箋云、朋黨於朝、皇父為之端首兼擅羣職故但目以卿士云。詩之卿士即卿事。周官、六官之長皆曰卿。而鄭君謂卿士兼擅羣職。是卿士即冢宰矣。周官雖無卿士之名、而屢見於詩及周初古金文、是周官實沿殷制矣。

有大史、

周禮春官有大史、掌建邦之六典、亦掌大祭祀。卜辭中因卜祭而有大史之名、是殷之大史職掌與周略同。周官實沿殷制矣。卜辭稱大史賓、周毛公鼎、番生敦亦均有此語。

有方、

卜辭云、命方歸。方當為官名。周禮夏官有職方、土方、合方、訓方、形方五氏、疑亦仿殷制矣。

有小臣、

周禮夏官有小臣、掌王之小命、詔相王之小灋儀及王之燕出入、及大祭祀小祭祀。以其職掌觀之、殆與卜辭之小臣略同矣。

有豎、

文曰、命壴歸。壴與樹當為一字、亦即後世之豎字。說文解字、豎豎立也。廣雅釋詁、豎立也。壴在卜辭中為官名、與周禮天官及禮記文王世子之內豎、左氏傳晋侯之豎曹伯之豎、相類。蓋王之近侍小臣其名已見於殷世矣。

有埽臣、

此名不見於前籍、以其名考之、亦小臣與豎之類矣。

此官名之可知者也。由此觀之、商周二代之禮因革略可見矣。

卜法弟八

卜以龜、亦以獸骨。龜用腹甲、而棄其背甲。

背甲厚不易作兆、且甲面不平、故用腹甲。

獸骨用肩胛及脛骨。

脛骨皆剖而用之。

凡卜祀者用龜、卜宅事皆以骨、田獵則專用脛骨、其用胛骨者則疆理征伐之事為多。故殷虛所出獸骨什九、龜甲什一而已。其卜法削治甲與骨、令平滑、於此或鑿焉、或鑽焉、或既鑽更鑿焉。龜皆鑿、骨則鑽者什一二、鑿者什八九。既鑽而又鑿者二十之一耳。此即詩與禮所謂契也。

鑿跡皆橢圓形如⓪、鑽則正圓形如〇、既鑽更鑿者則外圓而內橢如◎。大抵甲骨薄者或鑿、或鑽。其鑽而復鑿者、皆厚骨不易致坼者也。

既契、乃灼於契處以致坼。灼於裏、則坼見於表。先為直坼、而後出歧坼、此即所謂兆矣。

予所見兆形甚多、略示如下。

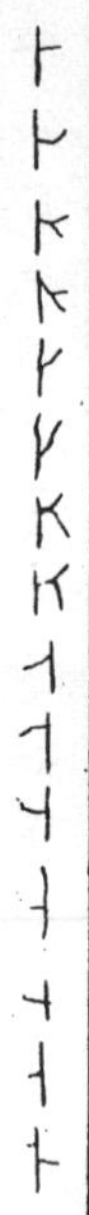

蓋不契而灼則不能得坼、既契則骨與甲薄矣。其契處必斜入、外博而內狹、形爲椭圓、則尤薄處爲長形、灼於其側、斯沿長形而爲直坼、由直坼而出歧兆矣。於以觀吉凶、並刻辭於兆側以記卜事焉。此古卜法之可據目驗以知之者也。

予既據目驗知古卜法概略、證以周禮春官及毛詩、戴記、周秦諸子之言卜事者多與符合。知殷周卜法無大差、而鄭君箋注詩禮則頗有失誤。是商周卜法漢儒已不能明矣。詩大雅曰、爰契我龜。契即荀子鍥而不舍之鍥。契者、鍥之初字。古契字多訓刻。易繫九家注、釋名、廣雅釋言、漢書枚乘傳集注、後漢書張衡傳注並同。韓非子及周官大卜鄭司農注所謂鑿龜、莊、荀、韓非諸子及王制所謂鑽龜、均即契也。書契之契本誼亦訓刻、竹帛以前皆爲刻字、卜辭其證也。周禮小宰鄭司農注謂書契爲符書、乃書契之別一誼、曲禮之執右契、管子之使無券契之責、皆符書也。說文解字謂契爲大約、乃以符書爲契之本誼、殆失之矣。契誼為刻、而所以刻之之具即以名焉。華氏所謂掌共燋契、是也。契所以鑿、燋所以爇。杜子春所注本自分明、極合事實。而鄭君乃為異義、一則曰、士喪禮、楚焞置于燋在龜東。楚焞即契所用以灼龜。再則曰、以契柱燋火而歛之、契既然以授卜師。其注士喪禮又曰、楚荆也。荆焞所以鑽龜者。始誤以契與燋為一物、鑽與灼為一事。以鄭君之熟精三禮、乃有此譌、此殷周卜法漢代已失之確證矣。孔氏詩正義亦謂楚焞即契。賈氏儀禮正義又云、鑽龜用荆。祖述鄭義、譌誤益滋。至李華乃為卜用生龜之說、去古益遠、古制乃愈不可知矣。至骨卜之法為古籍所不載、而顧見於宋史西夏傳及徐霆之黑韃事畧。其觀吉凶與古同否雖不可知、而西夏之卜以艾灼羊胛骨、宋史作髀骨、乃胛骨之譌。黑韃亦灼羊之枚子骨謂之燒琵琶、與商代骨卜用肩胛骨者正合。中夏卜事獨存於荒裔、且逾二千年而不絕，亦異事矣。又殷周卜法漢儒已不能明者，光州胡侍郎煦卜法詳考推衍禮經，斷以己意，所言至精晰。證以予所目驗，若合符節。此亦我　朝學術超越前代之明驗矣。侍郎之書世顧罕知者，故附箸之。

殷虛書契考釋卷下

男福頤恭校

余為商遺先生書殷虛考釋竟、作而歎曰、此三百年來小學之一結束也。夫先生之於書契文字、其蒐集流通之功、蓋不在考釋下。即以考釋言、其有功於經史諸學者、蓋不讓於小學。以小學言、其有功於篆文者、亦不讓於古文。然以考釋之根柢在文字、書契之文字為古文。故姑就古文言之。我朝學術所以超絶前代者、小學而已。順康之閒、崑山顧亭林先生實始為説文音韻之學。説文之學至金壇段氏、而洞其奥。古韻之學經江戴諸氏至曲阜孔氏、高郵王氏、而盡其微。而王氏父子與棲霞郝氏復運用之、於是詁訓之學大明。使世無所謂古文者、謂小學至此觀止焉可矣。古文之學萌芽於乾嘉之際。其時大師宿儒、或殂謝、或篤老、未遑從事斯業。儀徵一書、亦第祖述宋人、畧加銓次而已。而俗儒啚夫不通字例、未習舊埶者、輒以古文所託者高、知之者鮮。利荆棘之未開、謂鬼魅之易畫、遂乃肆其私臆、無所忌憚。至莊葆琛、龔定庵、陳頌南之徒、而古文之厄極矣。近惟瑞安孫氏頗守矩矱、吳縣吳氏獨具縣解。顧未有創通條例、開發奧窔、如段君之於說文、戴、段、王、郝諸君之於聲音訓詁者。余嘗恨以段君之邃於文字、而不及多見古文。以吳君之才識、不後於段君、而累於一官、不獲如段君之優游壽考、以竟其學、遂使我朝古文之學、不能與詁訓說文古韻三者方駕、豈不惜哉。先生早歲即治文字故訓、繼乃博綜羣籍、多識古器。其才與識、固段吳二君之儔。至於從容問學、厭飫墳典、則吳君之所有志而未逮者也。而此書契文字者、又段吳二君之所不及見也。物既需人、人亦需物。書契之出、適當先生之世、天其欲昌我朝古文之學、使與詁訓說文古韻匹、抑又可知也。余從先生游久、時時得聞緒論。比草此書、又承寫官之乏、頗得窺知大體、揚搉細目。竊歎先生此書詮釋文字、恆得之於意言之表、而根源脈絡一一可尋。其擇思也至審、而收效也至宏。蓋於此事自有神詣。至於分別部目、剏立義例、使後之治古文者於此得其指歸、而治說文之學者亦不能不探源於此。竊謂我朝三百年之小學、開之者顧先生、而成之者先生也。昔顧先生音學書成、山陽張力臣為之校寫。余今者亦得寫先生之書。作書拙劣、何敢方力臣。而先生之書、足以彌縫舊闕、津逮來學者、固不在顧書下也。

甲寅冬十二月祀竈日、海甯王國維。

殷虚古器物圖録附説

殷虚古器物圖録序

光緒戊申，予既訪知貞卜文字出土之地爲洹濱之小屯，是語實得之山左估人范某。予復咨以彝器法物有同出於是者乎？范估言無之，予疑其言非實也。嗣讀宋人《博古圖》，于古器下每有注「出河亶甲城」者。河亶甲城，其地蓋即今之小屯，知曩疑爲不虛。蓋宋以來，殷虚所出古器已夥，今不應無之，特未寓目耳。

宣統庚戌，乃遣家弟子敬詣洹曲搆之，往返者數四。初得古獸骨骼齒角及蜃甲數十，而卒得犀象雕器、石磬、骲族等物。雕器至精雅，與彝器雕文同，顧彼出模法，而此爲手工。又得古彝器斷耳，精巧無與倫匹，而嵌以寶石，亦手工所成。念吾人生於今日，得觀三千餘年前良工手迹，洵爲人世之奇遇，寓内無二之重寶矣。欲以暇日，爲之考究，並爲寫影精橅，以餉當世。又疑殷虚遺寶或不止此，欲再往以求。蓋用是荏苒，不覺數歲。乃甲寅春游洛涉洹，僅得珧璧一，而它物不復遇，蓋寶藏空矣。頃既成《殷虚書契後編》，私念言殷虚遺物雖殘闕斷爛之餘，而可窺見古代良工之製作，兼可考見古器之狀，收多識之益。今祕予篋中垂十年，世莫得而見也，其存其亡，惟予是繫。不即今著録，後且無復知是者，遺憾將不可弭。乃親督工寫影，成書一卷，計古器物五十有五。於囊之不能名者，若疏匕、若柶、若笄，乃漸得其名。而卒不能名者，尚什二三，將以俟之博物君子。器物之大小長短，一如其形。大者析之，合觀焉可得其原狀。其尤大幅中不能容者始縮之，而詳注尺寸。考證所得，爲録一卷，附於圖後。當世博雅，幸裁正焉。丙辰四月，永豐鄉人羅振玉書於海外寓居之殷禮在斯堂。

殷虚古器物圖録附説

小璧一，以珧爲之，與禮器之璧大小懸殊。吴中丞《古玉圖考》所載有與此相等而以玉爲之者，中丞題曰「系璧」。案，《説文解字》玤注「石之次玉者，以爲系璧」。段君注，系璧蓋爲小璧，系帶間，懸左右，佩物也。吴中丞蓋本段説。桂氏注謂系璧當爲璧系，即璧帶。今以此璧及吴氏所圖證之，則段説是而桂説非矣。系璧禮家無言之者，其名僅見於許書。惟許書言「石之次玉者」，疑是後人誤闌入此五字。古系璧殆皆以玤爲之，後或易以玉。玤疑與珧義同，乃以蜃甲爲之。其字從王旁作者，若珠、若玭、若珧、若玏、若璣，皆非玉而從玉，因其瑩潤如玉也。玤之從玉，殆亦其例。然非見此璧，則無由知之矣。

筒形殘器一，空中而無當，上斂下廣，但存半筒，不知爲何物。雕文至精，驗其材，乃犀角也。

考《爾雅・釋地》、《淮南・地形訓》、《説文解字》皆以犀生於南徼，觀此器，知當殷代中原亦有之。孟子言周公伐殷，驅虎豹犀象。又今殷虛遺物，象齒至夥，知有象必有犀矣。前籍但言犀甲，不言犀製他器，今觀此器，知古籍不著之事多矣。

雕骨殘器，面背皆施刻鏤，面甚粗略，乃彝器之耳。彝器有用骨製者，亦不見於前籍。

雕象殘器，不能名其物，而雕琢精絶，以象牙製之。然則紂爲象箸之説，不可信矣。

雕骨器折柄，上刻龍首形，有穿可繫組，乃疏匕柄也。《少牢饋食禮》注，疏匕，匕柄有刻飾者。《特牲饋食禮》棘心匕刻注，刻若今龍頭。此均其明證。又一折柄，以象爲之，刻飾尤工細，而不作龍頭形，亦無穿。知疏匕之刻飾初無定象，不必悉刻龍首也。此可補禮注之略。

又雕骨折柄一，視前二器大且倍，刻飾粗略，予以爲此柶之折柄也。古者匕與柶多通稱，而形製則頗異。《説文解字》匕，一名柶。《廣雅・釋器》柶，匙匕也。此匕柶通稱不别也。而考其形製，匕必捄柄，而柶柄挺直。匕之下端尖鋭，故短兵謂之匕首，言鋭如匕也。（《匋齋吉金録》卷三載銅勺六，其物非勺，乃匕也。捄柄鋭首，爲匕無疑。）柶則下端爲廣而微方之葉，《冠禮》面葉以授賓是也。葉亦作攕，《三禮圖》引舊圖所謂攕博三寸是也。匕用於鼎，以别出牲體，故須利首。柶則用之於鉶、於醴，故博葉。此録所載疏柶折柄一，又有未疏之素柶三，皆已折。其一最小，其一最大，又一次之，柶之用各殊，故大小亦異，但恨未覩其完者耳。匕與柶之别，禮家罕言之，予嘗就所見實物爲《釋匕柶》篇，節其大略於此。

釘狀骨製物八，刻首而鋭末，大小不一，予以爲是骨笄也。笄之狀禮家言之不詳。鄭君注禮，謂笄即今之簪，荀卿《鍼賦》曰簪以爲父，則簪似鍼而巨。《倭名類聚鈔》卷四引《四聲字苑》曰：簪，插冠釘也。釘與鍼皆豐本而鋭末，與此狀正同。古之笄其用有二，一以安髮，一以固冠。此當是固冠之笄。知其然者，古冕弁皆用笄以繫紘，天子玉笄朱組紘，諸侯玉笄青組紘，大夫、士象笄皆緇組紘。蓋以紘之一端繫於左笄，屈紘繞頤，復繫他端於右笄。上有刻首者，所以繫紘也。八笄之中，其三無刻首，則疑是安髮之笄，而非冠笄矣。禮家於笄製之長短亦言之不詳，惟言女子之吉笄長尺二寸，又灑笄長四寸，冠笄無聞焉。以予所見之實物考之，當爲左右各貫一笄，笄各有刻首，以繫紘之兩端，而末鋭處插入冠與髮之中，而非以一笄貫通左右。使用一笄者，若爲刻首而鋭末，則刻首之一端可繫紘，鋭末之一端不可繫也。若兩端皆有刻首，則可繫紘矣，而不能通貫冠與髮，知古者必左右各一笄也。可據此笄以補禮家之闕。（予又藏古銅笄三，長者當建初尺九寸餘，短者亦五寸餘。其首長寸餘，有至二寸者，當是漢魏間物，亦固冠之笄也。殆亦左右各貫一笄，惟較長耳。）又知長不過數寸也。

骨管一，洞中而無當，雕刻其外，不知何物，疑律琯也。又珧製殘器一，亦不知何物。

古者貨貝而寶龜，貝與龜爲何狀，不得目睹也。前人古泉譜録有所謂蟻鼻錢者，予嘗定爲銅製之貝，然苦無證。往歲又於磁州得銅製之貝，無文字，則確爲貝形。已又於磁州得骨製之貝，染以緑色或褐色，狀與真貝不異。而有兩穿或一穿，以便貫繫。最後又得真貝，摩平其背，與骨製貝狀畢肖。此所圖之貝均出殷虚，一爲真貝，與常貝形頗異。一爲人造之貝，以珧製，狀與骨貝同，而穿形略殊。蓋骨貝之穿在中間，此在兩端也。合歡先後所得，始知初蓋用天生之貝，嗣以真貝難得，故以珧製之，又後則以骨，又後鑄以銅。世所謂蟻鼻錢者，又銅貝中之尤晚者也。蟻鼻錢間有有文字者，驗其書體，乃晚周時物。則傳世之骨貝，殆在商周之間矣。

骨製器一，狀略如櫛髮之梳，上有四穿，不知何物。

骨鏃三，其一中有脊，兩旁有刃。其二爲三廉形，乃古恒矢之鏃，禮射及習射所用者。《爾雅·釋器》：「金鏃翦羽謂之鍭，骨鏃不翦羽謂之志」。《書》曰「若射之有志」。《司弓矢》云：「恒矢用諸散射。」鄭注散射「謂禮射及習射也」，「恒矢之屬軒輖中所謂志也」。《既夕記》曰：「志矢一乘，軒輖中亦短衛。」鄭注，志猶擬也，習射之矢無鏃，短衛亦示不用也。骨鏃後世名骨骲。《爾雅》郭注，志，「今之骨骲是也」。殷虚所出骨鏃頗不少，土人得之，往往放龜甲文字，刻畫其上，以詒歐美人之訪古於中州者。

骨片三，大小不一，首略如圭，面背及旁側皆修「治」平滑。刻字其上，其一差小，其二則大略等，皆有刻辭。其一曰「貞我受年」，其二曰「貞王從『洸』『[illegible]』伐土方」，其三曰「貞之來自西」，上均無契灼之迹。蓋非用以下，而以之記事，乃古簡册類也。古方册以木，此以骨，考古者所未知也。

鯊尾三，已斷損，骨製而加塗澤，以肖其皮。刻鏤工絶，觀之不啻真物。其一及其一已加塗澤，其二則一面無塗澤，一面塗澤未竟。塗澤之物下似極細之沙，又以糊狀之物再塗之，又以橅範壓成其皮文，其物何用，不可知矣。

琱磬一，表裏及旁側皆刻鏤至精，予以爲乃磬也。又有素磬五，完者三，不完者二。其大小不一，甲高建初尺一尺五寸八分，廣三尺六寸三分，乙高一尺二寸八分，廣一尺四寸五分，丙高一尺七寸，廣一尺四寸五分，丁高一尺七寸二分，廣三尺。戊高二尺一寸，廣二尺三寸九分，其大小殆無定制也。案程易疇先生考古磬折之制，其説至精密，然以此諸磬校之，則不合。蓋殷周異制，《考工》所記乃周制也。《博古圖》載琱磬二，則狀與此頗合，殆是殷磬。《博古圖》不言琱磬所出之地，然於他古器，每注「出河亶甲城」。宋人所謂河亶甲城，其地即今日小屯之殷虚。意彼二磬者，或亦出殷虚歟。

古彝器斷耳，以銅爲之，花紋至工，而嵌以寶石，绿如翠石，不知为何物。

玉製品四，色白似石，不知何用。

獸骨一，上載卜辭，並有灼痕及契迹，長至二尺餘。予所藏尚有至三尺餘者。又髁骨一，長幾三尺。又一已斷，僅存骨節。均不知何獸之骨也。

古獸角三，不知爲何獸之角。予往訪殷虚時，更見奇獸角，角之附額相近處有環節一凸出，如人指之着指環者。然土人謂是龍角，其言不可信。要是古有而今無之獸耳。

象齒二，據歐洲地質學言是象齒。然地質學者謂此物在萬年以前，殷虚所出則與諸骨角裸置之，蓋即當時物也。予所藏有至大者。又獸齒二，則不知爲何獸之齒。

貝殼三，與今貝殼狀頗異，其第三品尤異。予嘗質之東邦地質學者某君，亦不能言其詳，但云實是數千年物，與今不同而已。殷虚藏貝殼至多，而完全者至罕。予訪殷虚時親見龜甲獸骨發掘處，貝殼幾與骨甲相半也。蓋古以製用器，觀此録所載可知。此又前籍載記之所不詳者也。

石鼓文考釋

石鼓文

鼓一

鼓二

鼓三

鼓四

鼓五

其			陰
𣪏		或	
		陽	
		秋	
其	其	一	
更	森	才	乙

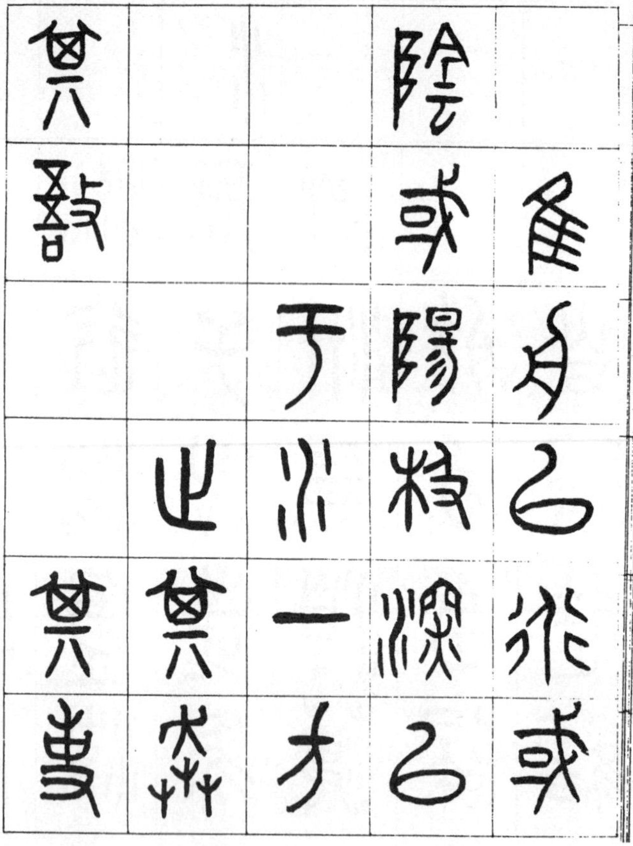

鼓六

鼓七

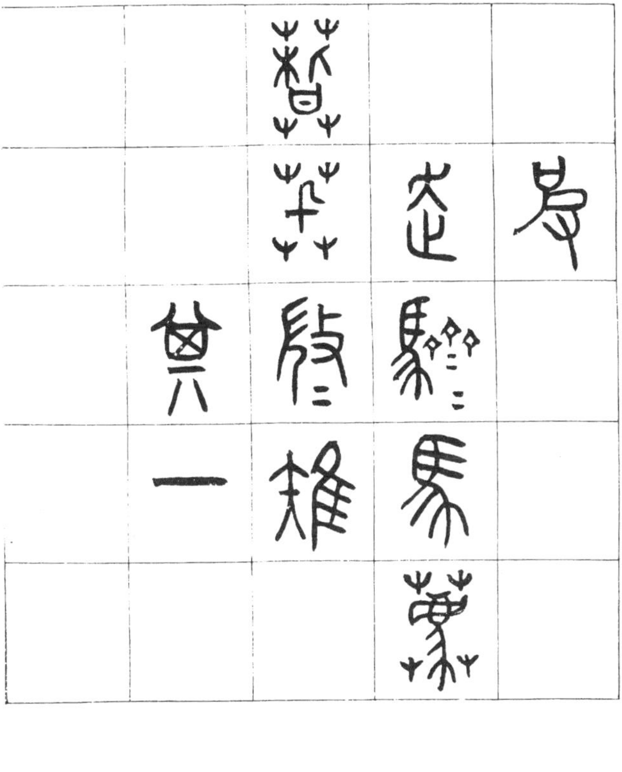

鼓八

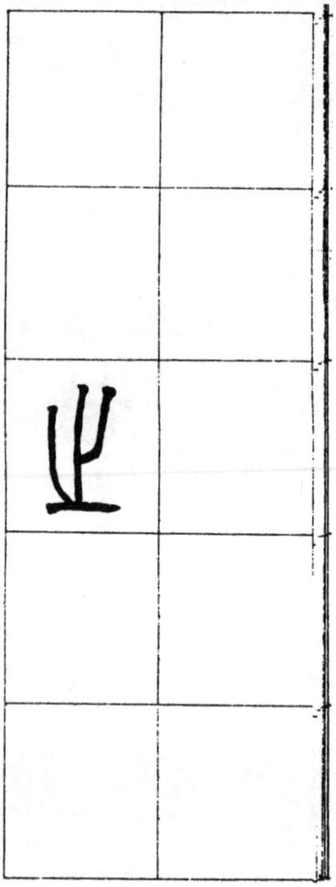

鼓九

鼓十

[illegible][illegible]

[illegible]大

未之

是

丙辰六月上虞羅振玉參校

諸本寫定于海東寓居之吉石

盦

石鼓文諸本存字異同表

上虞羅振玉校

甲鼓

行	字	天一本	甲秀本	顧研本	舊拓本	今拓本	考異
一	四	工	同上	同上	工	同上	工字中間小橫畫諸本皆有之，今細審，乃石花，非小橫畫。
四	一	員=	員=	員=	員=	同上	顧本从鼎=，誤。下第三員字亦誤。
四	二	邋=	邋=	邋=	同上	同上	天一本誤从巤，岡學復刻本改正，甲秀本尤誤。
四	五	麀	麀	麀	同上	同上	甲秀本誤。
四	六	鹿	其	泐	同上	同上	甲秀本誤。
六	一	角	角	角	角	同上	甲秀及顧本均誤。
六	二	弓=	弓	弓	弓=	同上	甲秀及顧本均誤奪重文。
六	六	敺	敺	同上	敺	同上	此字明拓本轉不如今拓之明顯。
七	三	寺	泐	同上	寺	同上	此字今拓本尤明顯，其半跡泐，其迹似日旁。
七	六	趩	趩=	趩=	趩	同上	甲秀及顧本均有重文，是也。惟甲秀字形稍失。
八	一	炱	泐	同上	炱=	同上	天一本中間下半作屮，以石迹驗之，殆未確。

三	四	[illegible]	[illegible]	[illegible]	[illegible]	同上	甲秀及顧本字形小失。
三	六	[illegible]	同上	同上	[illegible]	同上	
三	七	[illegible]	[illegible]	[illegible]	泐	同上	甲秀及顧本字形小失。
四	六	生	生	生	同上	[illegible]	天一本从丨誤，蓋誤石花爲小橫畫。甲秀本字形亦微失。
四	七	鮮	同上	同上	同上	泐	氏鮮二字國初亦未泐。
五	一	黃	黃	黃	同上	[illegible]	甲秀本字形微失。下緍字甲秀本亦誤作[illegible]。
五	二	[illegible]	同上	同上	同上	[illegible]	
五	六	[illegible]	同上	同上	[illegible]	[illegible]	國初拓本與舊拓同。
五	七	[illegible]	同上	同上	同上	泐	國初本尚存。
六	一	[illegible]	同上	同上	[illegible]	[illegible]	
六	二	[illegible]	同上	同上	同上	[illegible]	
六	四	[illegible]	同上	同上	[illegible]	同上	
六	五	[illegible]	[illegible]	[illegible]	泐	同上	甲秀本字形小失。
六	六	[illegible]	同上	同上	泐	同上	
六	七	[illegible]	同上	同上	同上	泐	國初本尚存。

行	字	天一本	甲秀本	顧研本	舊拓本	今拓本	考異
九	三	趩=	趩=	趩=	趩=	同上	甲秀本誤，顧本亦小失。
十	一	弓	弓	弓	弓	同上	甲秀本誤。
十	五	樸	樸	樸	同上	同上	甲秀本下微泐，似从蕭誤。
十一	一	來	來	來	泐	同上	舊本來字下半尚略存，然漫不見筆畫。今本泐盡。
十一	三	敺	敺	敺	同上	同上	甲秀从[illegible]誤。
十一	五	[illegible]	[illegible]	[illegible]	同上	同上	甲秀本从亨誤，天一本从亯亦微失，國學本改正从亯。
乙鼓							
一	一	汧	同上	同上	同上	泐	明季拓本此字已泐，惟中葉以前本有之。
一	三	沔	沔	沔=	沔=	同上	天一、甲秀二本並失摹重文，甲秀字形亦誤，顧本亦微失。
二	一	鰋	鰋	鰋	鰋	泐	甲秀及顧本字形微失。又明季拓本已失此字。
二	二	鯉	同上	同上	同上	泐	明季拓本已損上半少許，今仍為有大字之本。
二	六	子	同上	同上	子	同上	
二	七	漁	同上	同上	泐	同上	
三	二	澫	澫	澫	同上	同上	甲秀字形微失。

行	字	天一本	甲秀本	顧研本	舊拓本	今拓本
七	三	搏=	同上	同上	泐	同上
七	四	其	同上	同上	泐	同上
七	五	魚	同上	同上	泐	同上
七	六	隹	同上	同上	泐	同上
七	七	可	同上	同上	泐	同上
八	三	隹	同上	同上	隹	同上
八	四	鯉	同上	同上	泐	同上
八	五	可	同上	同上	泐	同上
八	六	㠯	同上	同上	㠯	泐
八	七	橐	同上	同上	泐	同上
九	四	及	同上	同上	及	同上
九	五	柳	同上	同上	柳	柳

丙鼓

行	字	天一本	甲秀本	顧研本	舊拓本	今拓本	考異
一	三	孔	同上	泐	孔	同上	此字雖石膚已剝，而字畫可辨。

一	四					同上	甲秀及顧本字形均小失。
一	五		同上	同上		同上	諸本从卝誤。
一	六					同上	甲秀及顧本从巿誤。古文力皆作[illegible]，天一本為得。
一	七			同上		同上	甲秀及顧本字形小失。
二	二					同上	今但存下截三筆，天一、甲秀兩本均不合。
二	六		同上			同上	甲秀本从品誤。
三	二					同上	天一本半漫滅，甲秀及顧本作驂是也。今本雖漫，尚依稀可辨。
三	六					同上	甲秀及顧本均奪片字，甲秀从品亦誤。
四	三					同上	
五	七				同上	同上	甲秀本誤。
六	四					同上	甲秀本誤顧本亦小失。
六	五				同上	同上	甲秀本誤。
六	七					同上	甲秀本誤顧本亦失。
七	二			同上		同上	此字下从廾，乃力字。天一本作廾小失。
七	七		同上			同上	顧研本有重文，天一、甲秀本並失摹。

八	五		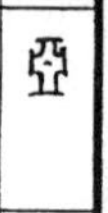	同上		同上	
九	一					同上	甲秀本从⊗誤。
九	二		泐	同上		同上	天一本但見竹頭之半。今以石迹證之，實是亻字，非竹頭。
丁鼓							
行	字	天一本	甲秀本	顧研本	舊拓本	今拓本	考異
一	六					同上	甲秀及顧本失摹＝。
一	七					同上	甲秀本失。
二	七		同上	同上		同上	
三	二		泐	同上		同上	
四	三	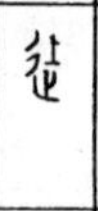	同上	同上		同上	
四	四					同上	天一及顧研本均失，國學本改正。
四	五		同上	同上			
四	六	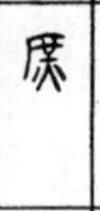	同上	同上			
四	七	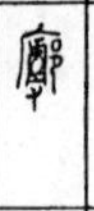				同上	天一以下諸複本均誤。
五	二		泐	同上			天一本摹失，舊拓本凸內上半已漫漶，似作㠯。

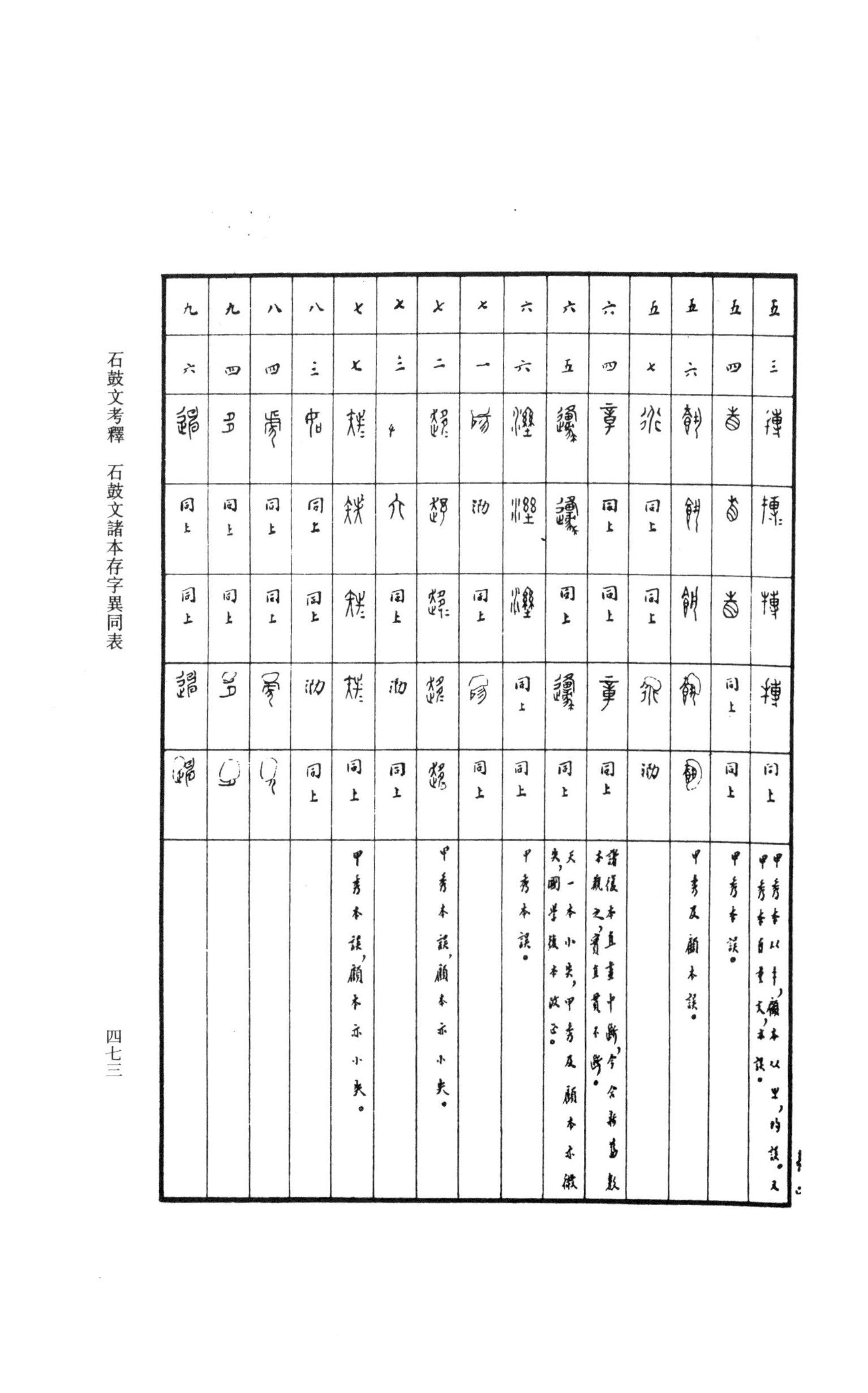

五	三	搏	搏	搏	搏	同上	甲秀本以丰，顧本以㞢，均誤。又甲秀本有重文，亦誤。
五	四	[illegible]	[illegible]	[illegible]	同上	同上	甲秀本誤。
五	六	[illegible]	[illegible]	[illegible]	[illegible]	[illegible]	甲秀及顧本誤。
五	七	[illegible]	同上	同上	[illegible]	沕	
六	四	章	同上	同上	章	同上	諸復本直畫中斷，今合新舊數本觀之，實直貫不斷。
六	五	[illegible]	[illegible]	同上	[illegible]	同上	天一本小失，甲秀及顧本亦微失，國學後本改正。
六	六	[illegible]	[illegible]	[illegible]	同上	同上	甲秀本誤。
七	一	[illegible]	沕	同上	[illegible]	同上	
七	二	[illegible]	[illegible]	[illegible]	[illegible]	[illegible]	甲秀本誤，顧本亦小失。
七	三	[illegible]	[illegible]	同上	沕	同上	
七	七	[illegible]	[illegible]	[illegible]	[illegible]	同上	甲秀本誤，顧本亦小失。
八	三	[illegible]	同上	同上	沕	同上	
八	四	[illegible]	同上	同上	[illegible]	[illegible]	
九	四	[illegible]	同上	同上	[illegible]	[illegible]	
九	六	[illegible]	同上	同上	[illegible]	[illegible]	

行	字	天一本	甲秀本	顧研本	舊拓本	今拓本	考異
十	四	泐	奪	泐	同上	同上	
十	五	亐	同上	同上	同上	[illegible]	
十	六	[illegible]	同上	同上	[illegible]	[illegible]	

戊鼓

行	字	天一本	甲秀本	顧研本	舊拓本	今拓本	考異
一	四	癸	癸	泐	同上	同上	
二	二	流	同上	同上	同上	同上	
二	三	迄	迄	迄	泐	同上	天一本迄上作山，殆誤認小石花爲筆畫，今據甲秀本改正。
二	四	滂	滂	滂	泐	同上	
二	五	盈	盈	盈	泐	同上	
二	六	渫	同上	同上	枼	同上	
三	一	濟	濟	濟	泐	同上	
三	二	君	同上	同上	泐	同上	
三	三	子	同上	同上	泐	同上	
三	四	即	同上	同上	泐	同上	

三	五	壴	同上	壴	汧	同上	顧本摹重文。
三	六	馬	同上	同上	汧	同上	
四	二	淵	淵	同上	汧	同上	
四	三	淵	同上	同上	汧	同上	
四	四	殹	殹	同上	汧	同上	天一本从[illegible]，甲秀及顧本从匚，均摹失。
四	五	[illegible]	同上	同上	[illegible]	同上	
四	六	蓮	蓮	汧	同上	同上	
五	三	肘	肸	肘	汧	同上	甲秀本誤。
五	四	月	同上	同上	汧	同上	
五	五	由	同上	同上	汧	同上	
五	六	逮	逮	逮	汧	同上	
六	三	自	同上	同上	汧	同上	
六	四	鄜	鄜	鄜	[illegible]	同上	此字與前鼓同，諸家皆摹失。
六	五	徒	徒	徒	[illegible]	同上	甲秀本誤。
六	六	駿	駿	駿	[illegible]	同上	

七	二	僉	同上	同上	泐	同上	
七	三	身	同上	同上	〇	同上	
八	一	陰	泐	同上	同上	同上	
八	二	或	同上	或	泐	同上	顧本字形不失。
八	三	陽	同上	同上	彡	同上	此字从彡，天一本作彡，誤矣。
九	一	亏	泐	同上	同上	同上	
九	三	亏	同上	亏	泐	同上	
九	四	小	同上	同上	泐	同上	
十	一	一	彡	彡	泐	同上	
十	四	也	同上	同上	泐	同上	
十	五	其	同上	同上	其	同上	
十一	一	其	同上	同上	泐	同上	
十一	二	敦	同上	同上	泐	同上	
十一	五	其	同上	同上	泐	同上	
十一	六	叀	叀	叀	泐	同上	

己鼓

行	字	天一本	甲秀本	顧研本	舊拓本	今拓本	考異
一	三	[illegible]	[illegible]	[illegible]	同上	同上	甲秀本誤。
四	一	[illegible]	[illegible]	[illegible]	同上	同上	甲秀本誤。
五	二	[illegible]	[illegible]	[illegible]	[illegible]	同上	甲秀本摹失，又奪重文。此字从𡈼，雖下半有泐迹，然尚可辨。
七	一	[illegible]	[illegible]	[illegible]	[illegible]	同上	甲秀本誤，顧研本从⊗亦小失。
八	四	[illegible]	[illegible]	[illegible]	[illegible]	同上	甲秀本誤，諸復本亦小失。
九	四	[illegible]	[illegible]	[illegible]	[illegible]	同上	甲秀本誤，顧本亦微失。
十一	一	[illegible]	[illegible]	[illegible]	[illegible]	同上	甲秀本誤。此字五之上横雖泐，然始未可見。

庚鼓

行	字	天一本	甲秀本	顧研本	舊拓本	今拓本	考異
一	五	[illegible]	同上	同上	[illegible]	[illegible]	
一	六	泐	[illegible]	[illegible]	泐	同上	
二	一	[illegible]	泐	同上	同上	同上	
二	二	[illegible]	泐	同上	同上	同上	

二	三	[illegible]	泐	同上	同上	同上	
二	四	[illegible]	泐	同上	同上	同上	
三	五	泐	[illegible]	[illegible]	泐	同上	
三	六	[illegible]	同上	同上	[illegible]	同上	
四	四	[illegible]	同上	同上	[illegible]	同上	
四	六	[illegible]	同上	同上	[illegible]	同上	此字从酉，口内有石花，非上下穿，諸本皆摹失。
五	四	[illegible]	同上	同上	泐	同上	
五	六	[illegible]	[illegible]	同上	[illegible]	同上	甲秀及顧本从人誤。
六	一	[illegible]	泐	同上	同上	同上	
六	四	[illegible]	同上	同上	泐	同上	
六	五	[illegible]	同上	同上	泐	同上	
七	三	[illegible]	同上	同上	泐	同上	
七	四	[illegible]	同上	同上	泐	同上	
七	五	[illegible]	[illegible]	[illegible]	泐	同上	
七	六	[illegible]	[illegible]	[illegible]	泐	同上	

行	字	天一本	甲秀本	顧研本	舊拓本	今拓本	考異
八	四	泐	栗	同上	泐	同上	
九	三	嗣	泐	同上	同上	同上	
九	四	王	同上	同上	泐	同上	
九	五	旨	泐	同上	同上	同上	
十	一	古	同上	同上	泐	同上	
十	二	我	同上	我	泐	同上	
辛鼓							
一	一	泐	同上	工	泐	同上	翁覃溪閣學官司業時手拓，尚存工字之半，後泐去。翁有摹本。
一	三	乍	同上	同上	泐	同上	
二	二	达	达	同上	泐	同上	天一本以大，誤摹失。
二	三	驂=	驂=	驂	泐	同上	
二	四	彖	同上	同上	泐	同上	
二	五	薦	薦	薦	泐	同上	
三	一	栺	栺	栺=	泐	同上	

行	字	天一本	甲秀本	顧硏本	舊拓本	今拓本	考異
三	二	茻	茻	茻＝	泐	同上	
三	三	[illegible]	[illegible]	[illegible]	泐	同上	
三	四	維	同上	同上	泐	同上	
三	五	豆	同上	同上	泐	同上	
四	三	其	同上	同上	泐	同上	
四	四	一	同上	同上	泐	同上	
八	三	之	同上	同上	泐	同上	此字天一本在第八行，甲秀本在第六行，顧本在第七行。
壬鼓							
一	三	既	泐	同上	既	同上	
一	四	瀞	泐	同上	瀞	同上	此乃瀞字，天一本摹小失。
二	二	既	同上	同上	既	同上	
二	三	平	平	平	平	同上	天一本中畫作直，恐誤。閻季復本改正作平，甲秀及顧本亦小失。
二	四	泐	同上	同上	遊	同上	此確是遊字，諸本皆無之，今精拓本朗朗可辨。

三	三	喜	同上	壴=	喜	同上	顧本摹失。
五	五	[illegible]	沕	同上	[illegible]	同上	
六	一	[illegible]	沕	同上	[illegible]	同上	今本與天一本同，阮學本重摹，譌十為中。
六	四	車	沕	同上	車	同上	
六	五	衛	沕	同上	衛	同上	
七	四	[illegible]	[illegible]	[illegible]	同上	同上	甲秀本誤。
七	五	敕	沕	敕	敕	同上	顧本摹失。
八	四	沕	同上	同上	[illegible]	同上	天一本雖剜，隱隱見箴之下半。
九	四	[illegible]	驁=	驁=	[illegible]	同上	甲秀及顧本有重文是也。今不可見。
十	二	驖=	驖	驖=	驖=	同上	甲秀本失摹重文。
十	三	馭	[illegible]	[illegible]	馭	同上	甲秀本誤。
十一	二	中	中	中	同上	同上	甲秀本誤。
十二	二	䨣	䨣	䨣	同上	同上	甲秀本摹失。
十二	三	霝	霝	霝	霝	同上	天一本不誤，摹作木，甲秀及顧本亦摹失。
十三	四	大	沕	天	大	同上	顧本摹失。

行	字	天一本	甲秀本	顧研本	舊拓本	今拓本	考異
十四	一	余	金	余	同上	同上	顧本从小是，天一本从亻小失，閣學本改正，甲秀本誤。
十五	一	害	害	同上	害	同上	天一本摹失，閣學本改正，仍不盡合。今本下半似从曰。
十五	三	余	同上	余	同上	同上	天一及甲秀本小失。
十五	四	多	泐	同上	同上	同上	

癸鼓

行	字	天一本	甲秀本	顧研本	舊拓本	今拓本	考異
一	一	吳	吳	吳	吳	同上	甲秀本小失。
一	二	人	同上	同上	泐	同上	
一	三	憐	同上	憐	泐	同上	顧本摹失。
一	四	亟	亟	亟	泐	同上	
一	六	夕	同上	泐	同上	同上	顧本此字當第五格。
一	七	敬	敬	敬	泐	同上	
二	一	載	同上	同上	載	同上	
二	二	西	漫漶	西	西	同上	
二	三	載	載	載	泐	同上	

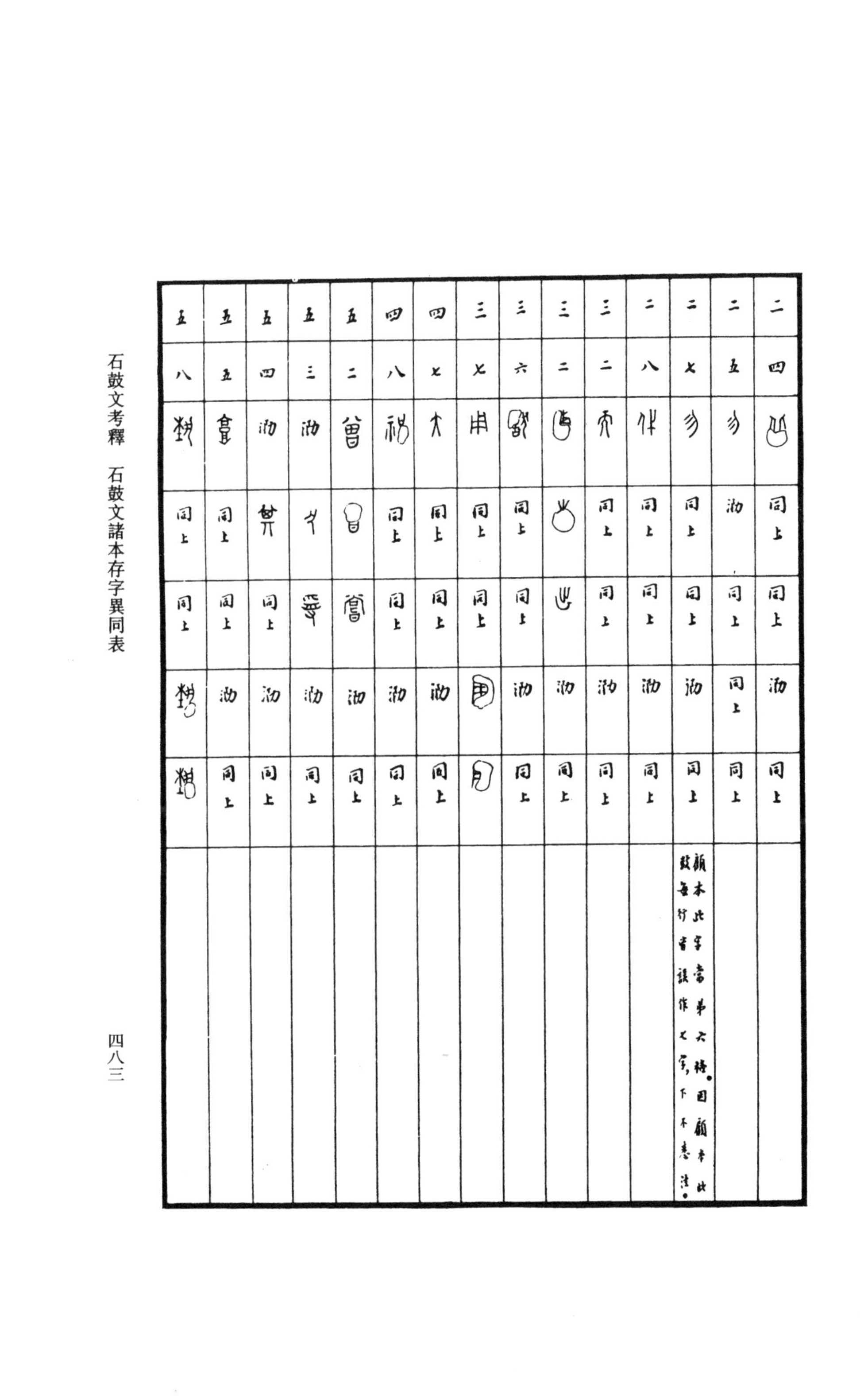

二	四	[illegible]	同上	同上	泐	同上	
二	五	[illegible]	泐	同上	同上	同上	
二	七	[illegible]	同上	同上	泐	同上	顧本此字當第六格。因顧本此鼓每行皆誤作七字，下不悉注。
二	八	[illegible]	同上	同上	泐	同上	
三	二	[illegible]	同上	同上	泐	同上	
三	二	[illegible]	[illegible]	[illegible]	泐	同上	
三	六	[illegible]	同上	同上	泐	同上	
三	七	用	同上	同上	[illegible]	[illegible]	
四	七	大	同上	同上	泐	同上	
四	八	[illegible]	同上	同上	泐	同上	
五	二	[illegible]	[illegible]	[illegible]	泐	同上	
五	三	泐	[illegible]	[illegible]	泐	同上	
五	四	泐	[illegible]	同上	泐	同上	
五	五	[illegible]	同上	同上	泐	同上	
五	八	[illegible]	同上	同上	[illegible]	[illegible]	

六	一	寓	寓	泐	寓	同上	
六	二	遜	同上	同上	泐	同上	
六	三	車	同上	同上	泐	同上	
六	五	弓	同上	同上	弓	同上	
六	八	巂	同上	同上	巂	同上	
七	二	遊	十	同上	泐	同上	
七	七	驪	同上	同上	泐	同上	此鼓行八字，而此字及下七字當他行第八字，疑此行是九字。
七	八	大	天	大	同上	同上	
八	七	來	來	同上	泐	同上	
九	七	泐	平	平	泐	同上	
九	八	是	同上	是	是	同上	顧本誤。

右鼓文諸本存字異同表

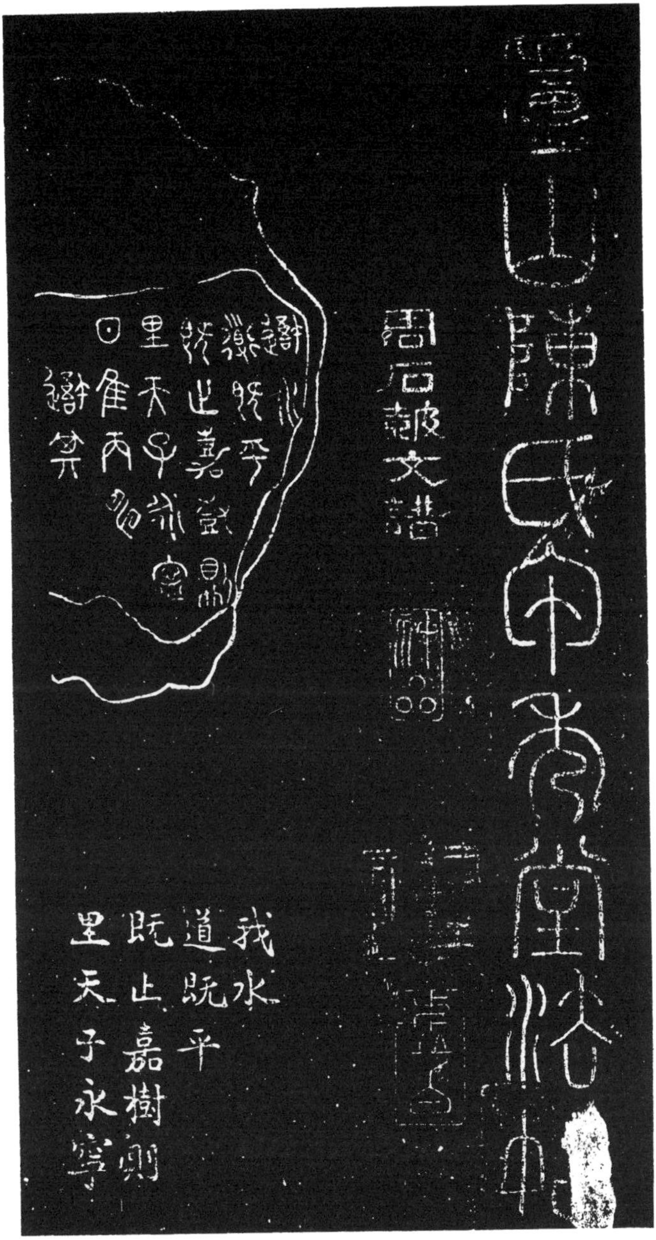
我水
道既平
既止嘉樹則
里天子永寧

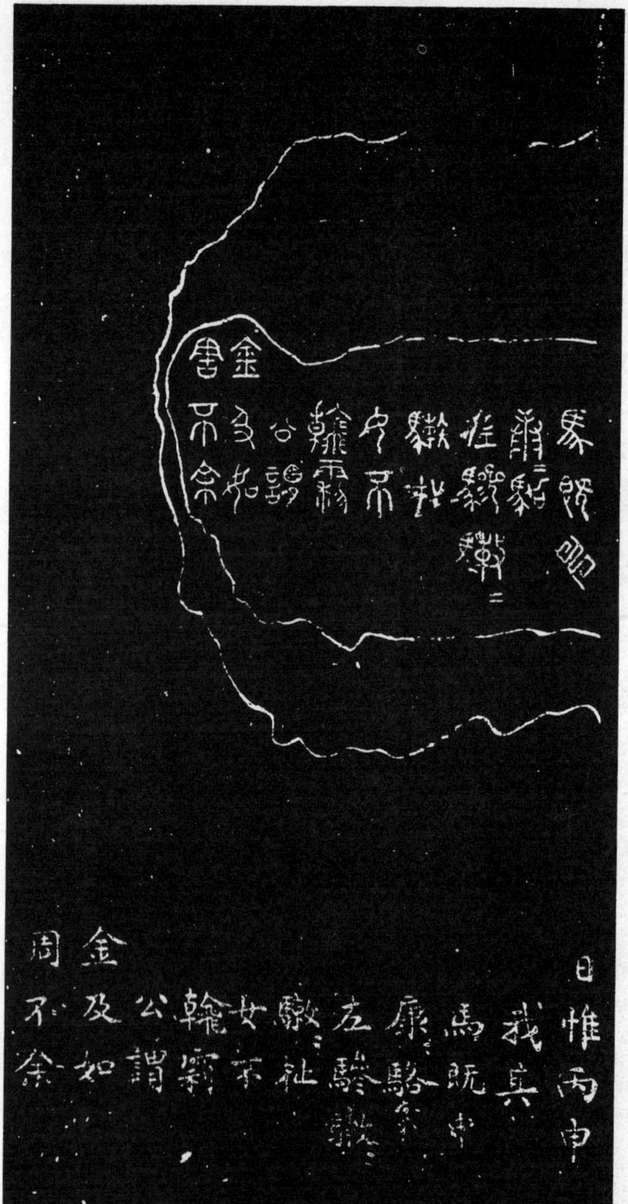

我車既工　我馬既好
既同我車　既好
員游員獵
東君子之求
首及茲以時□
歐其□其來趩趩
麋即我即時
麀鹿逢逢其來大
我歐其樸其
來射其蜀

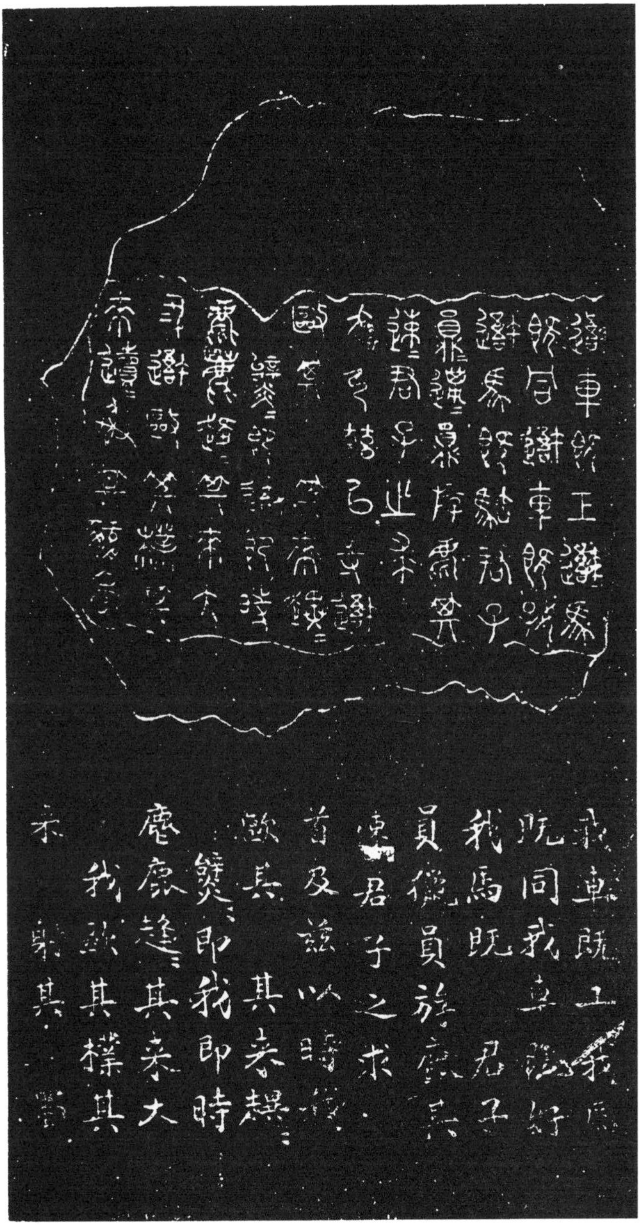

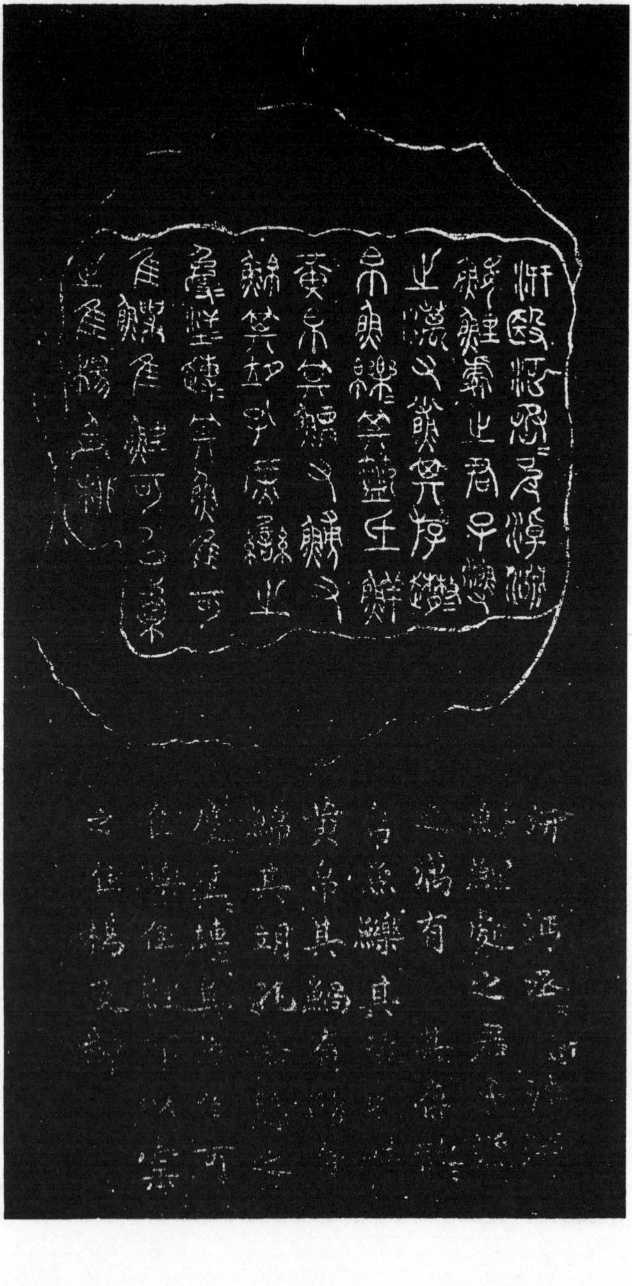

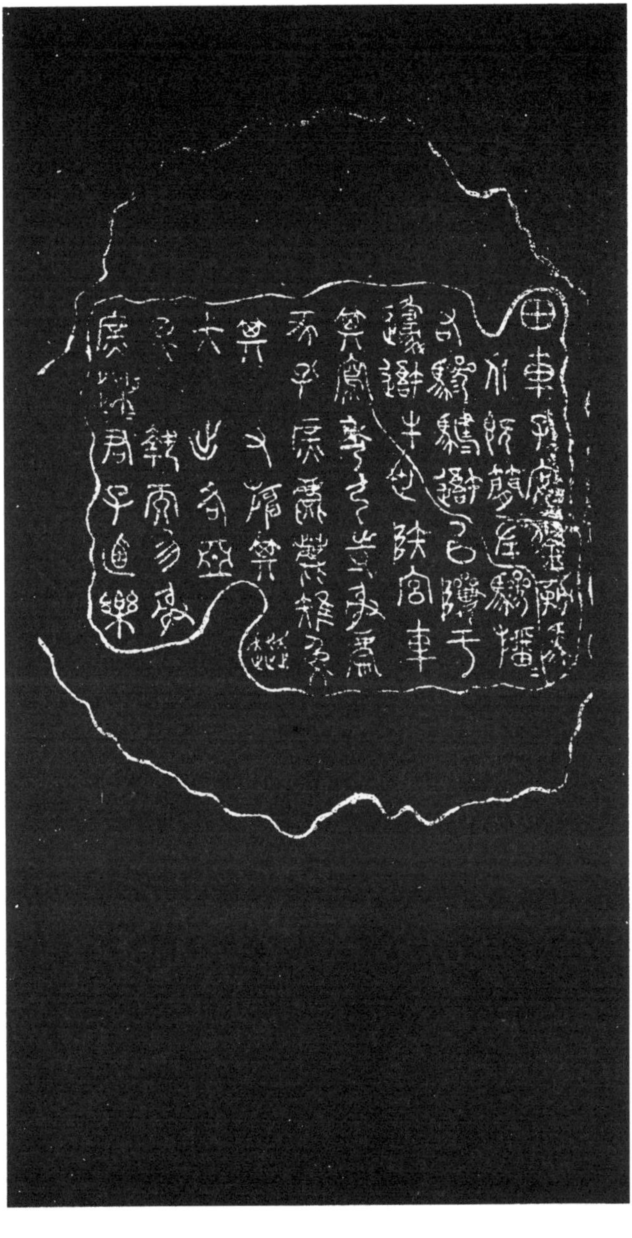

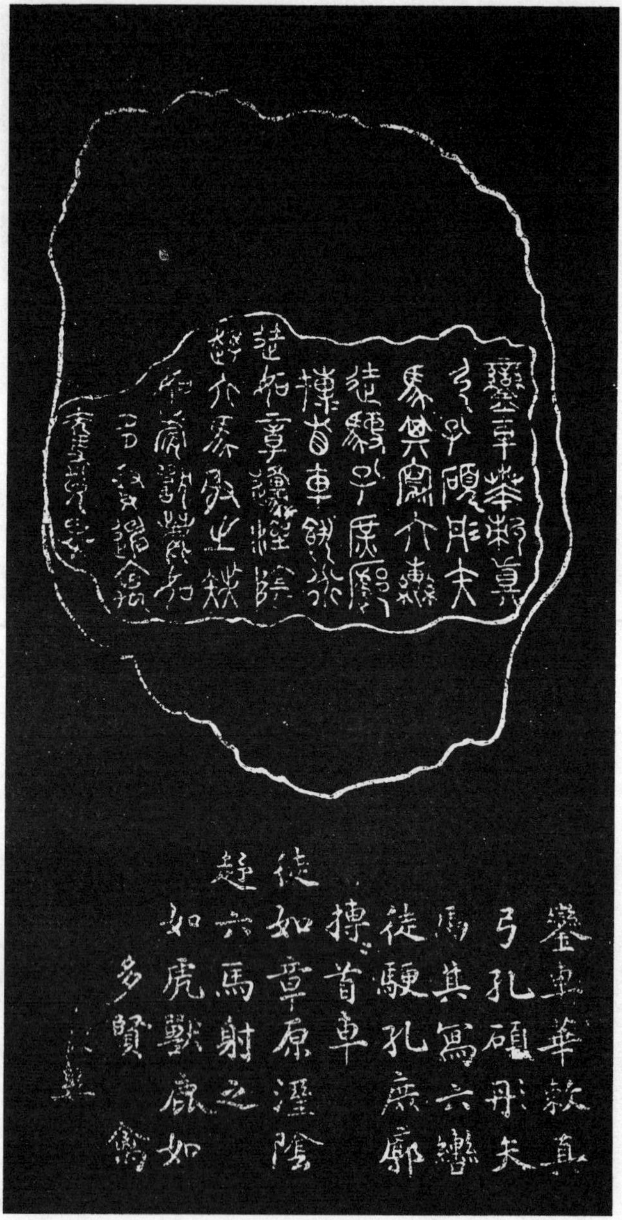
鑾車華敕真
弓孔碩彤矢
馬其寫六轡
徒馭孔庶廓
搏首車
徒如章原濕陰
趍六馬射之
如虎獸鹿如
多賢

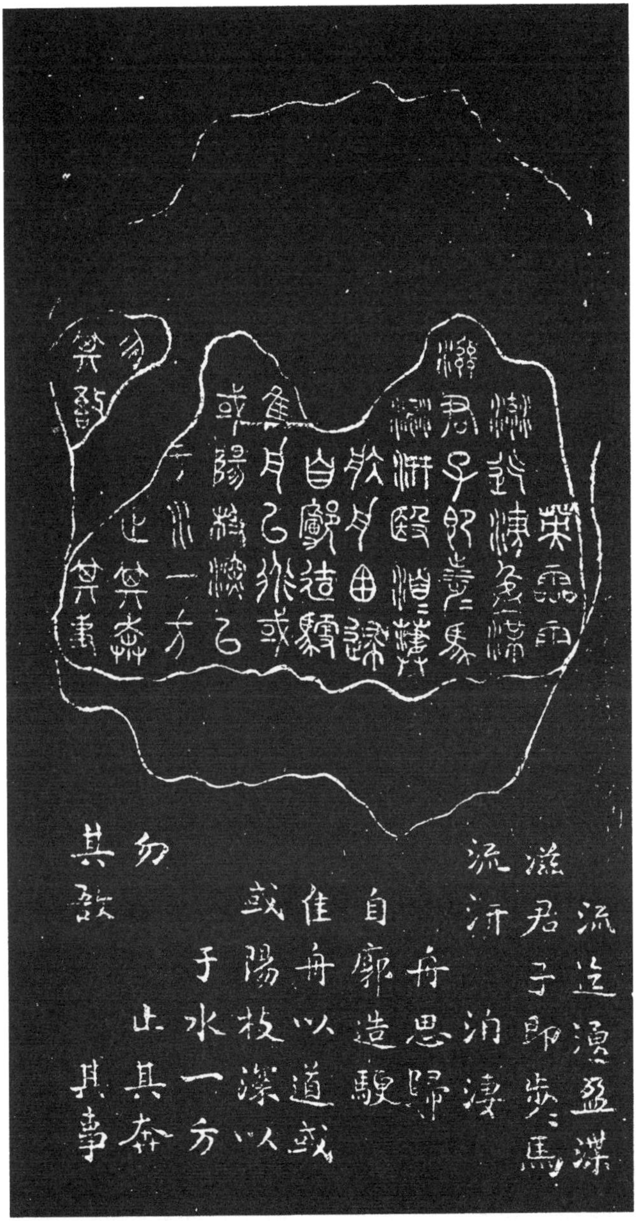
流迨澶盈濼
濟君子即涉馬
流汧洎淒
舟思歸
自廓造騕
隹舟以道或
或陽枝濼以
于水一方
勿止其奔
其敔其事

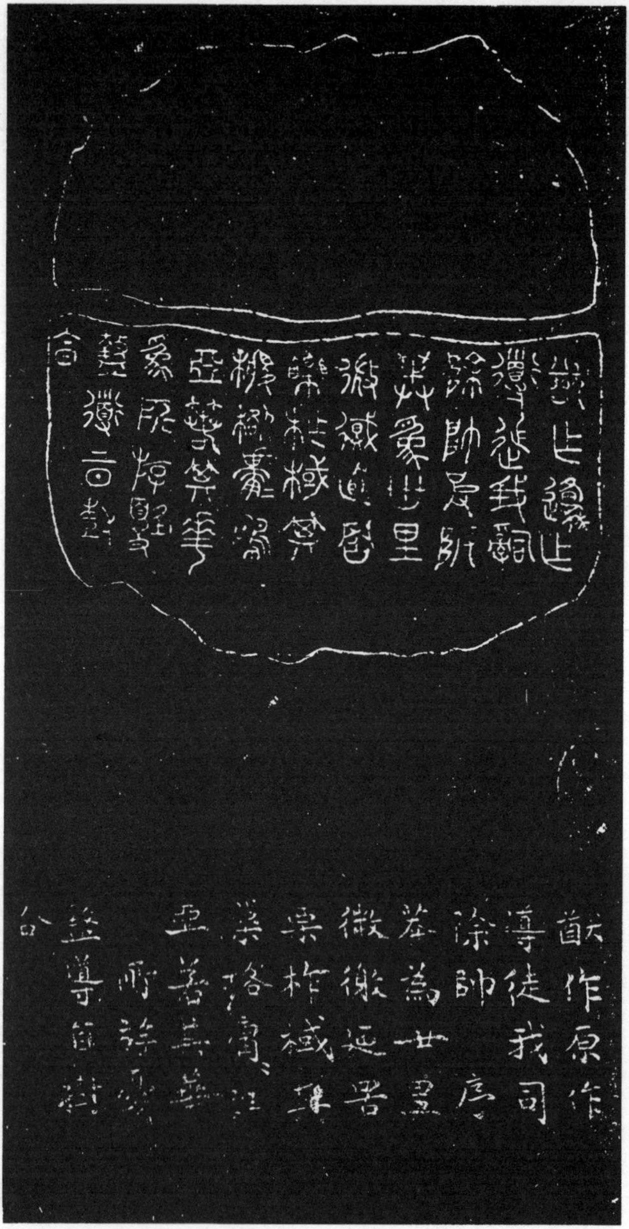

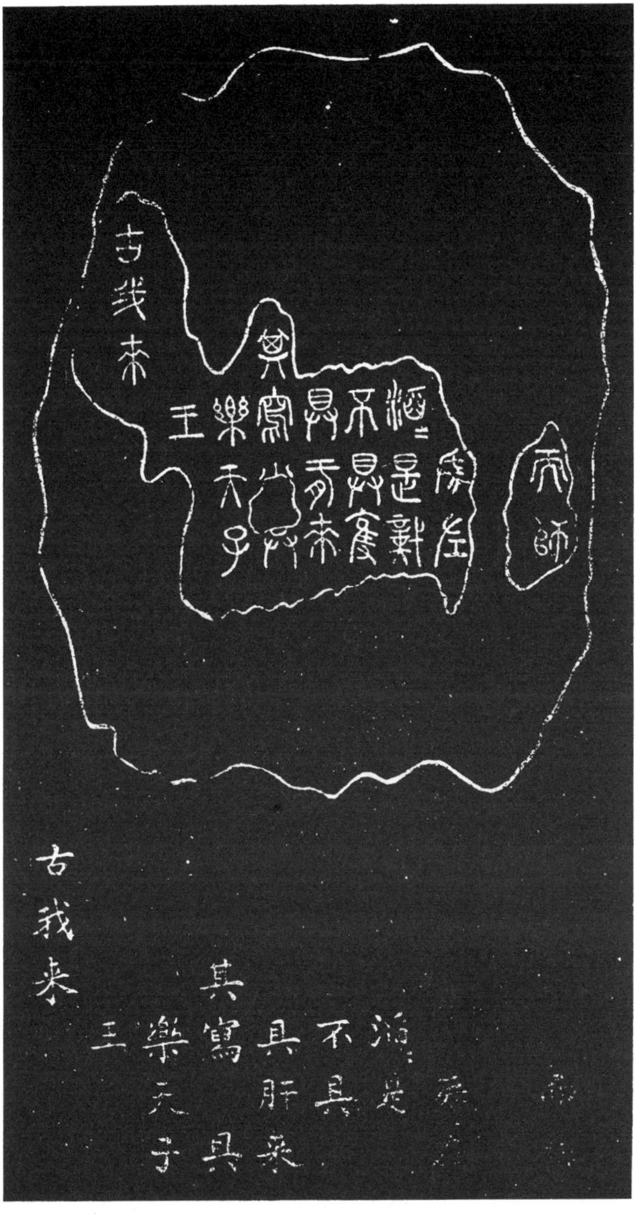

走驒馬薦
皆奔放雉立
　　其一
之

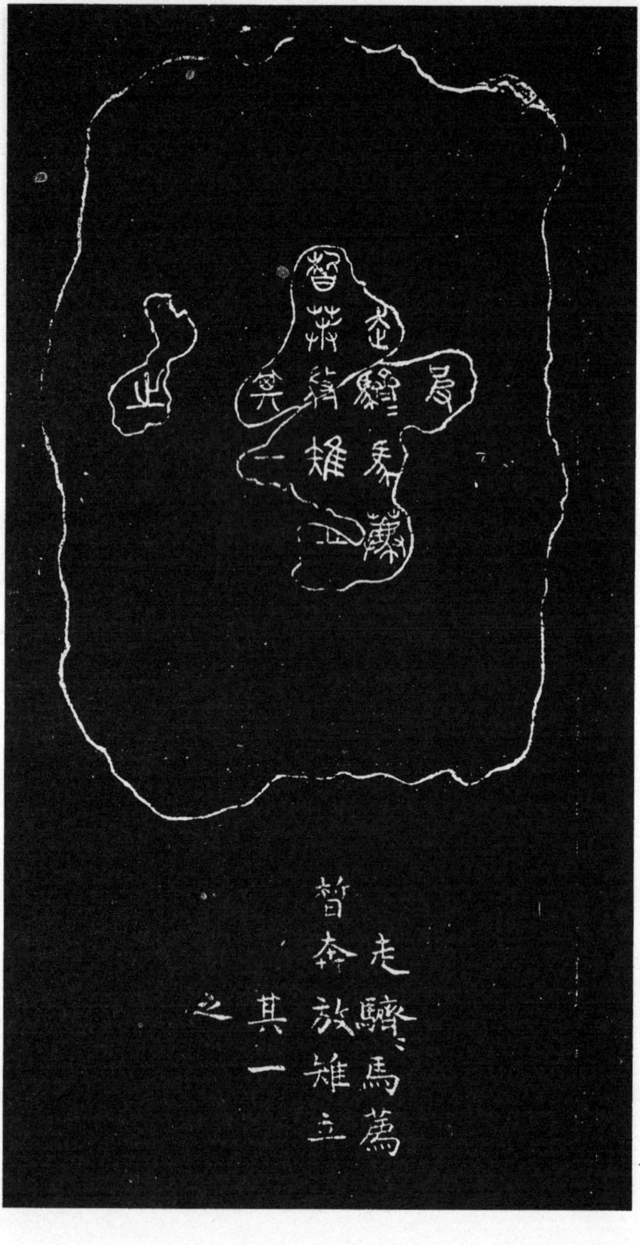

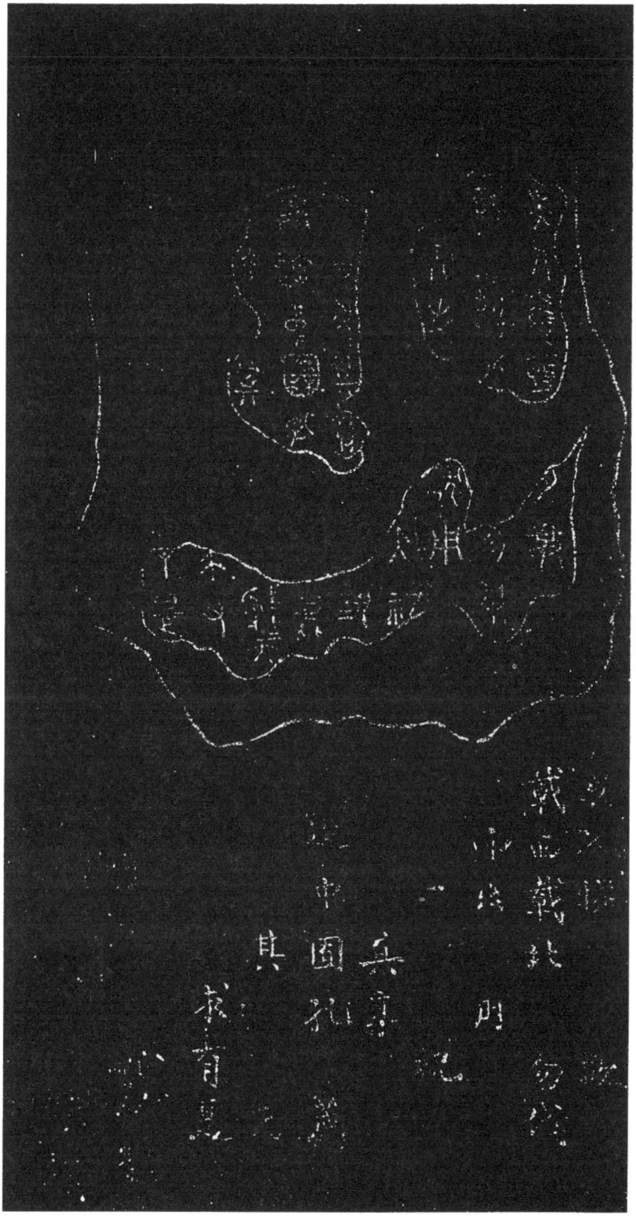

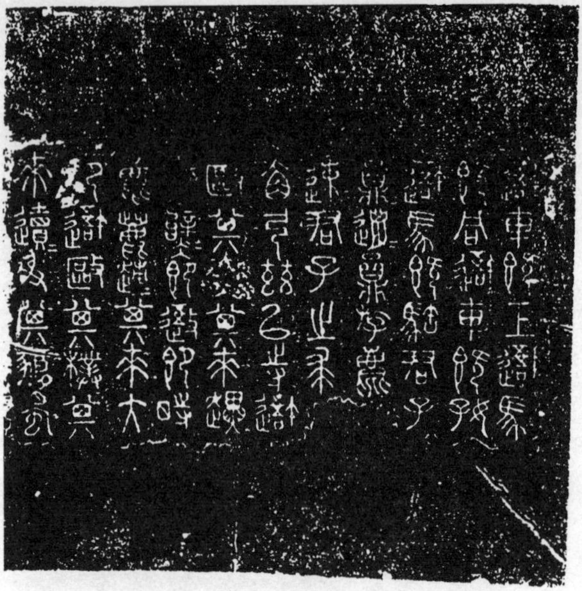

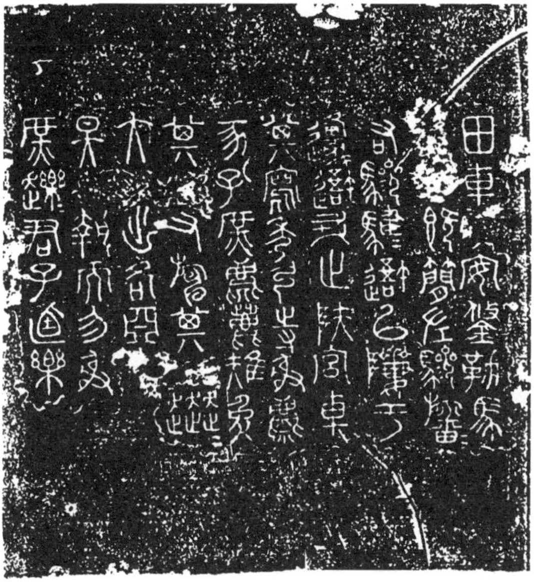

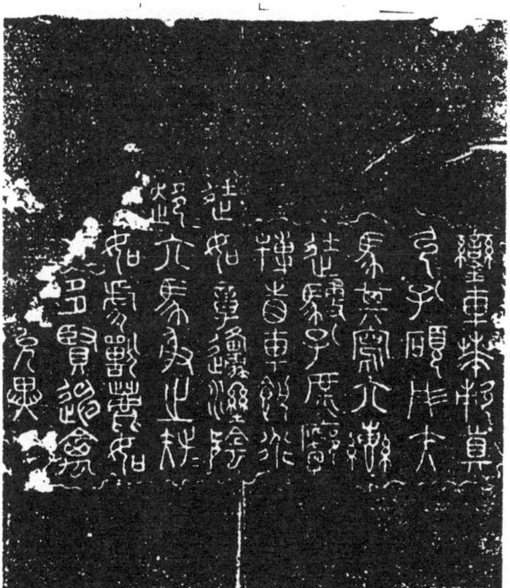

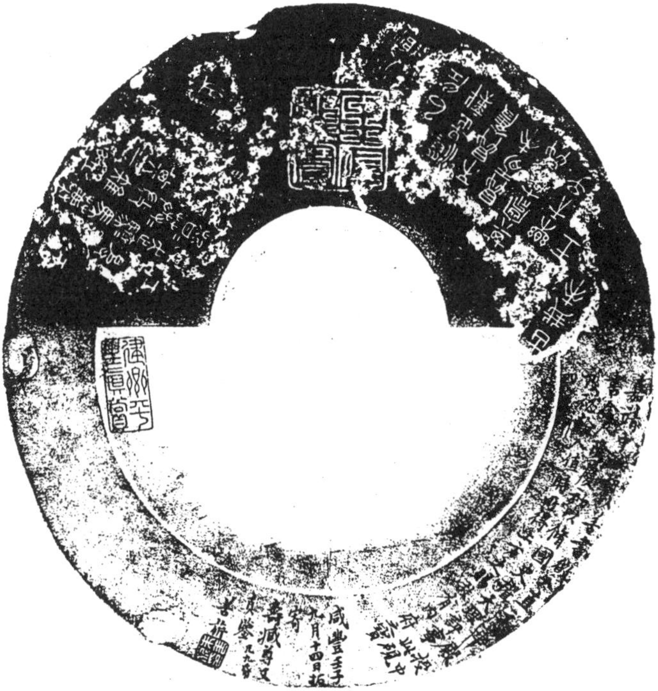

石鼓硯記

宮保大司農書公蓄水阬端石硯質圓而德學形如鼓以今尺度之徑五寸又四分寸之一高一寸又十分寸之八前明上海顧汝龢氏摹石鼓文十周刻於其圍及其面與背之兩旁其文凡四百卌有四字顧氏生嘉靖間博洽能鑒古

與文待詔父子友善書祠壽承氏董摹貴郎相家所藏淳化閣帖不[illegible]祖本今所傳卷中有[illegible]道秋壑兩章不知者自[illegible]以為宋搨是也此硯[illegible]鼓文蓋以北宋拓本[illegible]勒上石者今惟四明[illegible]氏天一閣藏北宋拓本後有皇祐四年向待[illegible]得民間一鼓之跋近[illegible]

海鹽張芑堂偕[illegible]校讎
王[illegible]其[illegible]數與此適同
若金薤琳琅載[illegible]武間
趙撝謙所得之宋搨本
止四百十有九字此較
多十五字其爲出於北
宋搨本無疑按今石鼓
在太學曾往摩挲之其
文僅存二百九十有六
字有至元間潘愷山音
訓其時僅三百九十有

七字此硯字數與歐陽
文忠集古錄及薛尚功
鐘鼎款識略同梅宛陵
詩四百六十飛鳳蓋
連重文數之古文苑乃
唐人輯錄亦僅多三十
餘字足爲左證矣
乾隆五十七年歲在壬
子四月既望程瑤田記
時年六十有八

咸豐二年壬子嘉平月平湖朱建卿丈從京邸寄到石鼓硯拓本因借
王芑亭兄昔年所得精本鉤此硯匣上二刻補之徐士燕識

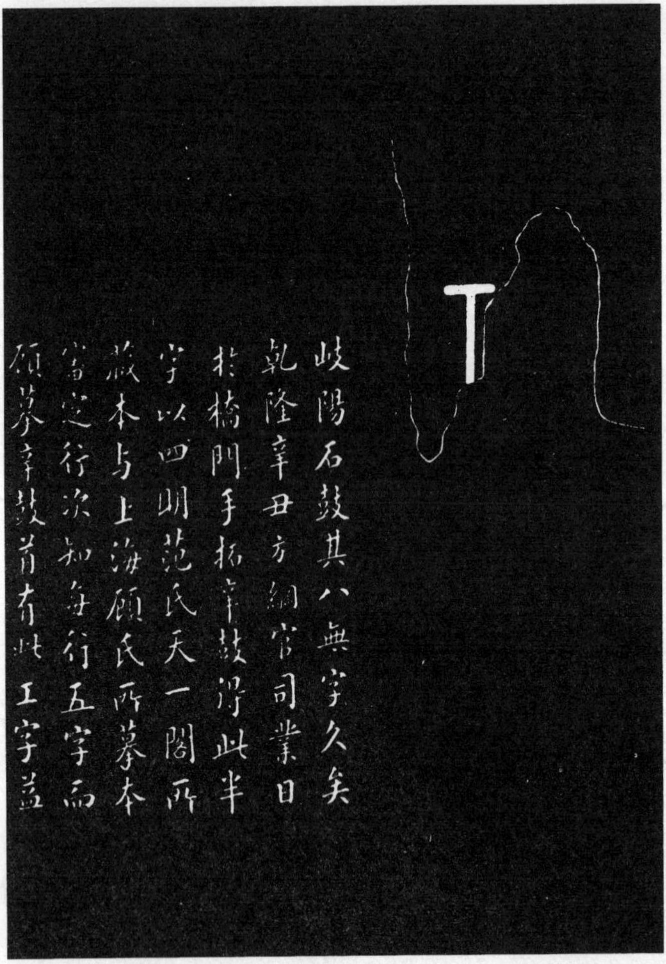

岐陽石鼓其八無字久矣
乾隆辛丑方綱官司業日
於橋門手拓辛鼓得此半
字以四明范氏天一閣所
藏本与上海顧氏所摹本
審定行次知每行五字而
顧摹辛鼓首有此工字蓋

徵信矣此是首行第一字
在敃字上隔一格与下行
𨑳字上一字對也後廿年
再拓則此半字又損失不
可尋矣亟摹石以傳之此
從來諸家圖釋所未及也
嘉慶癸酉春三月廿日北
平翁方綱時年八十有一
國子學生葉志詵翁樹崐

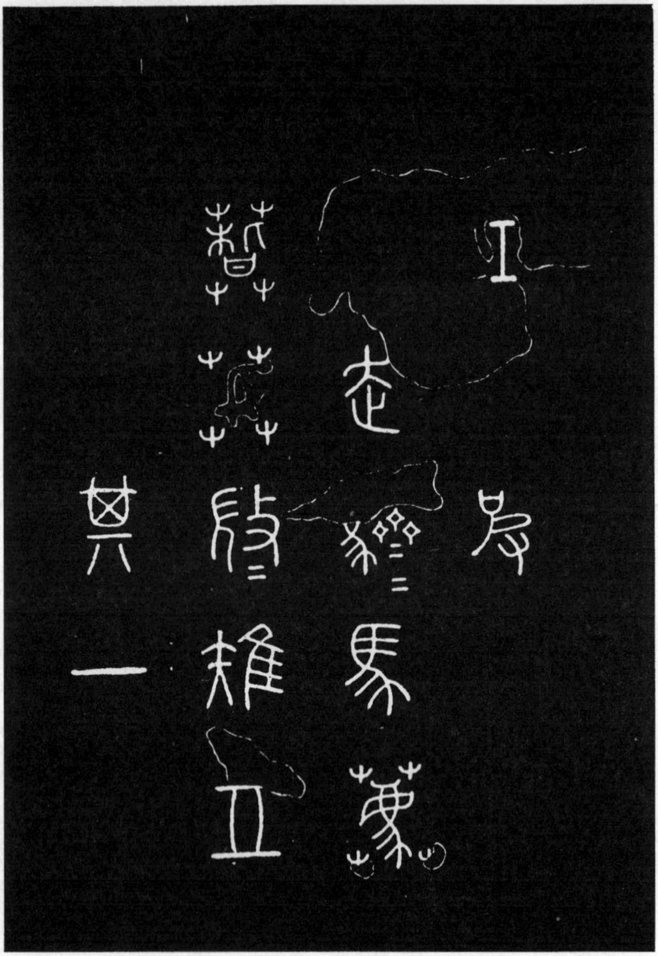

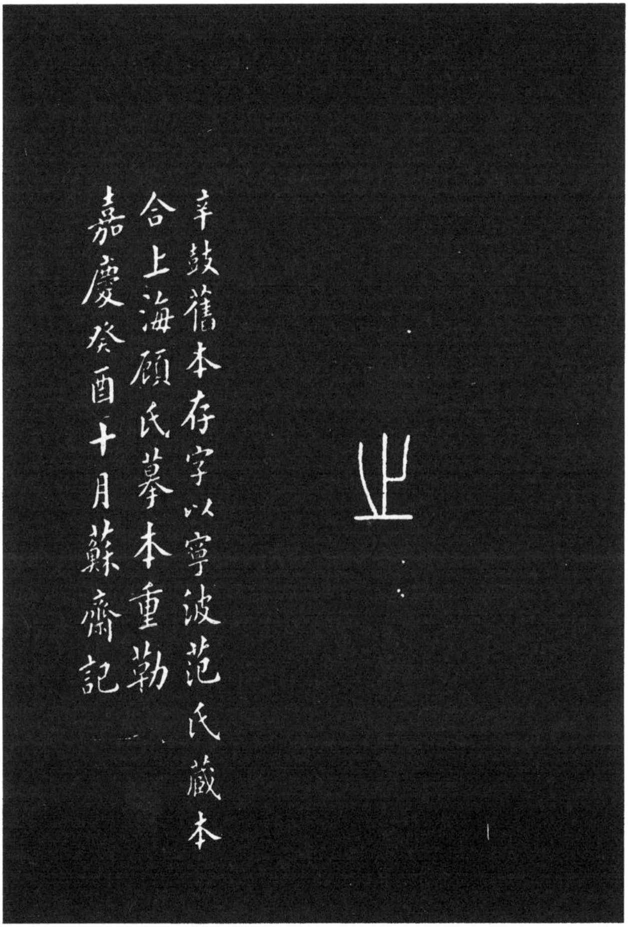
止

辛鼓舊本存字以寧波范氏藏本
合上海顧氏摹本重勒
嘉慶癸酉十月蘇齋記

石鼓文箋

上虞　羅　振玉

甲鼓

避車既工避馬
既同避車既孜
避馬既駘君子
員獵=員斿麀鹿
速=君子之求□□
角弓=茲以寺避
敺其時其來趩=
□=𨗣=即遨即時
麀鹿趚=其來大

□避毆其樸其

來遺=射其貙蜀

右鼓十一行，行六字，十九句。今存全字、半字及重文共七十一字。第八、第十行各首一字但存殘畫，不可寫錄。

第四行據天一本補鹿字。《古文苑》及薛氏《款識》均有鹿字。

第七行據甲秀及顧本題下補重文，第十一行據甲秀及顧本補來字。《古文苑》及薛氏均有來字。

避　《音訓》，薛氏音我。

工　《音訓》，籀文攻字。

⿰馬岳　《音訓》，⿰馬岳從馬岳聲，疑與阜音義同。

員=　錢詹事大昕曰，云與員相通，楊讀君子云獵，云獵云游，蓋得之矣。箋曰，錢說是也。《詩．正月》《釋文》云，本作員。《詩．出其東門》「聊樂我員」，正義，云員古今字。又《玄鳥》箋，員，古文作云。正義，古文云員字同。又古寫諸經如「采葑采葑」、「采苦采苦」等文，尚作「采〻葑〻」、「采〻苦〻」，是唐人尚如此書之也。

邋　箋曰，《說文解字》邋，搚也。《荀子．議兵》「不獵禾稼」注，獵與躐同，踐也。《詩．南山》疏，獵是行步踐履之名。是古獵、躐同字。古文從辵從足亦無別，獵、躐、邋一字。許君訓邋為搚，非本誼，字本從辵，不從手也。薛氏釋獵是。

斿　錢詹事曰，古文斿、游本一字。

麀　箋曰，《說文》麀，牝鹿也。從鹿牝。不言其聲，後世讀呦。案，麀即牝字。古文牝字見商人卜辭者，或從牛作牝，或從羊作⿰羊匕，或從犬作⿰犭匕，或從豕作⿰豕匕，或從馬作⿰馬匕。牝爲畜母，本不限以何畜。此麀字從鹿，蓋與從牛從羊等同例，其字從匕鹿，匕亦聲。段先生謂牝本從匕聲，麀音蓋本同。其說甚確，尚不知麀即牝之異文也。

速

箋曰，《說文》速，疾也。籀文從欶作遬。今此文不作遬，蓋小篆與籀古同也。篆文本於古籀，合者十九，其許書別出古籀者，半爲古文異體也。

角

箋曰，象角形，商人卜辭作，與此正同。

寺

王少寇昶曰，當是持字，與下文「秀弓寺射」義同。

敺

箋曰，《說文》驅古文作敺，此與許書合。此又古籀相同之証。

遷

《音訓》、《說文》，行聲也。

文共四十八字。舊搨本共五十四字，此據舊搨本入錄。

據天一本補十四字。

毆　錢詹事云，汧毆字兩見，尋繹上下文，當是水名，疑即古池字。《春秋》曲池亦作毆蛇，池蛇古通用，池字古亦有移音。

沔＝　《音訓》，鄭氏云沔讀作緜。箋云，沔沔，義與「沔彼流水」之沔同。《沔水》傳，沔，水流滿也。與瀰瀰聲義近。《匏有苦葉》傳，瀰，深水也。《說文》瀰，水滿也。前人誤釋沔為泛。

丞　《音訓》，與烝通。箋曰，丞即烝字，下從山即火，許君以為從山，誤。小篆烝字作烝，下從兩火，形已失矣。又，鼓文於沔下丞下並有重文。由其文觀之，沔下合有重文，丞下重文則誤衍也。

鰋　《音訓》，鄭氏音鰋。箋曰，鰋鰋一字。《說文》鰋從魚晏聲，或從匽作鰋。

處　箋曰，《說文》処從几從止，或從虍聲作處。此與或體同。

予往者嘗考許書所載或體中每有古文，此其一也。

⿰氵⿱魚寸　箋曰，《說文》⿰氵𩺰，捕魚也。從𩺰從水。篆文從魚作漁。又，

蓹古文作魰。商人卜辭漁亦作[illegible]，從又持釣綸以取魚。《周禮·

漁人》作《⿰⿸虍魚攴人》，亦從攴。《廣韻》魰，同漁。從攴乃手持綸之誤。

蓋魰⿰魚又魰⿰⿸虍魚攴並是漁字。此從寸者，即又之變，古文從又從寸不別。

澫　吳氏東發釋濿，即《說文》砅之或體。段氏彭壽曰，《說文》粗糲，

蚌蠇字皆從萬。今隸從厲，是其證也。

又　《音訓》，又通作有。箋曰，古金文有字多作又，卜辭中則皆作

又，無有字。

小魚　錢詹事曰，當是小魚二字。

𨘋 《音訓》，𨘋作皀。吳氏東發曰，𨘋作皀，猶樂之省作枱。張氏德容曰，木部樂字籒文從𢆶作樂，知𨘋為皀之籒文。

𨖸 《音訓》，或音禦。吳氏東發云敔，止也。

𧼯 箋曰，《說文》𧼯，側行也。又，迹籒文從朿作𨒪。枽，古文從辵從走多不別。如遣字從辵，《𥤚鼎》、《遣小子敦》、《城虢敦》均從走，𧼯與速殆同字。《師寰敦蓋》有速字，殆與𧼯同。

𨗿 箋曰，《說文》𨗿，媟𨗿也。從辵、賣聲。枽，媟𨗿字自應作女部之嬻。此從辵、賣聲，殆訓行相續或是行聲，許訓媟𨗿非本義也。又，篆文賣作𧶠，今隸作賣，此作𧶠，與今隸同。予嘗謂今隸中頗存古文，此亦其證。

豜 錢詹事云，《詩》「並驅從兩肩兮」，毛云三歲曰肩。籒文或從豕耳。

乙鼓

汧殹沔=烝皮淖淵
鰋鯉處之君子漁
之澫又小魚其斿趱=
帛魚皪=其𥂴氐鮮
黃帛其鯾又鱄又
鯑其胡孔庶䜌之
𩵦=涇=𨔶=其魚隹可
隹鱮隹鯉可㠯橐
之隹楊及柳

右鼓九行，行七字，十八句。今存全字、半字及重文、合

槖，《毛公鼎》亦有此字，其文作[illegible]、[illegible]、[illegible]，並象囊橐形，許書㯻部諸文皆從[illegible]形，而誤釋㯻為從束圂聲，遂於橐、囊、櫜、𣝅四字皆注從㯻省，已誤，《音訓》以橐為㯻省聲，則歧路之中又有歧矣。

丙鼓

田車孔安鋚勒□□

□□既簡左驂旛旛

右驂騝騝避以隮于

邍避戎止𨸏宮車

其寫秀弓寺射麋

豕孔庶麀鹿雉兔

其□又旃其□𨇨𨇨

大口出各亞口口
昊口執而勿射多
㞒遷=君子逌樂

右鼓十行，行七字，十八句。今存全字、半字及重文共六十七字。內不可繕録者四字。

第七行據顧本補重文一。

鋚勒 錢詹事《焦山鼎銘跋》，古器銘多用鋚勒字，惟《石鼓》及《寅簋》正作鋚勒。《伯姬鼎》則作攸勒，《宰辟父敦》又作攸革。薛尚功、王俅諸家皆釋攸為鋚，此文亦但作攸。蓋古文之鋚勒，即《詩》所云鞗革也。《詩》鞗革凡四見。鄭氏箋或云轡，或云轡首，或云轡首垂。毛公則訓鞗為轡，革為轡首。《說文》無鞗字，而有鋚字，訓為轡首銅，明乎鋚之即鞗也。《釋器》云，轡首謂之革。郭景

帛　箋曰，古文白帛同字。《西清續鑑》卷十七載鎛鐘銘曰不帛不羊，不帛不羊即不白不犨，此古白帛同字之證。古采色字多取義於染絲，如紫、絳、絑之類，帛亦其比矣。

𢄼　《音訓》，𢄼音皪，白貌。箋曰，古白帛為一字，則𢄼皪亦一字也。

籃　錢詹事曰，當是筵字。《說文》次即延字，則𥮾與筵通。籀文加皿，又加一水於旁耳。

鰅　《音訓》，鄭氏云鰅即鯾字，卑連反。箋曰，鄭說是也。鰅從禺，乃[illegible]之變形。《說文》鞭，古文作[illegible]。古金文作[illegible]，《毛白彝》馭作[illegible]，從鞭、馬二字，會意。《大鼄鼎》作[illegible]，《大鼎》作[illegible]，《鳳文尊》作[illegible]。是古文之[illegible]一變而為[illegible]，再變為[illegible]，三變為[illegible]。此從[illegible]，又[illegible]之變。許書有鯾字，鰅

蓋即縺之籀文。

綿 《音訓》，舊音白。今據叶韻音綿。箋曰，以上文帛纅二字例之，則此是鮊字，然不得改其音讀。前之帛魚即白魚，躍入王舟之白魚。此字從魚從綿省聲，殆別一魚。

胡 《音訓》，今作肱。《博雅》朥，謂之肱。錢詹事云，即湑字。

纅 《音訓》，籀文臠字。箋曰，與臠不殊，但移肉於上耳。

𡕥 《音訓》，丑若反。相如《大人賦》「休𡕥奔走」。箋曰，古金文之傳世者有《井季𡕥卣》，字作𡕥，亦從史。許書有叜字，疑𡕥之譌。

逋 《音訓》，鄭氏音博，或云遄字。箋曰，此字從専，上從甾，甾古圖字。非從專，與遄非一字。

櫜 《音訓》，從缶從櫜省聲也。箋曰，《說文》櫜，從櫜省，缶省聲。

純曰，轡、靶勒也。《詩》「如鳥斯革」，《韓詩》作勒。明乎勒之即革也。《詩》「鞗革有鶬」，鄭以鶬為金飾。古文鞗從金，與許君訓轡首銅合。孔疏謂以鞗皮為轡首之革，似未達古制矣。

馬

此字泐半，今存𢎘形。馬旁加乚，不知何字。前人釋馯。然見𢎘字位置居中，無更著干之餘地，或其字逕作𢎘耶。

騝

箋曰，此從建，下作乚。篆文從廴，秦刻石建字尚從乚，與此合。古金文廷字作𢌭，亦從乚。

隮

《音訓》隮，升也。尹氏彭壽曰，《說文》𪗉，等也。從齊、妻聲。躋，登也。從足、齊聲。《集韻》躋，或作𨻰。即此字之省。箋曰，古躋、隮同字，許書有躋無隮。然《書.顧命》、《詩》《鄘風》、《曹風》皆有隮字，今人每以字之不見於許書者為俗作，過矣。

邍

《音訓》，古原字。箋曰，《說文》邍，高平之野，人所登。從辵，备彔闕。今案，鼓文下從㣇，即彖字，非從彔。《單伯鬲》作[illegible]，亦從㣇。許書從彔，殆由彖而譌。

旆

鄭云今作紳。吾邱云，謂音紳則可。錢詹事曰，讀旆爲紳，文義可通。箋曰，旆字不見許書。以形與聲觀之，當爲旌旗之下垂者，與紳音義皆略同。

𨘢

《音訓》，𨘢今作奔。箋曰，𨘢即奔字，從三走，象衆奔之形。《盂鼎》奔字作[illegible]，即省𨘢之三夭爲一夭，由𨘢省作𡙸。又由三止變爲三屮，古文止、屮形最相近易致混也。然戎敲奔字已作[illegible]，《克鼎》亦然。知𣥂之變[illegible]，固已古矣。又𨘢下應有重文，諸本皆缺，顧研本獨有之，足證顧刻主本必爲北宋善本矣。

各

箋曰，各即來格之格字。

昊

箋曰，昊從日從大。商人卜辭脜作[illegible]，[illegible]從日從矢。或作[illegible]、

，從日從大，蓋象日在人側之形。此作，日在人顛上而微側，殆亦㫐字，與各、射、趯韻亦協也。

卣　篆曰，《説文》卣，气行皃。從乃、卣聲。讀若攸。又卣，草木實，垂卣卣然。象形，讀若調。㮚，古文卣，卣殆一字，或省乚爾。其中或從丨，或從⊥，或從土。古金文中鬯卣之卣《盂鼎》作，《彔伯戎敦》及《吳尊》作。此鼓之卣作，均即許書之卣。許書從乃，乃由土致譌也。

丁　鼓

□□鑾車鞶敕旨

□□弓孔碩彤矢

□□四馬其寫六轡

□□徒馭孔庶鄜

□宣搏旨車飢衎

□徒如章邍溼陰

陽趍=□馬射之牂=

□□□虎獸鹿如

□□□多賢迧禽

□□□□允異

右鼓十行，行七字，十八句。今存全字、半字及重文五十字。

舊搨本多一字。

𠦬　《音訓》，施氏云疾也。鄭氏云即拜字。箋曰，《說文》𠦬，疾也。從夲，卉聲。拜從此。鄭釋拜，殆因許君云拜從此而傅會也。古金文中，《毛公鼎》之𠦬，《吳尊》之𠦬、𠦬，均即此字，而義不可知。

軟　箋曰，此殆為師所止為次之次。商人卜辭作𠂤朿、𠂤朿、𠂤𣏟，從𠂤從朿聲。《矛田盤》作䢋，《南宮中鼎》作䢋，與卜文同。鼓文從朿從次，殆由䢋而變。

駿　箋曰，從夋馬二字，會意。説見乙鼓鱻字注。

鄜　箋曰，此字不能知其音讀，下從男，《音訓》從妟誤。

眚　箋曰，此字不能知其訓讀，乃從屮下目。《音訓》寫作𥄉者，誤也。

衎　錢詹事曰，此字兩見，前協原隰陰陽，後協或陰或陽，當讀之衎，衎中有人行之形，義昭然矣。商人卜辭亦作衎，與鼓文正同。又作衎，則衎之省。

獸鹿　箋曰，獸之義為狩，獸鹿即狩鹿也。商人卜辭中狩獵字皆作[illegible]、[illegible]、[illegible]諸形，即狩之本字。四足而毛為獸，乃後起之義。

戊鼓

□□□□霝雨
□流迄滂=盈渫
君子即涉=馬
□流汧殹洎=萋
□□舫舟西逮
□□自鄜徒駸
□□佳舟以衍或
陰或陽极深吕
□□于水一方
□□□止其奔
其敔□□其叓

右鼓十一行，行六字，前二行不可句讀。君子即涉以下十四句，今存全字、半字共二十。據天一本補全字及重文三十，半字一。

西　鄭作西，云見《尹彝》。箋曰，鄭釋是也。《說文》，日在西方而鳥棲，象鳥在巢上形。商人卜辭作囲、甶，此作甶，並鳥巢形。篆文巢字中從臼，正象巢形，其字當從甶在木上。古文西上但爲巢形，上無鳥者，日在西方，鳥在巢中也。

逮　箋曰，此字鄭釋歸，誤。微論歸字從𠂤，非之，即其半之𣎆亦非帚字。古文帚作⺕，象帚倒卓之形。鼓文從𣎆，象手持尾，即《說文》之逮。逮同隶、眔，及也。篆文帚作𣎆，鄭氏遂誤認𣎆爲隶。

杈　《音訓》，鄭氏云即楫字。箋曰，《說文》杈，驢上負也。與此文義不洽。鄭釋楫，以形義考之爲得，疑杈楫古今字。驢上負乃後起之義也。

奔　箋曰，《說文》奔，走也。從夭卉。其文作𡗗，此從大。《盂鼎》奔走字皆從大，古金文從辵諸字皆從大，不作夭。大象人疾走時揚臂疾趨，夭象人側首，二形截然不同。許書殆傳繕失之。

己鼓

□□□猷作邍作

□□□導延我嗣

□□□□□除帥皮阪

□□□□□䓣為世里

□□□微㦰〻逌罟

□□□䵼柞棫其

□□□椶格莆=鳴

□□▫□▫亞箬其華

□□□為所斿鏧

□□□盩導音數

□□□吾

右鼓十一行，行存下截四字。合全字、重文、合書共四十六字。今按其文理，每行上缺三字。除後三行不可句讀外，前八行得十六句。第三、第四、第八行以意增重文五。

逆　《音訓》，鄭氏云遡字。

師　箋曰，師即率。率彼阪□，猶《詩》言「率彼中陵」矣。又古金文師字從𠂤，若《毛公鼎》、《井人鐘》、《虢叔鐘》、《叔向敦》皆然。師字則從𠂔，截然不同。篆文師師兩字均從𠂤，誤矣。

爲世里　《音訓》卅，三十也。文曰爲三十里。

㦄＝　箋曰，㦄＝猶言秩秩。《説文》㦄，大也。從大，𢦏聲。讀若《詩》「秩秩大猷」。又⿺走𢦏，走也。從走，𢦏聲。讀若《詩》「威儀秩秩」。古音同者相通假，則㦄＝即秩秩。《釋詁》秩秩，常也。《詩·假樂》傳，秩秩，有常也。《荀子·仲尼篇》注，秩秩，順序之貌。秩＝攸罟，謂罟之有常序。

𣡕　箋曰，《説文》卤籀文從三卤作𠧪。㮚，籀文作𣡕，云從西、從二卤。徐巡説，木至西方戰㮚也。段先生玉裁從大徐本改作古文云，籀文卤從三卤，則籀文㮚亦當從三卤。《玉篇》𣡕，籀文是也。疑許書本一古一籀並載，轉寫佚亂之。予案，段先生説是也。今鼓文正從三卣，與《玉篇》同。惟許書及《玉篇》譌卣爲卤耳。予意許書之籀文作𣡕，𣡕下應有籀文㮚三字。其古文當作栗，注中從二卤三字殆是衍文。

今隸棗字從西木，殆有所本。惟因推之棗字亦作粟，則譌耳。

[illegible]　箋曰，音讀不可知。文曰[illegible]=鳴□，則[illegible]=為鳥鳴，聲訓則可知也。

亞箬　箋曰，吾友王徵君國維曰，亞箬與猗儺音義俱近。亞箬其華，猶《詩》言「猗儺其華」。

[illegible]　《音訓》[illegible]，薛氏作憂。張氏德容云，《說文》[illegible]之籀文作[illegible]，[illegible]籀文作[illegible]，可證憂之作[illegible]。錢詹事曰，游[illegible]即游優，與優游義同。箋曰，如張說，則許書之[illegible]從圣，乃從夊之譌也。

二日　趙氏宦光曰，二日、吾日並合文。箋曰，趙氏說是也。又，古文一二之二皆二畫等長，以別於上下之二。鼓文作二，為是二，非上之二證。

庚鼓

□□□□而□

弓矢孔庶□□

□□□□□左

□□□滔〻是戴

□□□不具雀

彳□□具肹來

□□其寫尖具

□□□□天子

□□嗣王台□

古我來□

右鼓十行，行六字，十六句。第一、第二、第八當各有重文。今存全字、半字、重文共十一字，據天一本補全字、半字、合文二十。

戴　箋曰，此字從言、從大、從戈。諸本誤將言大二字中畫通連，誤也。以今隸寫定之，則作戴，其訓讀不可知也。又此字從戈作卄，古文戈作[字形]，篆文作[字形]，商人卜辭作[字形]、作[字形]，狀至殊異。此則與今篆形近者也。

辛鼓

□□皮□□

□走騚=馬薦

蒪莽敀=雉□

□□其一□

□□□□□

□□□□□

□□之□□

右鼓今全泐，茲據天一本錄存全字及重文十有四，不可句讀。

予寫鼓文凡非今本有之字據他本補之者，皆側書小字以示别。

此鼓全錄天一本，故不用前例。

壬鼓

避水既瀞□
導既平避□
既止嘉尌則
里天子永寍
日隹丙申昱□
□□避其臾導
□馬既迪敖
□康＝駕戒□
□左驂馬□□
□騝＝馶□□

□毋不□□
□龐霧□□
□公謂大□
余及如□□
宝不余　及

右鼓十五行，行五字，後四行不可句讀。前十一行十五句，今存全字、半字、重文五十有四。

昱　此字諸本但存上半，惟張芑堂徵君摹本為全字。以今本校之，仍未免小失。吳氏東發《石鼓讀畧》如張本，且下有重文。以文理觀之，則有重文是也。此字從日，他半作，其下半如鼠。初不知為何字，以商人卜辭中昱日之昱作、《盂鼎》作考之，知此亦昱字也。《説文》昱，明日也。從日、立聲。段先生曰，昱字古多假

借翌字爲之。《釋言》曰，翌，明也，是也。凡經傳子史翌日字，皆昱日之假借。翌與昱同爲立聲，故相假借，其作翼者，誤也。鼓文從[illegible]，雖不能知爲何字，而此字之爲昱，則可信也。

[illegible] 箋曰，此字諸本上半漫滅，今細審精搨，實是戒字。

毋 箋曰，毋即毋。毋不，毋不也。古金文毋皆作毋。《趩尊》毋敢彖作毋敢彖，《兮田盤》毋敢亦作毋敢。

𩙣 《音訓》，鄭氏曰，籀文翰從飛。尹氏彭壽曰，翰從飛，猶翼字亦作[illegible]。

癸鼓

吳人憐□□夕敬□

颿西颿北勿□勿代

□而□□□獸用□

口口口口口口大祝

口曾口口亶口口埶

寓逢中囿孔口口鹿

口避其口口口讀天

口口口口口口求又

口口口口口口口是

右鼓九行，行八字，後三行不可句讀。前六行十二句，今存全字、半字十有二。據天一本，補字二十有三。内第一行第四字、第三行第三字不可繕寫。

𩚵

《音訓》𩚵，籀文載。箋曰：《說文》𩚵，設飪也。從丮從食，才聲。讀若載。𩚵、載同音相假借。《漢鄭季宣碑》，觀國之光𩚵口口帝，亦借𩚵為載也。

伐

箋曰，此字橅本作[illegible]，朱氏彝尊疑是伐字，張氏燕昌謂天一本作代。案，[illegible]即伐，從人從戈。庚敦戠字從戈，亦作[illegible]，與此正同。《師奎父鼎》戈字作[illegible]，惟鼓文戈字中直不曲屈，為異耳。戈柄本直而非曲。

埶

《音訓》，薛氏作藝字。《說文》埶與藝同。箋曰，《說文》埶，種也。從坴，丮持亟種之。《詩》曰「我埶黍稷」。案，鼓文作埶，從手丮木，種於土上，殆即許書之埶。許君云從坴，義殊難曉。從坴殆坴之譌。《毛公鼎》埶小大楚賦字作[illegible]，亦從坴。

光緒辛巳夏，予在杭州偕仁和王同伯丈同謁郡庠，觀宋高宗書石經。因於堂壁見阮文達公所橅天一閣本石鼓文，墨一本以歸。明年，得國學原本，苦氈墨不善，欲致善本，末由致也。歲丙戌，始得盛伯希祭酒監搨本，紙幅寬大，施墨精到。凡常本所不能辨之字，咸朗朗如撥雲霧。取校阮本，始知傳橅之失，有可據今本是正者。如丙鼓第七行第二字，阮本存下半，從屮，今本則是從乂。第九行第二字，阮本存上半之一角作个，今本則存彳旁。又有今可辨而阮本轉無者。若丙鼓第九行第七字存上半作夕，乃多字之半。壬鼓第二行第四字作⿰彳豕，乃遯字之半。第八行第四字作⿱虍从，明白可辨，而阮本摹皆無有。私意以今本校之，其失誤已如此，若今本所無之字，其必有違失可知也。恨不獲得古搨及宋之甲秀堂、明之顧氏研本，一一為之勘校，而定其得失，寫定以傳當世。

壯游四方，始稍稍得見明以前舊搨。年四十，始見甲秀堂《周秦篆譜》宋搨本。又後得見顧研本。並几互勘，始知諸復本中阮本實為最善，顧研本亞之，甲秀本又亞之。至是乃欲亟寫定本，又慮前人有為之者，用是因循者十年。自海外索居，屏棄人事，閒取諸家著録徧觀之，則傳寫之失，同於橅勒，蓋無一書能精慎不誤者。爰以長夏，比勘諸本異同，以為之譜。復折衷諸家，以成定本。又就管窺所及，說解其文字，以補苴前人而為之箋。既成，乃顏之曰《石鼓文考釋》。陳譜顧硯，予求之數十年乃得之，世之君子，當有求之畢世不可得者。翁氏辛鼓復本傳搨亦至少，乃附印於後，以供當世學者考索焉。

寫印既終，秋風將動，追維《吉日》、《車攻》之盛烈，蓋傷《長楚》、《苕華》之身世，草間忍死，忽已數年。俟河之清，未知何日，乃辨異同於微芒，耗居諸於寂寞，灰心喪志，俯仰增慙，斯編之得失，更何足云。攬素弁言，用告來葉。丙辰七月，永豐鄉人羅振玉書于海東寓居之俑廬。

吳天發神讖文補考

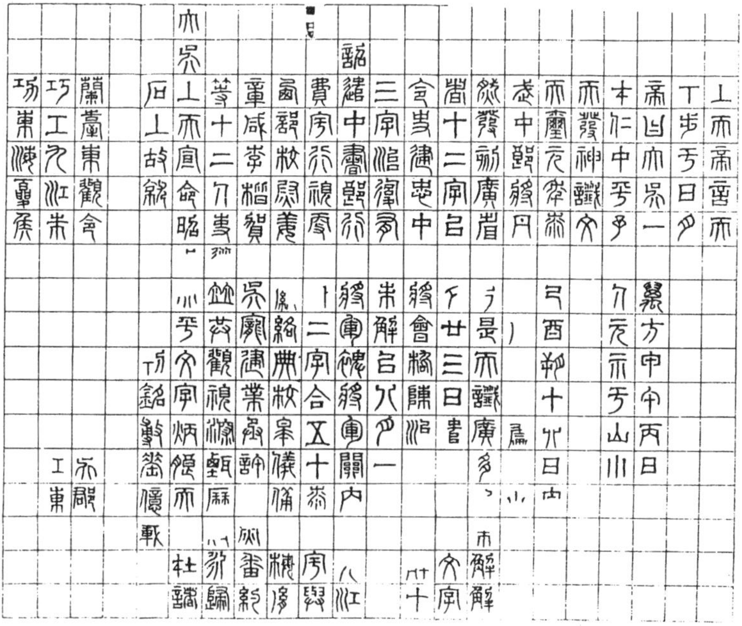

天發神讖文

石分三截，計二十二行，第十九行無字。行字連頂格者計之，每行十八，上截行八字，中截行七字，下截行三字。

上天帝言天□□□□□□□□□□
下步于日月□□□□□□□□□□
帝曰大吳一□萬方甲午丙日□□□□
才仁中平予□人元示于山川下缺幾字不可知
天發神讖文
天璽元年泰□己酉朔十六日甲□□□
武中郎將丹□□□□□畫□山□□□
然發刻廣省□乃是天讖廣多□未解解
者十二字以□月廿三日遣□□解文字
令史建忠中□將會稽陳治□□□解十

三字治復有□未解以八月一□□□
詔遣中書郎行□將軍裨將軍關内□九江
費宇行視更□卅二字合五十桼□宇與
西部校尉姜□羅絡典校皋儀備□梅肖
章咸李楷賀□吳寵建業丞許□尉番約
等十二人吏從竝共觀視深甄厤數永歸
大吳上天宣命昭告大平文字炳朖天□在諸
石上故就□□□□刊銘敷垂億載

下爲「□月」二字，二家但作「□」，中截末缺二字，二家誤缺三字。又，下截第一字「解」，二家並缺。

第十一行中截第六字「二」，周、王、吳三家誤作「十」，汪氏缺。

第十三行中截第一字當是「卅」字，周、王二家誤作「十」，汪氏缺。下截首一字泐，吳氏缺。第二字「宇」周、汪均誤作「字」。

第十四行中截第一字當是「羅」，諸家並缺。中截末「備」字，周、王、汪三家亦缺。

第十五行中截第四字「業」，周氏誤作「鄴」。下截第一字「尉」，諸家並缺。

第十六行上截末乃「從」字，周、汪二家缺，王氏誤謂當是「往」字。中截末「歷」，吳氏缺。下截首一字乃「數」字，諸家並缺。

第十七行上截末乃「告」字，周、汪二家缺，王氏誤謂當是「示」字。

第十八行中截第三字「刊」，周、汪二家缺。中截末「億」字，王氏誤作「意」。又，億下乃「載」字，周、汪二家缺，吳氏誤作「禩」，王氏誤謂是「萬禩」二字。

蘭臺東觀令□□□□□吳郡□□□

巧工九江朱□□□□□江陳□□□

功東海夏侯下缺幾字不可知

第二行上截第三字「于」，周氏誤作「弓」。

第四行上截第四字「平」，周氏作「乎」。中截第一字「人」，諸家皆缺。第三字「示」，周氏缺，王氏誤作「元」。

第六行上截末，吳氏有「月」字，今本不見，殆以意補。中截第五字「六」，諸家誤作「四」。第七字「甲」，諸家誤釋「壬」。

第七行上截末，吳氏有「陽」字，王氏亦謂「丹」下當是「陽」字，今本不見，殆以意補。中截第五字「畫」，第七字「山」，諸家皆缺。

第八行中截第一字「乃」，周、王二家誤作「于」。

第九行上截末，吳氏有「枩」字，以意補。中截第一字「月」，周、汪二家並缺。又，上截以

第十九行原空一行，諸家皆誤謂十九、二十兩行均無字。

第二十行中截末二字「吳郡」，周、王二家誤作「西郡」，汪氏又缺「吳」字。又，吳郡下缺三字，二家誤缺二字。

第二十一行中截末乃「江陳」二字，諸家皆缺「陳」字。又，此下缺三字，諸家誤缺二字。

此石凡三段，前人皆分段釋之，絶不成文。康熙辛未，祥符周雪客在浚始合三段聯讀，撰《天發神讖碑考》。厥後金陵王宓艸著、嘉定汪少山照並爲增補，山陽吳山夫玉搢亦撰碑考一卷。既分段橅其文，復聯合爲之圖，並著録於《金石存》。顧兩書世無刊本，往在南中曾將吳考手稿影印，雪客及王、汪之書寫本久藏巾笥，頃乃取付手民，以傳藝林。惟諸家所釋，頗有譌誤，行列亦多舛失，未敢擅改。乃合平生所見宋明諸本，一一

爲之訂正，別爲之圖。至石既久燬，無從目驗，而據諸籍所記，尚有可徵。知其形制本纍三石而成，四隅無圭角，環合三面，刻辭其上，其狀略同秦刻石惟彼是一石，此合三石爲異，而與懸窆麗牲之碑截然殊異。自《丹陽記》已有折而爲三之語，後人沿襲其誤。今吾鄉禹陵有窆石尚存，殘字有「玉石」、「天文」等語，亦記符瑞，書體在《天璽》、《國山》兩刻之間。蓋亦吳刻，亦合二石而成。方志謂有力士拔之而中斷，其傅會正如出一轍周氏碑考後有侯官高兆跋，言閩省于山之鼇峯有石刻，識五十二字，志書曰二段碑，則閩中亦有吳刻，且亦合二石而成，與窆石同。《一統志》謂此石如鐘形，有紐。《紹興府志》言窆石頂上有穿，狀如秤錘，爲兩石形制相似，同出孫吳之確證。知《復齋碑録》以窆石爲漢刻者，誤也。戚光《集慶續志》及顧起元《客座贅語》均言石四方，面背闊，書各八行。兩旁狹，其文書滿三方而虛其一。王虛舟《竹雲題跋》亦言石面闊旁狹，文四面環之，而虛其旁之一。今以拓本驗之，共計二十二行連第十九行無字者計之。是首八行在正面，第九至十四六行在側，第十五至二十二八行在背，而虛其一側。以面背字各八行、側字六行計之，知石之厚，當其廣四之三也。此刻上截行八字連擡頭者計之，中截行七字，此二截今均最下一列文字損泐。下截行三字，則上一列損泐，皆横列整齊，每行字數並無參差，足見其本爲合三石而成。使一石而折爲三，文字行列斷無如此整齊之理。今就拓本横度，文字六行，合今工部尺二尺，與厚不逾尺之碑版可折斷者迥異，烏有横斷之理。然則一石折爲三段之説可不詰而知其誣矣。《六朝事迹類編》謂文字可辨者二百餘，漫滅者五十餘。《客座贅語》謂可識者百八十餘字。周雪客謂舊志存一百八十餘字，今又辨出三十一字，合二百十一字。王宓艸謂全文得百九十六字。王虚舟謂全字百九十一、半字二十一。牛氏《金石圖》謂上段百七字，中段七十九字，下段十七字，合百三字。予據平生所録，得全字百九十九，可識之半字二十六，不可識及不可橅寫之半字各二，合計全字半字二百二十有九。諸家著録譌字之甚者，如第六行「柰□己酉朔十□日」，十下半字作「丱」，日下字損。諸字釋「丱」爲「四」，日下補「壬」字。七月既爲己酉，朔則十四日，自當得壬戌。然細觀日下尚存半字作「宀」，乃「甲」字上半，則十下之「丱」乃「六」字，篆書四作「兕」，六作「兂」，兩字下半正同。朔日己酉，十六日得甲子，非十四日壬戌也。又，第十三行「更□□二字」，二上存半字作「十」，諸家因釋爲「十」。然十字不應側書，必爲「廿」字之半。蓋神讖之文解者十二字，陳治解十三字，甄宇解三十二字。若認「廿」之半字爲「十」，則先後合三十七字，與文中合五十七字之説爲不符矣。予既以今隸爲之圖，定其行次，復命兒子福頤縮臨其文，别紙印之，以供來者考證，並訂正前人之失。附刊周氏《碑考》之後。示此文聯合三段讀之，自周氏始，而定此刻乃纍石而非中折，則自予始也。

整理後記

此集主要爲雪堂公有關殷契遺文的論著。編校之餘，略述如下：

《殷虚書契考釋》成書，由王觀堂先生手繕上版，觀堂撰後序，自比於張力臣之寫《音學五書》，本甚明白，乃至公與觀堂身後忽生異論，以爲出觀堂代撰，爲社會上某某人士所信。其實公原稿具在。解放後流入同鄉陳夢家先生手。「文革」中幸未淪失。今編校《論著集》特揭之書首，以息浮議。

增訂本出於丁卯（1927年）。在此以前，公逐年增補於書眉上者幾徧，增訂本即依此，現尚藏敝篋，亦摘影一頁。

《殷商貞卜文字考》成書在《考釋》五年之前。其書爲大路椎輪，然尚有可與《考釋》相互發明之處，不能竟廢。中間有公手自補正者，梓溪叔録以付《考古》，今亦附印於後。

此外，尚有《殷虚古器物圖録》，《圖録》不再印，惟印其《附説》。《附説》出公手寫，字迹纖細，不易辨識，故由叢文俊同志校寫出排印。

寫，今由叢文俊同志另寫付印，其他則悉用原本。《吳天發神讖文補考》中碑圖亦用原本，而訂正其誤字。

《石鼓文考釋》與《吳天發神讖文補考》亦收入本集。《石鼓文考釋》中《石鼓文箋》亦出公手

《殷虚書契考釋》、《殷商貞卜文字考》及《補正》均由何琳儀同志任校點，予覆審一過，琳儀於《考釋》寫出校記十五則，則依以在原書上挖改。因其闌闊字大，便於改正，有兩三則須補字，亦即補於闌外，尚不碍眼。《文字考》校記凡十三則，即録附書後。又《考釋》原稿藏陳氏許，承考古研究所王世民、張亞初兩同志代爲斡旋複製首葉，夢家先生夫人趙蘿蕤教授慨然見假，在此一併申謝。

書中錯誤恐仍不免，均應由我負責。

一九八七年一月十日，繼祖謹識。